우리 아이, ADHD를
넘어 위대한 성장으로

우리 아이, ADHD를 넘어 위대한 성장으로

김영란 지음

수많은 아이들과 함께한 사랑과 성장의 여정,
교육학 박사인 그녀가 들려주는 이야기

좋은땅

감사의 글

아이의 마음에 새긴
사랑의 교육

어느 날, 한 아동교육 전문가이자 25년 동안 어린이집 원장이었던 그녀에게 아이들의 웃음소리, 울음소리, 그리고 작은 싸움까지 모두 그녀의 마음에 깊은 흔적을 남겼습니다. 그 소리는 마치 그녀의 인생에서 중요한 순간들을 기록해 주는 음악처럼, 늘 귀하고 사랑스러운 기억으로 남아 있습니다.

그녀는 시간이 흐를수록, 어린 시절부터 함께한 아이들과의 순간들이 얼마나 큰 의미였는지 새삼 깨닫게 되었습니다. 특히, 아이들이 소꿉 장난감을 가지고 노는 모습을 보면, 그녀의 어린 시절이 떠올랐습니다. 그녀는 언제나 친구들과 함께 앞마당에서 흙으로 밥을 짓고 꽃잎으로 반찬을 만들어 장난을 치며 시간을 보냈습니다.

그때의 행복한 기억과 그때의 오감이 지금도 그녀의 마음에 생생하게 남아 있습니다. 그 기억들은 이제 아이들에게 자연을 경험하게 해 주고자 하는 그녀의 노력에 큰 힘이 되었습니다. 흙과 나무, 바람과 곤충, 꽃이 있는 세상 속에서 아이들이 세상을 넓혀 갈 수 있도록 돕고자 했습니다.

하지만, 시간이 흐르면서 아이들은 점점 더 많은 공격성과 감당하기 힘든 충동을 보이기 시작했습니다. 그럴 때마다 학부모님들은 자녀들의 공격성, 말을 듣지 않는 행동, 자의적인 모습에 대해 질문을 주셨고, 그들은 종종 소아정신과를 찾기도 했습니다. 그녀는 그런 아이들을 통해 그들의 행동을 더 깊이 이해하고 싶었습니다. 그렇게 시작된 연구가 바로 ADHD 연구였습니다.

ADHD 관련 행동 및 심리 연구는 단순한 학문적 지식과 상담 기술을 넘어서, 그녀의 삶에 큰 전환점을 가져다주었습니다. 가끔은 보이지 않는 앞길에 대한 걱정과 어린이집 원장으로서의 무거운 책임감에 지칠 때도 있었지만, ADHD 아동의 발달과 학습 연구는 그녀에게 깊은 위안과 즐거움을 주었으며, 힘든 순간에도 다시 일어설 용기를 불어넣어 주었습니다.

ADHD 연구는 결국, 그녀에게 '아이들에 대한 사랑' 그 자체임을 깨닫게 했습니다. 그리고 그 사랑은 단순히 아이들을 돕는 일이 아니라, 그들과 함께하는 소중한 시간이 그녀를 지금의 자리로 이끌어 주었고, 앞으로도 새로운 목표를 향해 나아갈 수 있도록 힘을 주었습니다.

끝으로, 그녀는 새벽마다 딸을 위해 눈물로 기도하시던 부모님에게 깊은 감사를 표하며, 그녀의 사랑하는 가족과 이 모든 일을 인도하신 주님께 감사의 기도를 드렸습니다. 그녀는 언제나 아이들에게 최선을 다하며, 그들을 사랑하는 마음으로 앞으로도 계속해서 아이들과 함께 나아갈 것입니다.

김영란 박사의 따뜻한 ADHD 연구와 어린이집 이야기

시작하며

산만함 속의 보물:
ADHD 아이의 잠재력을 꽃피우는 법

연구자인 저는 교육자가 되기 전, ADHD(주의력 결핍 과잉 행동 장애) 기질을 가진 두 아이의 엄마였습니다. 한 아이는 조용한 성격의 기질을, 다른 한 아이는 산만하고 강한 공격성의 기질이 보입니다. 서로 다른 기질과 성격으로 의견 차이가 있어 가정이 화평하지 못할 때가 종종 있었습니다. 하지만 모두 따뜻한 마음을 지닌 아이들입니다.

서로 다른 기질과 개성을 지닌 두 아이를 키우며, 어떻게 하면 이들을 건강하고 행복하게 성장시킬 수 있을까 고민하는 날들이 많았습니다.

잦은 다툼과 갈등, 성격 차이로 인해 힘든 순간도 있었고, 결국 연구자는 정신건강의학과의 문을 두드려 상담과 교육을 받게 되었습니다. 그 과정에서 ADHD에 대한 깊은 이해와 실질적인 해결책을 찾아갔고, 무엇보다 부모의 끊임없는 격려와 지지가 얼마나 중요한지를 깨우치게 되었습니다.

그렇게 아이들을 사랑으로 품으며 함께 성장한 시간이 쌓여, 어느덧 두 아이는 저와 함께 대학에서 교육자의 길을 걷고 있습니다. 또한 초등

학교에서부터 고등학교까지 교육 자원봉사를 통해 학생들을 만나면서 알게 된 사정과 사연들, 이러한 경험을 바탕으로, ADHD 기질을 가진 아이들과 그들을 키우는 부모님, 그리고 교육자들에게 작은 힘이 되고자 이 책을 집필하게 되었습니다.

세상은 저마다의 색깔을 가진 아이들로 가득 차 있습니다. ADHD 성향을 지닌 아이들 또한 그들만의 특별한 빛을 지니고 있습니다. 때로는 산만하고 충동적이며 주의가 쉽게 흐트러지는 모습으로 보일 수 있지만, 그 속에는 무한한 호기심과 창의적인 에너지가 숨어 있는 것을 발견하곤 했습니다.

우리는 흔히 이 아이들을 '문제 아동'으로 바라보지만, 그들의 행동을 깊이 들여다보면 전혀 다른 모습이 보입니다. ADHD 아동들은 세상을 더욱 넓고 다채롭게 바라보며, 끊임없이 탐구하려는 성향의 기질을 가지고 있습니다. 그들의 빠른 사고력, 독창적인 시각, 그리고 한 가지에 몰입할 때 보여 주는 놀라운 집중력은 우리 사회를 더욱 풍요롭게 만들 수 있는 큰 가능성을 품고 있습니다.

그러나 현실에서는 이들이 주변의 기대와 다르게 행동한다는 이유로 오해받고, 주의받으며, 때로는 좌절하기도 합니다.

부모와 교사에게는 끊임없는 도전처럼 느껴질 수도 있지만, 중요한 것은 그들의 행동 이면에 숨겨진 가능성을 발견하고 격려하는 것입니다. 통제와 지도를 넘어, 그들의 자유로운 개성과 강점을 인정하고 사랑으로 보듬어 줄 때, 아이들은 자신감을 얻고 자신의 길을 더 단단하게 걸어갈 수 있습니다.

이 글은 ADHD 기질을 가진 아이를 키우는 부모님과 교육자들에게 따뜻한 위로와 방향을 제시하고자 합니다.

　ADHD는 결코 결점이 아니라, 독특한 개성과 재능이 깃든 하나의 특성일 뿐입니다. 적절한 지원과 이해 속에서 아이들은 자신이 잠재력을 꽃피울 수 있으며, 세상을 빛내는 존재로 성장할 수 있습니다.

　어른들의 따뜻한 시선과 열린 마음이 있다면, ADHD 기질의 아이들은 그들만의 특별한 가능성을 마음껏 펼칠 수 있을 것입니다.

　이 책이 그러한 여정을 함께하는 모든 분에게 작은 등불이 되기를 바랍니다.

2024년 12월, 성수동 허그 칠드런 연구소에서

김영란 드림

추천의 글

사랑과 헌신으로 빚어낸 여정: 아이들과 함께한 성장 이야기

연구자께서 아이들과 함께한 세월과 그 속에서 얻은 소중한 경험들, 그 안에서의 고통과 기쁨을 나누는 모습은 참 아름답습니다.

이 책에는 아이들에 대한 사랑과 그들을 위한 노력이 얼마나 깊은지 잘 드러나 있습니다.

연구자께서는 아이들의 행동을 이해하고, 그들의 세상을 넓혀 주기 위해 심혈을 기울여 오셨습니다. 특히, ADHD 연구와 그것이 어떻게 삶의 에너지로 변해 가는 과정을 잘 보여 주는 부분이 인상적입니다.

그런 가운데에서도 힘든 순간마다 연구와 사랑으로 다시 일어설 수 있게 되고, 그 속에서 연구자와 아이들, 가족들 간의 사랑이 점점 더 뚜렷해진다는 점이 아주 따뜻하고 마음에서 우러나오는 느낌을 줍니다.

가족들의 지지와 사랑, 그 속에서 연구자가 받은 위로와 기쁨도 정말 감동적이네요. 무엇보다도 연구자 부모님의 기도와 사랑, 그리고 연구자께서 마지막에 언급하신 주님께 대한 감사는 모든 여정의 중심에서 중요한 의미를 갖는 것 같습니다.

연구자에게는 단순한 지식이나 기술이 아니라, 사랑과 헌신이 핵심임을 깨달으며, 그 사랑이 연구자에게 계속해서 힘을 주고 있음을 잘 보여 줍니다.

연구자의 여정이 앞으로도 계속해서 빛나길, 그리고 이 사랑이 모든 일에 계속해서 에너지가 되어 주기를 기원합니다.

선교사 박재호
교육학 박사 김미옥

우리 아이 ADHD일까?: 주요 증상과 진단 고려사항

아이가 보이는 몇 가지 특징(**집중 시간 짧음, 과제 회피, 충동성, 정서적 불안** 등)은 ADHD와 유사한 부분이 있을 수 있지만, 정확한 ADHD 진단은 전문가의 평가가 필요합니다.

ADHD는 단순히 충동적이거나 산만하다고 해서 진단되는 것이 아니며 **6개월 이상 일상생활 전반에서 지속적인 어려움**이 있을 때 진단됩니다.

다음과 같은 점을 생각해 볼 수 있습니다.

구분	6개월 이상 지속적인 어려움
지속성, 환경	이런 행동들이 가정, 학교, 놀이환경, 모든 곳에서 일관되게 나타나는가?
발달 연령	6세 전후의 아이들은 본래 충동적일 수 있으므로, 또래 친구들과 비교할 때 얼마나 더 어려움을 겪고 있는가?
감정 조절	아이의 분노 발작이나 특정 상황에서의 정서적 불안이 ADHD 때문인지, 아니면 다른 정서적 이유에서 오는 것인지 파악하는가?
상담과 평가	ADHD 의심 시 **소아정신과나 발달 전문 클리닉**에서 평가받아 보았는가?

ADHD는 주의력 부족, 과잉행동, 충동성으로 세 가지 주요 증상으로 특징지어집니다.

아이가 ADHD일 가능성을 평가하기 위해 어떤 점을 더 구체적으로 살펴보아야 하는지 단계별로 이해하기 쉽게 알려 드리겠습니다.

1. 주의력 문제

ADHD의 주의력 문제는 단순히 산만함이 아니라 **지속적인 주의 유지**와 관련된 어려움입니다.

이와 같은 행동으로 나타날 수 있습니다.

행동	주의력 문제
과제나 놀이에서 주의를 쉽게 잃음	아이가 놀이나 학습 활동에서 지루해하거나 집중 시간이 짧을 경우
설명할 때 주의를 기울이지 않음	부모나 선생님이 설명할 때 듣는 것처럼 보이지만 내용을 놓치거나 잘못 이해하는 경우
물건을 자주 잃어버림	장난감, 학용품 등을 자주 잃어버리거나 어디 두었는지 몰라 당황하는 경우
일을 끝까지 마치기 어려움	놀이나 학습 활동을 대충 마무리하거나 중간에 포기하는 경우

아이의 주의력 문제가 같은 또래 친구들과 비교했을 때 얼마나 빈번하게 나타나는지가 중요합니다.

2. 과잉행동

과잉행동은 단순한 활동의 넘침이 아니라 **상황과 맥락에 맞지 않는 활동성**을 의미합니다.

행동	과잉행동
끊임없이 움직이려 함	앉아 있어야 하는 상황에서도 자리에서 일어나거나 의자에서 꿈틀거림.
불필요한 소리나 움직임	놀이 중이 아니어도 불필요한 소리를 내거나 손발을 계속 움직이는 경향이 있음
조용히 활동하기 어려움	조용히 해야 할 상황에서도 소리를 내거나 계속 움직여야만 하는 경우

3. 충동성

충동성은 참을성이 부족하거나 상황에 맞지 않는 행동을 갑자기 하는 경우를 포함합니다.

행동	충동성
순서를 기다리지 못함	놀이에서 차례를 기다리지 않고 끼어들거나 다른 친구들의 놀이를 방해하는 경우.
질문을 끝까지 듣지 않고 대답함	질문이 끝나기 전에 답하거나 말을 중간에 끊는 경우
갑삭스럽게 행동함	충동적으로 행동하며 위험을 인지하지 못하고 별안간 뛰고 손에 잡히는 대로 물건을 던짐

4. 정서적으로 불안정하며 상호작용에 어려움이 있음

ADHD 아동은 종종 감정을 조절하는 데 어려움을 겪으며, 또래와의 원만한 관계 형성에도 어려움을 보입니다.

행동	정서적 불안정과 사회적 상호작용 어려움
강한 감정을 보임	뜻대로 되지 않을 때 감정을 주체하지 못하고 울거나 소리를 지름
또래 형성 어려움	특정 친구에게 과도하게 의존하거나 친구와의 관계에서 빈번한 갈등을 보이면 ADHD의 충동성과 관련될 가능성이 있음
강한 주장과 과몰입	특정 장난감에 지나치게 몰두하는 행동은 감정 조절의 어려움과 연관될 수 있음

5. ADHD 평가 기준

ADHD 평가 기준을 위해서는 다음과 같은 조건들이 필요합니다.

몇몇 증상이 12세 이전에 시작되어야 하고 여러 환경(예: 집, 학교, 직장 등)에서 증상이 나타나야 합니다. 또한 증상이 사회적, 학업적, 직업적 기능에 명확한 문제를 일으켜야 합니다.

구분	ADHD 평가 기준
증상이 6개월 이상 지속	꾸준히 지속된 경우
증상이 2개 이상 나타남	생활하는 환경(가정생활, 학교생활, 친구와의 놀이)에서 발생해야 합니다.
일상생활 활동에 지장	불편함으로 일상생활이 어려울 경우에 ADHD로 진단될 수 있습니다.

전문가의 상담 및 평가 필요	**소아정신과나 발달 클리닉**에서 아동의 행동을 세심하게 관찰하고 부모 양육에 대한 설명을 바탕으로 평가하고 진단을 내립니다.

6. 정서적 마음의 불안을 안정시키는 부모의 역할

구분	부모의 역할
희망적인 지원	아이가 차분하게 책상에 앉아 있거나 조용히 주어진 과제를 마쳤을 때 칭찬을 통해 긍정적인 행동으로 격려해 줍니다.
규칙과 일상적인 틀 마련	규칙적인 일상생활의 일정을 만들고 아동이 예측할 수 있도록 미리 말해 줍니다
감정 관리 기술 방법	분노로 화가 나거나 실망감으로 좌절을 표현할 때 "깊은숨 심호흡, 천천히 숨쉬기" 사용으로 감정 조절을 가르칩니다.

혹시 아이가 평소에 어떤 환경에서 더 어려워하거나, 가장 어려움을 겪는 부문이 어디인지 또는 특별히 걱정되는 부문이 있습니까?

더 자세히 구체적인 방법을 함께 고민해 보고자 합니다.

목차

📧 **감사의 글**
아이의 마음에 새긴 사랑의 교육 … 4

✦ **시작하며**
산만함 속의 보물 … 6

✎ **추천의 글**
사랑과 헌신으로 빚어낸 여정 … 9

❓ **우리 아이 ADHD일까?**
주요 증상과 진단 고려사항 … 11

1장 ADHD 무엇일까?

1. 주의력과 충동 조절의 어려움을 이해하기 … 20
2. ADHD의 원인과 배경 … 27
3. ADHD를 쉽게 알아보는 여러 가지 유형, 어떤 차이가 있을까요? … 32
4. ADHD 약물 치료는 괜찮을까요? … 58
5. ADHD는 단기적인 문제일까요? … 64
6. ADHD, 치료가 필요한 이유 … 69
7. ADHD 아동의 특별한 기질을 이해하는 따뜻한 시선 … 73

2장 ADHD 아동의 긍정적인 측면

1. 새로운 도전을 두려워하지 않는 용기 ··· 92
2. ADHD, 창의력의 또 다른 이름 ··· 100
3. 실질적인 육아 솔루션 ··· 118

3장 ADHD일까? 그냥 장난꾸러기일까?

1. ADHD와 장난꾸러기 ··· 138
2. 장난꾸러기 아이들의 세계 ··· 148
3. 장난꾸러기의 유머 감각 ··· 151
4. 장난꾸러기와 ADHD 차이 이해 ··· 156
5. 개구쟁이와 장난꾸러기의 미묘한 차이 ··· 158

4장 ADHD 아동, 어떻게 발견할까?

1. ADHD 아동, 신호를 파악하는 방법 ··· 164
2. ADHD 아동과 부모 간 갈등 ··· 172
3. ADHD 조기 발견과 조기 중재의 중요성 ··· 179

5장 별난 게 아니라 특별한 거야!

아이들의 생생한 이야기 28편 수록 ··· 190
분노, 고자질, 외침 속에 숨은 진짜 감정
교사의 믿음이 만든 변화
놀이 속 자라는 아이들
공감, 배려, 갈등 그리고 성장
반복 행동, 중얼거림, 집착…
그리고 그 뒤의 마음들

6장 함께 이해하는 ADHD

1. ADHD, 제대로 알고 이해하기 ··· 370
2. ADHD 지원 그룹이란? ··· 376

참고문헌 ··· 381

1장

ADHD 무엇일까?

1
주의력과 충동 조절의 어려움을 이해하기

1) ADHD(Attention Deficit Hyperactive Disorders)

 아동들은 친구들과 놀이를 통해 사회기술이나 자기감정의 조절을 터득합니다. 하지만 아동들이 친구들과 어울리는 시간이 점점 줄어들고 있고 말 안 듣는 아이, 반항하는 아이, 산만한 아이, 주위 사람들의 시선을 끄는 아이는 늘어나고 있습니다. 이런 아이는 전형적으로 한곳에 집중이 안 되고 과다한 행동으로 몸을 가만히 두지 못하며 쉽게 짜증을 내고 지루해하며 충동적인 행동을 합니다. 기분의 변화가 심해 예측하기가 무척 어렵습니다.
 이상과 같은 부적응 행동들을 보이는 아동을 ADHD이라 부릅니다. 최근 교육 현장에서 아동을 지도하고 있는 교사들은 과잉행동과 주의집중 문제를 가진 아동이 눈에 띄게 늘고 있다고 이야기하고, 교사는 이런 아동을 ADHD 아동으로 오해하는 경우가 있고 구분하기 어렵다고 말합니다.

또한 부모님은 아동의 공격적이고 자기주장이 강해 양육하기 어렵다고 상담하는 횟수가 많아지고 있습니다. 본 연구자는 "아동에게 가장 많이 발견되는 질환 중 하나인 ADHD의 충동적인 행동, 정서 조절 능력 부족, 과잉행동, 주의 산만의 특징"을 살펴보고 이런 특이한 행동이 주변 사람, 부모, 교사, 친구들과의 관계에서 부정적 영향을 줄 수 있으므로 통합예술 교육프로그램을 통해 아동의 변화를 이야기하고자 합니다.

ADHD란 "학령기 또는 학령 전기에 흔히 나타나는 주요 질환입니다. 아동, 청소년 정신장애 중 하나로 또래들과 비교하여 부적절한 수준의 주의력 결핍, 과잉행동 및 충동성을 임상적 특징으로 하는 일련의 행동"으로 정의됩니다.

ADHD는 소아정신과 질환으로서 유전성이 높습니다. 아동 시기는 ADHD로 진단하지 않고 **ADHD 위험군**이라고 진단하며, 만 8~9세 이후 재검사하도록 권장하고 있으며 이를 확인하기 위해 추기적인 검사와 평가가 필요합니다. 이 질환은 또래들과 비교했을 때 부적절한 수준의 주의력 결핍, 과잉행동, 충동 조절에 어려움을 겪는 신경 발달장애 특징을 가지고 있습니다. 주로 어린 시절에 나타나지만 성인에게도 지속될 수 있습니다.

쉽게 말해, 주변 상황에 집중하기 어려워하고, 가만히 있지 못하고, 생각 없이 행동하는 경향이 있습니다. 친구들보다 좀 더 그런 행동이 많이 나타나며 이런 특성 때문에 학교나 집에서 일상생활에 어려움을 겪을 수 있습니다.

2) ADHD 특성

ADHD 아동들은 일차적으로 주의력 부족, 충동성, 과잉행동 등의 문제를 가지고 있는 것은 물론 사회, 인지, 학업, 정서, 신체, 자기 조절 능력의 영역에서 여러 구별이 어렵고 시간이 지나면서 이러한 증상은 취학 전 7세가 되면 일반적인 정상아와 ADHD 아동 간의 차이가 있는 것을 볼 수 있습니다. 아동의 발달 과정에 따라 문제의 차이가 있고 3세 이전에는 증상을 발견하기 어려워 정상아와 ADHD 아동 학부모님의 관심과 사랑으로 자연스럽게 좋아지는 경우가 있습니다.

반대로 무관심할 경우 그대로 자라면서 부적절한 어려운 환경이 지속되면 아동기의 ADHD가 청소년기와 성인기에까지 증상이 남게 되는데 다음과 같은 증상들이 동반할 수 있습니다. ADHD 아동의 경우 40%가량 적어도 하나 이상의 질환을 가지고 있습니다.

첫째, 학습장애는 아동이 학습을 할 수 있는 능력이 있음에도 불구하고 학습효과와 학습 내용에 있어서 조직화에 어려움을 가집니다. 둘째, 아동기에 발달 지연이나 불안장애는 외면으로 나타나기 어려워 아동의 불안과 걱정을 뚜렷하게 알지 못할 때가 있고 셋째, 감정을 억누르지 못하고 기분 변화가 심하여 금방 좌절하는 모습 보이기도 합니다. 넷째, 강박적 사고와 행동을 보이고 본인 스스로 억제가 어려우며, 다섯째, 권위 있는 사람들에게 더 부정적이며 반항적이고 적대적인 행동들을 보입니다. 사회의 일반적인 규범을 위반하려는 모습이 강합니다. ADHD가 있는 아동의 20~30%는 가족에게도 충동성, 주의력 결핍이 있다는 것을 여러 연구에서 찾아볼 수 있습니다.

초등학생 시기(7세~13세)의 ADHD 아동은 조작적 사고 발달 시기로 인지적인 사고 단계에서 자기중심적 경향에서 탈피하고, 다른 사람의 입장 이해와 사회관계 적응 기술 습득으로 친구와의 관계가 무한히 발견하는 단계입니다. Erikson(1968)의 심리·사회적 발달 이론에 의하면 ADHD 아동은 학교생활을 중심으로 다양한 활동을 하며, 중요한 사회적, 학업적 기술 숙달과 근면성을 획득하게 되는데, 이때 이러한 중요한 속성들을 획득하지 못하면 열등감을 가진다고 합니다. 이 시기에 경험하고, 지각하고, 교육받고 있는 모든 것들은 평생을 사는 데에 결정적인 요소로 작용하게 됩니다.

3) ADHD의 증상

ADHD 아동의 증상은 일차적 증상으로 주요 문제들은 주의력 결핍, 충동성, 문제 과잉행동으로 나타나는데 이를 조기에 발견하여 조기의 중재를 하지 않고 방치하면 이차적인 많은 문제가 생깁니다.

이차적인 증상으로는 행동장애, 학습장애, 틱장애, 정서장애 등 여러 가지로 장애를 일으킬 수 있으며 나이에 따라 ADHD 증상은 다음과 같이 나타날 수 있습니다. 증상을 가진 영아는 아프지도 않은데 기본적인 욕구가 충족되어도 젖을 먹는 동안 칭얼거림이 많고, 깊은 수면을 하지 못하며 잠을 아주 적게 자며 자주 깨고, 떼가 많고 투정이 심해 부모들은 다르기 힘든 아동이라고 말합니다.

이런 행동의 유형이 나타나는 것은 일반적 징후 중에 과잉행동과 충동성 행동으로 예측된다는 연구도 있습니다. ADHD를 보이는 아동은 전반적인 발달이 지연될 수 있으며, 따라서 이 시기에는 여유를 가지고 기다리기보다 발달 시기가 느린 것을 알게 되면 발달을 촉진할 수 있는 활동을 적극적으로 시도하는 것이 좋습니다. 이 시기 아동은 정서적 특징은 감정적으로 매우 민감하고 어떤 욕구가 충족되지 않으면 자기 조절이 이루어지지 않아 매우 과격한 행동으로 감정을 드러내기도 합니다. 아동은 이런 감정적 표출로 주변 사람들을 당혹스럽게 하고 부모들은 자녀를 어떻게 지도해야 할지 몰라 힘들어하는 경우가 많이 있습니다.

만약에 학령기 전, 즉 아동이기에 ADHD로 진단되면 우선은 아이의 발달 상태나 발달 속도, 부모의 양육 방법 등을 파악하여 그에 적절한 지원을 시행하는 것이 중요합니다. **아동기에는 유치원이나 학교에 입문하여 기초학습에 앞선 준비나 기초학습에 입문하는 시기여서 이 시기에는 증상이 빈번하게 나타나며 기초학습의 성취를 방해하기 시작합니다.**

ADHD 아동은 너무 산만하고 지나치게 수다스럽습니다. 작은 소리에도 바로 주의가 흐트러지고 지적해도 그때뿐이며 마치 무엇엔가 쫓기는 모습처럼 행동합니다. 참지를 못하고 한곳에 오래 앉아 있지 못하고 행동이 충동적이고, 감정 조절이 어려워 짜증과 화를 많이 내고 규율을 잘 지키지 못하며 상대방을 배려하지 않고 다른 사람의 활동을 방해하고 간섭합니다. 조용한 여가 활동에 참여가 어렵고 부적절한 상황에서 뛰어다니거나 기어오릅니다. 특히 읽기, 쓰기 계산과 같은 기본적 기술의 습득이 지연됩니다.

이런 결과는 아동이 고학년이 되었을 때 좌절감과 실패감을 반복하여 경험하면서 불안이나 우울과 같은 정신병리학 이상과 같은 2차 장애를 발생시키는 원인이 됩니다. 아동의 증상이 개선되지 않고 상급학교에 진학하게 된다면 더 심각한 문제를 일으킬 수 있고 이로 인한 2차 문제의 발생이 생기게 되며 아동이 청소년이 되면 대부분 증상이 상당 부분 없어지거나 호전되기도 하나 그렇지 않을 때 아동기보다 청소년기에 나타나는 모든 행동의 강도가 매우 심해지면서 증폭됩니다.

다시 말하자면 청소년의 문제 행동은 매우 공격적이면서 폭력적으로 변할 수 있습니다. 청소년의 특징을 정리하면 다음과 같습니다.

환경에 부적응과 좌절이 오랫동안 지속되면 자존감이 낮아지고 사회적으로 기술이 부족하여 대인 관계의 형성이 어렵고 학업 내용이 어려워지면서 학업을 따라가기가 어렵고 힘들어하고 그 결과가 좋지 않습니다.

다양한 상황에서 일어나는 문제를 해결하는 기술이 부족하여 타인에게 쉽게 싸움을 걸거나 말다툼하게 됩니다. 폭력성이 강해지고 학교에 가기를 싫어하고 결석이 잦아지고 이런 행동으로 인하여 청소년은 품행장애가 공존하기도 합니다.

아동기와 청소년기를 거쳐 개선되지 않은 행동은 ADHD 아동의 30%가 성인기까지 진행되며 스트레스 내성이 떨어지고 충동적인 행동이 지속됩니다. 아동들은 일차적으로 주의력 부족, 충동성, 과잉행동 등의 문제를 가지고 있는 것은 물론 사회, 인지, 학업, 정서, 신체, 자기 조절 능력의 영역에서 여러 구별이 어렵고 시간이 지나면서 이러한 증상은 취학 전 7세가 되면 일반적인 정상아와 아동 간의 차이가 있는 것을 볼 수 있습니다.

아동의 발달 과정에 따라 문제의 차이가 있고 3세 이전에는 증상을 발견하기 어려워 정상아와 ADHD 아동 학부모님의 관심과 사랑으로 자연스럽게 좋아지는 경우가 많이 있습니다.

반대로 무관심할 경우 그대로 자라면서 부적절한 어려운 환경이 지속되면 아동기의 ADHD 위험군이 청소년기와 성인기에까지 증상이 남게 되는데 다음과 같은 증상들을 동반할 수 있습니다.

ADHD는 주의력 결핍, 과잉행동, 충동성이 주된 특징이며 주 증상으로 아동이기에 빈번하게 나타나는 정신과 질환으로 나타나는 것은 적대적인 반항장애(45~84%), 품행장애, 우울장애(30%), 틱장애(10%), 물질관련 장애(15~56%) 등이 있으며 이외에도 외상 후 스트레스장애, 학습장애, 지적장애, 자폐 범주 장애, 야뇨증. 성격장애, 언어장애, 수면장애 등이 많이 동반될 수 있습니다.

2

ADHD의 원인과 배경: 뇌 발달과 환경의 영향

ADHD가 왜, 무엇 때문에 발생하는지에 대한 여러 가지 원인을 다루도록 하겠습니다.

ADHD는 간단한 행동 문제라기보다 유전적, 생리적, 다양한 환경적, 사회적 요인들이 복합적으로 다양하게 얽힌 신경학적으로 작용하는 결과입니다.

이번 장에서는 ADHD의 원인 배경을 설명하며, 아동과 청소년들이 왜 그와 같은 어려움을 겪는지 공감하고 적절한 치료와 관리 방향에 더 깊은 이해를 돕습니다.

ADHD의 주요 원인과 배경을 살펴보면 다음과 같습니다.

1) 유전적 요인

ADHD는 가족 내 유전일 수 있습니다. ADHD 아동의 부모 또는 형제자매 중 한 명이 ADHD를 가지고 있으면 아이도 비슷한 행동 패턴을 보일 가능성이 있고 ADHD가 나타날 확률이 높습니다. 쌍둥이 연구에서도 ADHD의 유전율이 70~80%에 이르는 것으로 나타났습니다.

이는 ADHD가 특정 유전자나 유전자들의 상호작용으로 발생할 가능성을 시사합니다. 여러 연구에서 ADHD와 관련된 유전자가 발견되었으며, 특히 신경전달물질 도파민 시스템과 관련된 유전자(예: DRD4 유전자)가 ADHD와 연관이 있다는 결과가 나왔습니다.

2) 뇌의 구조와 기능적 차이

ADHD 아동은 뇌 발달 속도가 일반 아동에 비해 느리다는 연구 결과가 있습니다. 그로 인해 신경 발달이 늦어져 학교에서의 집중력이나 사회적 적응에 어려움이 있을 수 있습니다. 연구에 따르면, ADHD 아동의 경우 전두엽을 포함한 일부 뇌 영역의 성숙이 **평균적으로 2~3년 늦어질 수 있음**이 밝혀졌고 그로 인해 **집중력, 자기 조절, 감정 조절 등이 일반 아동의 또래보다 미숙**할 가능성이 큽니다. 하지만 성인이 되면서 일부 기능이 향상되기도 합니다.

ADHD 아동의 뇌는 전두엽(감정 조절, 고차원적 인지, 계획, 판단을 담당하는 뇌의 영역)에서 활동이 부족하거나 제대로 작동하지 않는 경우가 많은데 전두엽의 미성숙이나 기능 장애는 주의 집중, 충동 조절, 계획 수립 등에 영향을 미칩니다.

도파민과 노르에피네프린 같은 신경전달물질의 불균형도 ADHD의 원인 중 하나로 여겨지며 ADHD 아동은 이들 신경전달물질이 제대로 작용하지 않아 주의력 유지와 충동 제어에 어려움을 겪을 수 있습니다.

3) 환경적 요인

(1) 임신 중 환경요인

태아의 임신 초기는 빠르게 발달하기 때문에 임신 중 알코올, 약물, 담배 흡연, 스트레스 등은 아기의 신경 발달에 큰 영향을 미칠 수 있습니다. 특히, 태아가 임신 초기 단계에서 노출된 환경적 스트레스가 ADHD 발병 위험을 증가시킬 수 있습니다.

(2) 출생 전후의 요인

출생 과정에서 일어나는 환경에서 저체중(2.5kg 미만)으로 태어나거나 조산(임신 37주 이전 출생)한 경우 출생이니 조산은 산소 공급(난산, 제대 감김)의 부족으로 뇌 기능 발달에 영향을 미쳐 ADHD 증상을 일으킬 수 있습니다.

출생 후에도 뇌 손상이나 방치된 환경에서 자란 아이들이 ADHD 발병 위험률이 더 높은 것으로 알려져 있습니다. 출산 후 미숙한 상태에서 방치하여 돌봄을 받지 못하거나 극한 스트레스에 노출된 환경에 놓이면 ADHD 발병률이 높아집니다.

(3) 양육 환경과 스트레스

아동의 양육 환경은 중요한 부분에 미칠 수 있습니다. 가정 내 부모의 잦은 싸움, 불안정한 상황(경제적 어려움, 이혼, 별거), 부모의 일관성 없는 양육, 지나치게 엄격하거나 과도한 훈육도 ADHD 아이의 반항적 행동과 충동성 증상에 영향을 미칠 수 있습니다. 하지만, 지나치게 느슨한 양육 환경적 요인과 규칙이 없는 환경도 ADHD 발병의 주된 원인이 되기도 합니다.

4) 사회적 및 심리적 요인

어린 시절 심리적 강한 스트레스, 트라우마가 지속되면 호르몬(코르티솔, 아드레날린)이 지나치게 분비되어 ADHD의 발병과 관련이 있을 수 있습니다. 정신적 스트레스는 뇌의 발달에 영향을 미치며, 그로 인해 주의력과 행동, 충동 조절에 문제가 생길 수 있습니다. **가정 내** 부모 간의 갈등이나 이혼 등 가정 내 불안정한 환경은 ADHD 증상을 악화시킬 수 있습니다.

아이는 가정에서의 갈등으로 불안정해지면 안정적인 환경을 찾지 못하고 예민해져 스트레스로 느끼고, 그로 인해 행동 조절에 어려움을 겪을 수 있습니다.

5) 기타 관련 요인

일부 연구에서는 불균형한 영양 상태가 ADHD와 관련이 있다는 주장도 있습니다. 예를 들어, 식사 편식 식사로 영양부족이나 특정 미량 원소의 결핍으로 체력 저하로 신체 발달 미숙함으로 인해 ADHD 증상을 악화시킬 수 있다는 연구가 존재합니다. 또는 과도한 디지털 미디어 사용과 아이에게 불필요한 과잉 자극이 아동의 주의력을 떨어뜨릴 수 있다는 연구 결과도 있습니다. 그로 인해 ADHD 증상이 더욱 두드러질 수 있습니다.

ADHD 아동에게는 정서적으로 안정된 환경과 부모의 따뜻한 돌봄이 중요합니다. ADHD 증상을 완화하기 위해서는 부모의 양육 스트레스를 줄이고, 긍정적인 양육 방식을 실천하는 것이 ADHD 아동에게 도움이 될 수 있습니다.

3

ADHD를 쉽게 알아보는 여러 가지 유형, 어떤 차이가 있을까요?

ADHD는 한 가지 모습만 있는 것이 아니라, 부주의형, 과잉행동-충동형, 복합형 등 다양한 양상으로 나타납니다. 이처럼 유형을 정확히 구분하는 것은 진단과 치료, 그리고 자기 이해에 있어서 매우 중요합니다.

ADHD의 유형을 구분하는 이유는 다음과 같습니다.

진단 정확도가 향상하고 ADHD가 아닌 다른 문제(불안, 우울, 감각처리 문제 등)과 구별합니다. 또한 맞춤형 치료로 약물, 행동 치료, 환경 조절 등이 유형에 따라 다르게 적용되며 자가 이해 및 수용으로 본인의 어려움을 이해하고 개선 방향을 설정하는 데 도움이 됩니다.

유형별 증상을 구체적으로 파악하면 진짜 ADHD인지, 아니면 다른 문제가 원인인지 정확히 진단할 수 있습니다.

1) 주의력 부족형(Inattentive type)

주의력이 부족한 아동은 세부적인 것에 주의하지 못하며 학업이나 다른 활동에 끈기가 거의 없어 실수하고 한 가지 활동에서 주의 집중을 하지 못하고 산만하여 다른 곳으로 이동하며 다른 프로그램을 진행할 시 당황하고 이해하지 못하는 경우가 있습니다. 이 아동들은 외부의 작은 자극에도 쉽게 주의가 흐트러지고 끝을 맺기보다는 다른 데 관심을 보이며 더 많은 활동을 시작합니다.

일상적인 학교 과제에서는 학업 활동이나 숙제에 필요한 물건을 잃어버리기 쉽고, 짜증 내며, 남의 말에 귀 기울이지 않고, 자신이 좋아하는 비디오게임, 취미, 운동과 같은 흥미가 있는 역동적인 활동들은 신나서 합니다. 다른 사람이 말할 때 못 들은 척하고 경청하지 않으며 일상적인 활동을 하는 어려움을 경험합니다.

주의력 부적응(주의력 부족)은 ADHD 아동에게 자주 나타나는 특징 중 하나로, 아동이 주의를 집중하는 데 어려움을 경험하고 주어진 과제나 활동에 집중을 유지하기 힘든 상황을 말합니다.

(1) 주의력 부족형의 증상

이 유형에서 나타나는 증상은 다음과 같습니다.

아동이 숙제나 수업 활동을 시작하지만, 도중에 다른 것에 관심을 빼앗겨 과제를 끝내지 못하거나, 중간에 포기하는 경우가 많고 쉽게 산만해지며, 한 가지 일에 오랫동안 몰입하기 힘들어합니다.

또한 어른의 지시를 잘 따르지 않고 교사의 지시나 부모의 설명을 듣고 이해해도, 그에 따라 행동하지 않거나, 지시를 잊어버리고 다른 행동으로 자신이 원하는 몸이 가는 대로 행동하게 되는 경우가 종종 있습니다.

주어진 과제에서 세부 사항을 잘 잊어버리고 숙제나 작업에서 작은 실수를 자주 끊임없이 놓치고 주의를 기울이지 못합니다. 결과적으로 만족도가 떨어지는 경우가 일어날 수 있습니다.

주의에 조금만 방해가 있어도 쉽게 집중을 잃고 주변 소음이나 다른 사람이 하는 활동 등 작은 방해에도 쉽게 집중을 잃고, 다시 주의 집중을 회복하는 데 시간이 오래 걸립니다. 긴 시간 동안 집중하기 어렵고, 한 가지 일을 계속해서 오래 할 수 없고, 시간이 지나면서 지루함을 느끼고 쉽게 다른 일을 찾거나 방황하게 됩니다.

다중 작업을 처리하는 데 어려움을 겪으며 여러 가지 일을 동시에 하거나 우선순위를 정해 가며 일을 진행하는 데 혼란스러워하는 경우가 많습니다.

일상적인 일이나 과제를 체계적으로 계획하고 조직하는 데 어려움을 겪습니다. 자주 물건을 잃어버리거나 두고 오는 일이 많습니다. 예를 들어, 책, 연필, 가방 등을 자주 분실합니다.

사람이나 사건에 대한 기억력 부족으로 과거에 중요하게 이야기하던 기억을 하지 못하고 엉뚱한 말로 사람을 당황하게 할 수 있습니다.

이런 주의력 부적응은 아동의 학습에 영향을 미치고, 친구들과의 관계에서도 어려움을 일으킬 수 있습니다. 이를 잘 관리하기 위해서는 주의력을 유지할 수 있도록 환경을 조정하거나, 학습 전략을 바꿀 수 있습니다.

(2) 주의력 부족형 특징

주의력 부족형은 쉽게 산만해지고 주의 집중력이 부족할 때가 있다는 특징이 있습니다.

① 어른의 지시를 따르는 것을 힘들어하고 물건을 놓고 오는 경우가 많음
② 혼자서 계획을 세우고 처리하는 것을 어려워하고 정리, 정돈하는 능력이 부족함
③ 주어진 과제나 숙제를 차분하게 끝까지 마무리하지 못하는 경우가 있음
④ 혼자서 멍하게 앉아 있거나, 다른 망상에 빠져 있는 듯한 모습이 보임

(3) 주의력 부족형의 장점

① 감수성이 풍부하고 사람들의 감정을 잘 헤아림
② 사고의 깊이가 있으며 논리적이고 탐구하는 능력이 뛰어남
③ 상상력이 풍부하고 창의성이 풍부함

2) 과잉 행동형(Hyperactive type)

　과잉행동(과다활동)은 자신을 절제하고 통제하기 어렵고 계속해서 움직이고 활동하는 행동을 말합니다.
　일반적으로, 과잉행동은 일반 아동이나 일반 성인에서 나타날 수 있으며, 이는 특히 ADHD와 관련이 깊습니다.

(1) 과잉행동의 특징

① 수업이나 회의에서 앉아 있기 어려움
② 자주 자리에서 일어나는 행동
③ 기다리기 힘들어하고, 무언가를 끝까지 기다리지 못함
④ 갑작스럽게 자주 말을 하거나 행동을 바꾸는 경향이 있음
⑤ 학교나 직장에서 오래 앉아 있지 못하고 이리저리 자주 일어나는 행동을 보임
⑥ 집중하지 못하고 계속해서 다른 일을 하거나 방을 돌아다니는 경우
⑦ 잠자리에 누워도 계속 몸을 움직이거나 몸을 비틀며 쉬지 못함
⑧ 자주 물건을 만지며 정리하지 않고, 즉각적인 행동을 요구하는 상황에 따라 변함

과잉행동은 주로 계속해서 움직이거나 활동을 계속하려는 경향을 나타내는 행동으로, 사람이 끊임없이 몸을 움직이거나 한자리에 가만히 있지 못하고 자리를 떠나는 행동을 포함합니다. 이런 행동은 일상생활에서 불편함을 초래할 수 있으며, 사람들 간의 대인관계 속에서 학교, 직장에서 일하는 부분에 부정적으로 올 수 있습니다.

(2) 과잉행동의 원인

ADHD에서는 주로 과잉행동이 관찰되며, 이는 뇌의 신경전달물질 불균형으로 인해 발생하는 것으로 연구자들로 인해 알려져 있습니다. 신

경 발달의 어려움과 ADHD와 유사한 신경 발달장애나 여러 가지 인지 상황 및 정서적 문제에서도 과잉행동을 할 수 있습니다.

주변 환경의 영향으로 외적인 스트레스, 주변 환경에서 과도한 자극, 불규칙한 일상생활 등이 과잉행동을 더욱 악화시킬 수 있습니다. 타고난 특성은 과잉행동으로 종종 선천적인 요인으로 가족 내에서 나타나기도 합니다.

(3) 과잉행동 개선 방법

자기 관리 훈련으로 과잉행동을 인지하고 과잉행동을 스스로 조절하고 절제하는 연습이 필요합니다. 이를 위해 주어진 일상생활 일정이나 목표를 수시로 확인하고 잠시 멈추는 습관을 기르는 것이 자기 관리 훈련에 도움이 될 수 있습니다.

안정적인 기본생활을 유지하며 규칙적인 계획을 지키고 체계적으로 일상생활을 하는 것이 과잉행동을 줄이는 데 효과적일 수 있습니다. 시간을 계획적으로 관리하고, 가벼운 운동을 통해 삶의 에너지를 발산하는 것도 좋은 방법입니다.

과잉행동을 단순하게 생각하는 에너지 발산이라고 할 수 있겠지만 정도가 지나치면 타인 관계에서 어려움을 가져올 수 있습니다.

이를 효과적으로 관리하려면 자기 관리 훈련을 하고, 규칙적인 기본생활을 계속해서 지키는 것이 중요하며 필요시 전문가의 도움을 받아 적절하게 과잉행동을 조절할 수 있습니다.

3) 충동성형(Impulsive type)

ADHD 아동은 행동을 억제하는 능력이 부족하여 갑자기 충동적인 행동을 하며 아무 생각 없이 행동하고 재미있는 활동을 하고 있을 때 중단하기가 어렵습니다.

충동적인 성향의 아동들은 다른 일반 아동들보다 너무 빨리 행동하고 차례를 기다리지 못하고 질서 지키는 것을 어려워하며, 특히 학교에서 체육 시간이나 휴식 시간 후 다시 자리로 돌아와 정리하고 다음 순서로 기다리는 것을 힘들어합니다.

사소한 일에도 과도한 행동으로 참지를 못하고 주의를 돌아다니거나 산만하며 다른 아동을 큰 소리로 불러 분위기를 헤치는 경우가 발생하여 수업에 방해가 됩니다.

힘들고 통제가 되지 않아 부모와 교사에게 귀찮은 존재가 되고, 주변 아동에게도 충동성으로 학습행동이 방해되어 친구들과의 사회성에서도 문제 행동이 발생하기 때문에 어려움을 겪게 됩니다. 그리고 돌발행동을 하여 언제나 조급한 모습을 보일 수 있습니다. 충동성 아동은 행동하기에 앞서 깊이 생각하지 않고 빨리 행동하는데 이들이 충동적인 행동으로 통제력이 부족한 아동들입니다. **이러한 행동 때문에 종종 사고가 발생하며 감정 조절의 어려움으로 순간적인 욕구로 결정되는 경우가 있습니다. 충동성은 일반적인 상황에서 누구나 어느 정도 경험할 수 있지만, 과도하게 지속적일 경우 문제가 생길 수 있습니다.**

(1) 충동성형의 증상

① 상황을 생각하지 않고 즉각 행동하며 사건이 있을 때 충동적인 사람은 상황에 대해 깊이 숙고하거나 생각하기보다는 즉각적으로 반응하는 경우가 있습니다.

예: 주위의 사람이 말을 할 때 끝까지 듣지 않고 바로 즉시 끼어들거나, 곰곰이 생각하지 않고 말을 하여 상대방이 곤란할 때가 있습니다.

② 감정 조절의 어려움이 있고 자신의 감정을 쉽게 제어하지 못하고, 갑자기 화를 내거나 기분에 따라 감정의 크기가 심하고 즉각적으로 행동하는 경우가 많습니다.

예: 화가 나면 바로 불쾌감을 노출하고, 즐거워하면 자제하지 않고 지나치게 기쁨을 표현하는 행동을 보일 수 있습니다.

③ 사전에 준비나 고민 없이 신중히지 않은 결정을 내리는 경우가 많습니다.

예: 계획 없이 예기치 않은 소비로 돈을 즉흥적으로 쓰거나 위험한 행동을 할 수 있습니다.

④ 충동성은 때로는 안전 규칙을 벗어난 행동으로 다칠 가능성으로 이어질 수 있습니다. **"이렇게 하면 위험해!"보다는 "이건 다칠 수 있어. 조심하자!"** 처럼 구체적으로 설명해 주는 게 좋습니다.

예: 과속 운전 하거나 순간적인 감정적으로 상대방에게 부정적 말이나 행동으로 사람들에게 상처를 주는 행동을 할 수 있습니다.

(2) 충동성의 특징

① 끊임없이 움직이고 정적인 상태를 지속하기 어려움
② 순서를 필요할 때 기다리는 것을 어려워함
③ 말수가 많고 순간적인 감정이나 생각에 따라 즉각적으로 반응하는 편
④ 참기보다 감정을 즉시 반응하여 순간적인 감정을 강하게 표현함
⑤ 신중하게 생각하지 않고 신체적으로 위험한 행동을 보일 수 있음

(3) 충동성형의 장점

① 활기차고 생동감 있게 움직이며 적극적으로 활동함
② 변화를 두려워하지 않고 새로운 일에 적극적이며 탐험하는 것을 좋아함
③ 판단이 빠르고 재빠르게 행동하며 실천하는 능력이 있음
④ 순간적인 상황에 여유 있게 대처하고 행동에 옮기는 속도가 빠름

이 특징은 보통 유아기나 어린 시기 초기에 흔히 나타나고 아동기 초기에 더욱 뚜렷하게 보입니다.

(4) 충동성형의 원인

뇌 도파민과 같은 신경전달물질의 불균형이 충동적인 행동 반응을 일으킬 위험이 있습니다.

감정에 의한 스트레스, 불안, 우울증 등이 충동적인 행동을 더욱 증대시킬 수 있습니다.

또한 주변 환경 요소로 과도한 자극과 불규칙한 환경이 충동적인 행동을 더욱 악화시킬 수 있습니다.

(5) 충동성을 다스리는 방법

충동적인 행동이 생활 속에 자주 보인다면, 이를 인식하고 자기 관리를 통제하는 능력훈련이 필요합니다. 예를 들어, 순간적으로 마음의 충동이 일어날 때 잠시 자리를 피하여 깊게 한숨을 쉬거나, 3~5초 동안 잠시 생각해 보는 다시 제자리로 오는 방법 등이 있습니다.

마음의 긴장은 감정적인 불안이나 스트레스로 인해 충동적인 행동으로 이어질 수 있습니다, 이를 관리하는 방법으로 운동이나 취미생활 또는 명상의 시간을 갖는 것 등이 있습니다.

충동성이 과도하게 심하거나 일상생활에 큰 지장을 주거나 영향을 미친다면, 전문가와 상담을 통해 도움을 받아 치료받는 것이 필요합니다. 약물치료나 행동 조절 프로그램이 치료에 도움이 될 수 있습니다.

4) 복합형(Combined type)

ADHD는 크게 세 가지 주의력 결핍, 충동성, 과잉행동으로 나눌 수 있는데, 그중 복합형은 이 두 가지 이상 특징이 함께 동시에 나타나며 이러한 증상들은 일상생활에 영향을 주어 학업이나 직장 생활에서 어려움을 겪게 할 수 있습니다.

복합형 ADHD는 주의력 부족과 과잉 행동·충동성이 동시에 나타나기 때문에 약물치료와 행동 치료가 대부분 방법으로 사용되며 치료 또한 두 가지 증상을 고려한 접근 방식이 필요합니다.

(1) 복합형의 특징

① 주의력 결핍과 과잉행동, 충동적인 행동이 함께 나타남
② 쉽게 주의가 산만해지며, 동시에 과도하게 매우 활동적임
③ 학습이나 사회적 관계에서 힘든 상황과 어려움을 겪을 수 있음
④ 감정 기복이 심하고, 즉흥적으로 행동하여 상대방을 당황하게 만듦

(2) 복합형의 장점

① 활동량이 많고 다양한 활동에 도전하는 성향이 있음
② 도전적인 성향이 강하며 독특한 창의적인 문제 해결 능력이 뛰어남
③ 가리지 않고 활발한 성격으로 친구와 쉽게 잘 어울릴 수 있음

✔ 가장 흔한 ADHD 유형으로 다양한 여러 증상이 동시에 함께 나타남

(3) 복합형의 관리 방법

ADHD 복합형 아이를 효과적으로 지원하기 위해 다양한 전략을 세우고 여러 가지 접근 방식을 사용할 수 있습니다.

일정한 원칙과 체계적인 환경 제공으로 규칙과 인정을 설정하여 안정감을 주고 규칙을 통해 예측할 수 있는 환경을 조성해 줍니다. 아동이 해야 할 일을 일정표, 체크리스트를 한눈에 확인할 수 있도록 눈에 띄는 곳에 있도록 합니다.

올바른 행동을 했을 때 바로 칭찬과 보상으로 아동의 동기부여를 높입니다. 목표를 이루었을 때 보상을 제공하는 것이 좋은 방법입니다.

명확하고 구체적인 지시로 아이가 이해하기 쉽게 짧고 명확하게 지시를 전달합니다. 여러 가지 지시를 한꺼번에 주기보다는 단계별로 한 가지씩 지시하는 것이 효과적입니다.

충분한 신체 활동이나 운동에너지를 발산하는 장소와 시간을 마련합니다. 매일 짧은 공원 산책이나 달리기 같은 활동을 일상에 자연스럽게 스며들게 합니다. 짧은 휴식과 차분한 환경 만들어 과잉행동이나 충동적인 반응이 심해질 때는 고요한 환경에서 잠시 마음을 진정할 시간을 주는 것도 도움이 됩니다.

학교와의 공동노력으로 교사와 협력하여 ADHD 아이의 학습 환경을 개선하고 아동에게 맞춤형 학습과 지원이 필요합니다. 좌석을 앞쪽에 배치하거나 아동의 집중을 돕기 위해 방해 요소를 최소화하고 환경을 산만하지 않도록 차분한 환경을 조성합니다.

감정 조절 훈련을 하여 아이가 화나거나 실망할 때 자신의 감정을 건강하게 표현하고 관리할 수 있도록 방법을 가르쳐 줍니다. 아동이 진정할 수 있도록 심호흡, 카운트다운, 짧은 휴식 시간을 활용하는 휴식 기법을 가르쳐 줍니다.

전문가 상담을 통해 소아정신과나 발달 클리닉에서 적절한 진단과 치료 계획을 마련할 수 있습니다. 심각한 경우 약물치료와 행동 치료를 병행하는 방법도 있습니다.

꾸준히 아동의 행동과 집중력이 조금씩 개선할 수 있도록 지속적인 관심과 인내가 필요합니다.

5) 기타 ADHD 관련 유형: 조용한 ADHD, 공부 잘하는 ADHD

ADHD는 기본적인 세 가지 주요 유형 외에도 여러 가지 특성과 함께 증상이 나타날 수 있으며 불안, 감정 조절 문제가 동반, 문제될 수도 있습니다.

특정한 환경 속에서 증상이 더 악화하거나 완화될 수 있고 각 유형에 따라 접근 방법과 아동에게 맞는 교육 방식이 다를 수 있으므로, 아이의 강점을 살릴 수 있는 환경 조성 맞춤형 지원이 중요합니다.

(1) 조용한 ADHD형: 격려의 힘으로 자라는 아이들

부주의형 ADHD(Inattentive type)으로도 불리며, 과잉행동이나 충동성보다 집중력 부족, 산만함, 무기력함이 주된 특징입니다.

이 유형은 조용하고 차분하기 때문에 주위로부터 주목받지 못하는 경우가 많아, 종종 시기를 놓치거나 늦게 발견하여 진단이 지연될 수 있습니다.

조용하고 내성적이라 겉으로 드러나는 행동 문제가 적지만 학습과 사회적 대인 관계 상호작용에서 어려움을 겪을 수 있습니다.

이런 유형의 조용한 ADHD가 가진 몇 가지 독특한 특징과 장점을 살펴보겠습니다.

① 조용한 ADHD형의 주요 특징

✔ **느린 정보 처리 속도**

집중력 부족으로 특별한 작업이나 주어진 과제에 집중이 어렵고 특히 한 가지 일에 지루하거나 흥미 없는 과제에서는 금방 싫증을 내고 딴생각으로 빠지거나 산만해집니다.

망상과 공상 속에 빠져 혼자 있는 시간이 많고 현실과 단절된 듯 보일 때가 많습니다.

수업 시간이나 대화 중에 또는 작업 중에 쉽게 딴생각에 빠져 멍하게 있습니다.

다른 생각으로 지시를 잘 듣지 못하거나, 이야기 듣다가도 중간에 멍해 보이는 경우가 많고 자기의 물건을 어디에 두었는지 모르고 자주 잃어버립니다. 예를 들어, 책, 학용품 등 일상의 물건들을 자주 잃어버리는 경우가 종종 있습니다. 어떠한 일을 시작하거나 끝까지 마무리할 때 **시간 관리에 어려움을** 느끼며, 정리, 정돈이나 약속 시간을 자주 놓칩니다.

✔ 조용하고 내향적인 행동

일반적으로 차분한 성격으로 보이지만 내면의 속마음은 불안하거나 자신감 부족을 느낄 수 있습니다. 책상에 앉아 공부하고 있는 것처럼 보이지만 멍하니 앉아 있을 때가 종종 있습니다. 자주 공상이나 자기만의 상상, 망상 속에 빠져 현실과 단절된 듯 보입니다.

체육 시간이나 수업 활동 중 소극적이고 조용하게 행동하며 타인과 말하기를 싫어하고 상호작용을 회피하거나 친구 관계에 어려움을 겪을 수 있습니다.

성취감의 부족으로 자존감이 낮거나 자신감 부족으로 타인과 말을 하기 싫어하고 실패했을 때 꾸중에 예민합니다. 쉽게 좌절하거나 걱정이 많아지며 혼자 멍하게 있는 시간이 많아 집중력 문제로 주변의 사람들에게 실망을 줄 때 자책하거나 자신을 비난할 수 있습니다.

✔ 사회적 어려움

새로운 친구 관계에서 수줍어서 소극적이거나 대화를 시작하는 것이 어렵고, 다른 사람과의 관계 형성과 상호작용이 제한적일 수 있습니다.

혼자 있는 시간을 좋아하고 자신만의 활동을 즐기며 복잡하고 시끄러운 사회적인 자극을 피하려 할 수 있습니다.

✔ 과제 시작과 완료의 어려움

어떠한 과제를 시작하기 위해 생각하는 시간이 오래 걸리며 어른의 지시사항을 자주 잊어버리거나 놓치고 제대로 이행하지 못하고 시작된 하나의 활동을 다 끝내기 전에 다른 활동으로 이동합니다. 스스로 계획을 세우거나 스스로 결정을 내리기 어려워합니다.

✔ 기억력과 조직화 문제

어떤 일이 일어나면 쉽게 잊어버리고 반복적인 실수를 하며 늘 사용하는 필요한 물건을 자주 잃어버려 일상에서 어려움이 있고 주어진 시간에 일정이나 규칙을 따르기 어려워합니다.

✔ 정서적 민감성

어떠한 일에 쉽게 좌절하고, 실패했을 때 두려움을 크게 느끼고 항상 걱정이 많고, 모든 일에 완벽하게 하지 못하면 스스로 자책하며 일을 처리한 후 꾸중에 예민하게 반응하고 기분이 쉽게 변동됩니다.

✔ 치료 및 관리

자기감정 조절과 집중력을 강화하기 위해 인지행동치료가 활용됩니다.

일정표를 사용하고 시간 관리 기술 훈련과 타이머 설정으로 시간 관리 기술을 터득하고 집중력을 개선할 수 있습니다.

부모는 교육기관의 교사와 꾸준히 협력하여 피드백과 지원을 해야 합니다.

조용한 ADHD는 눈에 잘 띄지 않아 사람들에게 오해받기 쉬우며, "게으르다, 느리다" 또는 "노력하지 않는다"라는 평가를 받을 수 있습니다. 그렇지만 적절한 이해와 관리로 충분히 긍정적인 변화를 만들어 낼 수 있습니다.

② 조용한 ADHD형의 장점
✔ 높은 창의력과 상상력

조용한 ADHD를 가진 아동은 놀이에서나 집중할 과제가 주어지면 종종 자신만의 세계에서 상상에 빠져 있거나 혼자만의 새로운 창의적인 아이디어를 떠올리는 경향이 있습니다. 이는 자신의 세상을 그리는 미술, 감성을 표현하는 음악, 마음의 글쓰기 같은 창의적인 작업에서 큰 도움이 되고 장점이 될 수 있습니다.

✔ 깊은 사고와 통찰력

조용한 ADHD를 가진 아동은 조용히 한곳에 자신만의 세상에 생각에 잠기는 경우가 많아 다른 아동보다 더 깊이 있는 사고와 통찰력으로 창의적이고 독창적인 아이디어나 문제 해결에 강점을 발휘할 때가 있습니다.

✔ 공감 능력과 민감성

주변을 세심하게 관찰하고 타인의 감정을 빠르게 파악하는 능력을 가질 수 있으며 이는 상대방을 이해하는 공감 능력에 긍정적인 영향을 미칠 수 있습니다.

✔ 세부 사항에 주목하는 능력

스스로 흥미를 느끼는 것에 대해서는 집중력이 고도로 극대화되기도 하며, 작은 세부 사항에 대해서는 놓치기 쉬운 부분까지 주의 깊게 살피는 능력을 발휘할 수 있습니다. 이러한 특성을 통해 세밀한 작업이나 자세히 분석적인 업무에 적합할 수 있습니다.

✔ **끈기와 적응력**

혼자만의 가지고 있는 외로움의 어려움을 겪으면서도 도전하는 과정에서 자연스럽게 인내, 끈기와 회복력이 성장하기도 합니다. 스스로 어려운 상황을 헤쳐 나가는 적응력으로 해결하고 돌파하려는 태도가 장점이 될 수 있습니다.

✔ **강한 자아와 독립성**

종종 자신의 세상에 집착하고 몰두하는 특징이 있기에 자아가 강하고, 혼자만의 시간을 즐기며 독립적으로 독창적인 사고와 창의적인 활동을 즐길 수 있습니다.

이러한 장점들은 아동의 성장 과정에서 조기에 발견되고 개발될 수 있으니, 아동이 가진 잠재력을 빨리 발견하고 격려하는 것이 무엇보다 중요합니다.

③ 조용한 ADHD형이 자주 주목받지 못하는 이유

조용하여 과잉행동이나 공격성 같은 행동이 보이지 않기 때문에 눈에 띄지 않아 문제가 없어 "그냥 느린 아이" 또는 "수줍은 아이"로 오해할 수 있습니다.

이 유형은 조용해서 주위로부터 눈치채지 못하고 부모나 교사가 문제를 방치하는 경우가 있습니다.

④ 도움이 되는 전략

아동이 지루하지 않도록 짧은 시간에 목표를 설정하며 5~10분씩 자주 쉬게 하면 아동은 짧은 집중으로 인해 시간을 잘 설정합니다. 하루 생활을 구조화된 일정으로 시각적으로 보여 주고, 구체적인 지시사항을 제공합니다.

작은 성취에도 긍정적인 강화와 칭찬으로 보상하는 방식으로 자신감을 높여 줍니다.

물건을 항상 같은 장소에 두도록 체계적인 정리를 하게 하고 정리 노트를 제공하여 기록하도록 합니다. 또래와의 놀이 과정에서 상호작용을 도울 수 있는 부모님의 참여와 사회적 기술 훈련을 함께 진행하는 것도 도움이 됩니다.

이 유형은 긍정적인 칭찬과 감정적인 지원과 맞춤형 전략으로 도움을 준다면 큰 개선이 가능하므로, 꾸준한 관심과 사랑의 지도가 중요합니다.

(2) 공부 잘하는 ADHD, 특별한 빛을 찾아서

ADHD를 가지고 있지만 몰입하기 시작하면 높은 학업 성취를 보이는 특별한 경우를 의미합니다.

ADHD는 전형적으로 주의 산만, 충동성, 과잉행동 같은 특징으로 나타나며 모든 학습에 어려움을 줄 수 있지만, 모든 아동이 학업에서 저조하고 낮은 결과를 보이는 것은 아닙니다. 몇 가지 요인으로 인해 ADHD 아동이 학업적으로 뛰어난 성취를 보일 수 있습니다. 이 유형의 아동은 높은 흥미와 몰입을 보이는데, 이를 과몰입(Hyperfocus)이라고 하며 특정 과목에 높은 좋은 결과물을 내는 원인이 되기도 합니다. 공부 잘하는 ADHD 아동은 전통적인 학습 방법보다 독창적인 사고와 실험적이고 창의적인 접근을 무서워하지 않고 도전하며 예를 들어 과학, 발명, 탐구, 예술에서 특별한 강점을 보이고 있습니다. 다양한 아이디어를 빠르게 전환하여 생각을 떠올릴 수 있고 그래서 창작 활동이나 토론 같은 논리적 사고가 다른 아동에 비해 필요한 과제에서 뛰어날 수 있습니다.

공부 잘하는 ADHD 아동은 새로운 자극을 찾아 끊임없이 찾아다니고 활발하게 움직이기 때문에 도전적인 목표가 주어졌을 때 경쟁적인 상황에서 도전 정신과 에너지로 최고조로 집중할 수 있습니다. 그러므로 이러한 특성이 발달하여 동기부여로 이루어진다면 학업적으로 남보다 뛰어난 높은 성취감으로 이루어질 수 있습니다.

ADHD 아동이 자신에게 맞는 지원 환경과 학습 전략을 찾아내고 부모나 교사가 협력하여 적절한 아동에게 지원한다면 강점으로 극대화할 수 있습니다.

예를 들어, 집중적인 짧은 학습 시간, 흥미로운 시각적 자료 활용, 신체 활동을 활용한 학습 방식 등이 효과적일 수 있습니다.

즉, ADHD 아동은 활발하여 충동적이라 학습에 어려움을 줄 수는 있지만, 아동의 관심사와 생각할 수 있는 창의성 수업, 학습 방식, 그리고 일상생활의 환경적 요인에 따라 학업적으로 뛰어난 성취를 보이는 아동도 많습니다.

또한 공부를 무난하게 하지만 ADHD를 가진 아동이 어려운 환경에 처했을 때 비관적인 생각을 하게 되면 정서적으로나 학업적으로, 신체적으로 부정적인 영향을 받을 수 있습니다. ADHD 아동들은 자신에 대한 비판을 민감하게 받아들이고, 자신의 자기효능감이 떨어지면 더 큰 스트레스를 느낄 수 있습니다.

여기 몇 가지 결과와 도움이 되는 방법들을 정리해 보겠습니다.

① 결과적으로 어떤 영향을 받을 수 있을까요?

학업 성취가 높아도 결과에 **완벽주의와 불안으로** 실수를 두려워하면서 도전에 불안감을 느낄 수 있고 성취감을 못 느껴 기대에 못 미친다고 생각할 수 있습니다.

비관적인 사고가 반복되고 연장되면 "나는 아무리 해도 안 될 거야"라고 생각하게 되고 자존감이 낮아져서, 스스로 존재 가치를 제대로 인식하지 못할 수 있습니다. 또한 ADHD 특성상 충동적인 생각과 삶 속에서 감정 폭발이 비관적 사고와 이어지면 과도한 스트레스를 효과적으로 잘 해소하지 못하고 신체적, 정서적으로 몸과 마음이 아플 수 있습니다.

아무리 공부를 잘해도 자존감이 낮아져 스스로 부정적인 생각에서 나오지 못하고 사로잡히면 더 이상 노력할 이유를 느끼지 못하고, 포기하며 학업에 대한 동기가 떨어져 위험한 위치에 있을 수 있습니다.

② 어떻게 도와줄 수 있을까요?

"나는 안 돼"라는 부정적인 생각이 떠오를 때 행복했던 순간, 성취감을 느꼈을 때 생각, 긍정적인 문구로 바꾸는 자기 대화 연습을 해 볼 수 있습니다. (예: "할 수 없어" → "힘을 내 보는 거야. 어려워도 도전해 볼 가치가 있어.")

작은 목표를 설정하고 목적을 달성해서 성취했을 때 충분히 잘했다고 칭찬하고 격려해 주면 이 과정이 자신감과 자기효능감, 자기 존중감을 높이는 데 큰 도움을 줄 수 있습니다.

감정 표현과 소통의 장을 마련하여 아동이 부정적인 감정을 언제 어디서든 자유롭게 안전하게 표현할 수 있는 환경을 만들어 줍니다.

아동의 고민이나 걱정, 불안한 마음을 여유롭게 이야기하도록 도와주는 것도 매우 중요합니다. 문제 해결 능력 기르기 통해 어떠한 문제든지 작게 쪼개서 하나씩 "어떤 문제라도 해결할 방법이 있다"라는 의지와 생각을 심어 주고 가르쳐 주는 것도 좋습니다. 그러면 생각의 방향이 점점 더 긍정적으로 바뀌게 됩니다. 별일 없이 공부를 무난하게 하지만 비관적인 생각이 계속 나면 정서적으로 심리적인 어려움이 커질 수 있습니다.

이때 아동의 심리 안정을 위해 전문상담사나 심리 치료 전문가의 도움을 받는 것도 아동에게는 숨 쉴 수 있는 공간을 만들어 주는 데 큰 도움이 될 수 있습니다.

비관적 사고는 ADHD 아동이 더욱 신경질을 내고 예민하게 반응할 수 있으므로 이러한 감정을 초기에 발견하여 다독여 주고 정서적 지지와 칭찬을 제공하는 것이 중요합니다.

③ 공부 잘하는 ADHD 아동의 장점

공부를 잘하는 ADHD 아동의 장점은 '강력한 과집중력(하이퍼포커스)' 입니다. ADHD 아동은 어떤 주제나 화제 혹은 과업에 대하여 자신이 재미있고 잘하는 주제나 과제에 흥미를 느끼면 그곳에 몰입할 때 정신적 집중이 강렬하게 나타날 수 있습니다.

공부 잘하는 ADHD를 가진 일부 아동은 높은 IQ를 가지고 있는 경우가 있어 과제나 시험에서 다른 일반 아동보다 좋은 성과를 얻을 수 있습니다.

또는 독창적 사고로 창의적이고 독특한 아이디어나 틀에서 벗어난 새로운 접근 방식으로 학습 문제를 풀어 나가는 해결 능력이 있습니다.

공부 잘하는 ADHD 아동은 종종 세워 놓은 목표를 달성하기 위해 할 수 있다는 강한 의지의 경쟁심을 보이기도 합니다.

다양한 여러 가지 작업을 동시에 수행하는 소질이 있어 한꺼번에 여러 가지 일을 진행하고 다루는 능력이 뛰어납니다.

복잡하고 어려운 상황에서 빠르고 신속하게 적응하거나 대처할 수 있습니다.

긴급하거나 스트레스에 노출되었을 때 받을 때 위기 대처 능력을 발휘하며, 타인을 위해 유머 감각을 발휘하고 다른 사람의 감정이나 기분을 잘 파악하여 공감할 수 있는 능력이 있습니다.

이러한 아동은 호기심과 탐구심으로 도전 정신이 강해 새로운 것에 관심과 호기심, 탐구심이 있어 끊임없이 배우는 자세가 있고 도전하려는 성향을 가지고 있습니다.

새로운 변화에 민감하고 상황을 예측하기 어려운 환경에서도 잘 지내며 적응할 수 있는 높은 적응력과 탁월한 능력을 지닌 경우가 많습니다.

이런 장점들은 ADHD 아동을 잘 이해하고 자신에게 맞는 생활환경과 학습 방법을 찾으면 더욱 성공의 빛을 발할 수 있습니다.

공부 잘하는 ADHD를 가진 아동의 독창적인 시각과 에너지는 다양한 분야에서 많은 열정의 열쇠가 될 수 있습니다.

④ 공부 잘하는 ADHD 아동의 성공을 돕는 요인

세심한 관찰로 인해 ADHD 증상이 일찍 발견되면 **조기 개입과 지원으로** 치료나 행동 요법을 받을 수 있고 정서적 안정으로 학습 환경이 더 좋아집니다.

구조화된 학습 환경으로 체계적이고 명확한 일관성 있는 일정과 생활 규칙을 마련하면 ADHD 아동에게 구체적인 학습 환경에 도움을 줄 수 있으며 교육기관의 교사와 부모의 지속적인 관계 속에서 칭찬과 격려로 강화를 해 주며 아동의 학습 동기를 높입니다.

자기 관리 전략을 세워 ADHD 아동이 스스로 계획된 시간 관리와 목표를 잘 이행하면 아동의 성취도가 높아집니다.

⑤ 도전 과제

아동이 흥미를 느끼지 않는 과제에는 쉽게 지루해지고 무관심하며 관심을 가지지 않으면 집중력을 잃을 수 있습니다.

시간 관리의 어려움으로 숙제를 마지막까지 차분하게 끝내거나 프로젝트를 마감 기한 내에 처리하는 부분에 어려움을 겪을 수 있습니다.

감정 조절로 과제에 있어 실패나 좌절에 대해 감정적으로 과도하게 반응할 수 있고 스트레스를 받는 경우도 많습니다.

⑥ 부모와 교사의 역할

아동의 학습 수준을 먼저 체크하고 필요에 따라 개인화된 학습 계획을 세우고 단기 또는 장기로 목표를 세우고 아동의 관심사, 학습 스타일, 목표, 능력, 등을 고려하여 맞춤형으로 개별적인 속도에 맞추어 학습을 진행하는 것이 좋습니다.

아동의 수준과 흥미에 맞춘 교재, 온라인 자료, 게임 기반 학습 등을 활용합니다. 보완할 부분을 파악하고, 필요하면 보충 학습을 추가로 진행하여 성취도를 높일 수 있도록 꾸준히 격려와 보상을 제공합니다.

고정된 시간에 얽매이지 않고 아침에는 조금 어려운 과제를, 오후나 저녁에는 쉬운 과제를 제공합니다. 집중 시간이 짧은 학생의 경우, 잠시 휴식을 취한 후 짧고 자주 반복하는 보습 학습을 계획합니다.

아동의 개별적인 속도에 따라 학습 진도를 조정합니다. 학생이 학습 목표를 잘 따라가고 있는지 점검하고, 필요하면 계획을 수정합니다.

정기적인 평가는 학생이 학습 과정을 잘 이해하고 있고 목표를 향해 올바르게 나아가고 있는지 확인하는 중요한 과정입니다. 이를 통해 학습자가 잘하고 있는 부분을 강화하고, 개선이 필요한 부분을 도와주는 방식으로 정기적인 피드백과 평가학습을 지원합니다.

피드백은 구체적이고 실질적인 도움을 줄 수 있어야 합니다. 예를 들어, "이 부분은 잘했지만, 이 부분은 조금 더 연습이 필요해"와 같이 명확한 지시를 제공합니다. 학생이 무엇을 잘하고, 무엇을 개선해야 하는지 알 수 있도록 구체적인 예시나 방법을 제시합니다.

긍정적인 피드백은 학생에게 자부심을 심어 주고, 부정적인 피드백은 건설적으로 제시하여 학생이 포기하지 않도록 합니다. 피드백은 학생의 노력을 인정하고, 잘한 점을 칭찬하여 학습 의욕을 북돋아 주는 것이 중요합니다.

학생이 스스로 자신의 학습을 점검하고, 자기반성과 자율적 학습 촉진으로 어떤 부분이 부족한지 스스로 인식할 수 있도록 돕습니다. 학생이 피드백을 통해 스스로 개선할 방법을 찾도록 유도하는 것이 중요합니다.

학생의 학습 과정에서 문제가 생기거나 어려움이 발생했을 때, 진행 상황에 따른 조정을 신속하게 파악하고 조치를 취할 수 있도록 합니다.

필요하면 학습 계획이나 방법을 조정하여 학생이 최상의 결과를 얻을 수 있도록 돕습니다. 학습의 방향을 잘 설정하고 조정하여 주기적으로 평가를 통해 학생의 학습 성과를 점검합니다. 지속적인 학습 평가의 방식으로 프로젝트, 시험, 과제 제출, 발표 등 다양할 수 있습니다.

자기 주도 학습으로 진행될 때 평가 결과에 따라 피드백을 주고, 성과를 반영하여 학습 동기를 강화하고 아동의 학습 방향을 지원하고 재조정할 때 성장을 돕는 중요한 과정입니다.

개별화된 학습 방법의 장점은 스스로 학습 동기부여 강화와 집중력 또는 학습효과가 나타난다는 것입니다. 자율성과 자기 주도 학습 능력이 높아지고 아동의 학습 스트레스가 감소할 수 있습니다. 특히 ADHD 아동에게는 개별 지원과 지지가 이루어진다면 아동의 능동적인 학습 자세에 도움이 됩니다.

이처럼 ADHD를 가지고 있으면서 학습에 성과를 올리는 아동은 그들의 장점을 발휘하면서도 도전 과제에 맞게 전략적으로 접근하는 것이 중요합니다. 아이의 특성과 현재 학습 상황을 반영하여 적절한 지원이 이루어지면 더 큰 학업적 성취를 이룰 수 있습니다.

4

ADHD
약물 치료는 괜찮을까요?

　약물 치료는 ADHD 치료에서 중요한 부분을 차지합니다. 이 책은 약물 치료의 효과와 부작용에 대해 구체적으로 다루고, 치료 시 고려해야 할 사항들을 설명합니다. 이를 통해 실무자들이 부모와 아이들에게 신뢰를 줄 수 있게 됩니다.

　ADHD 아동과 청소년에게 약물 치료는 중요한 역할을 할 수 있습니다. 약물은 ADHD의 주요 증상인 주의력 결핍, 과잉행동, 충동성을 감소하는 데 도움을 주며, 아동이 학교나 가정에서 더 나은 일상적 기능을 발휘할 수 있도록 돕습니다. 그러나 약물 치료는 단독 치료보다는 심리·사회적 치료나 행동 치료를 동시에 진행하여 사용할 때 가장 효과적입니다. 약물 치료는 ADHD 증상을 경감시키고, 기타 치료적 접근과 연결되어 아동의 삶의 질이 높아질 수 있습니다.

1) 약물 치료

　약물 치료의 목적은 ADHD 아동의 주요 증상을 완화하여 일상적인 활동이나 학습에서의 어려움을 줄이고, 아동이 더 나은 성과를 낼 수 있도록 돕는 데 있습니다.
　약물은 아동이 주의력을 집중할 수 있도록 돕고, 작업 기억력, 문제 해결 능력도 발전시킬 수 있습니다. 약물 치료는 아동의 충동적인 행동을 줄이고, 자기통제 능력을 높일 수 있습니다. 과도하게 활동적인 행동을 줄여 아동이 더 차분하고 정리된 상태에서 활동할 수 있도록 도와줍니다.

2) 약물 종류

　ADHD 치료에 사용되는 약물은 크게 **자극제**(Stimulants)와 **비자극제**(Non-stimulants) 두 가지 주요 유형으로 나눌 수 있습니다.

(1) 자극제 약물

　자극제 약물은 ADHD의 첫 번째 치료법으로 사용되며, 약 70~80%의 아동에게 효과적입니다. 이 약물은 뇌에서 도파민과 노르에피네프린의 농도를 증가시켜 주는데, 이 두 신경전달물질은 주의력과 충동 조절에 중요한 역할을 합니다. 메틸페니데이트(Methylphenidate)는 가장 많이 사용되는 자극제 약물로, 리탈린(Ritalin), 콘서타(Concerta), 메타다트

(Metadate) 등이 있습니다. 주로 아동과 청소년에게 사용됩니다.

암페타민 계열 약물인 애더럴(Adderall), 비반스(Vyvanse), 데스옥시암페타민(Desoxyn) 등은 또 다른 자극제 약물로, 도파민과 노르에피네프린을 증가시켜 주의력과 충동성을 개선합니다.

- ① **장점**: 효과가 빠르게 나타납니다. 보통 약물을 복용한 후 몇 분에서 30분 이내에 효과를 볼 수 있습니다. 증상의 개선이 뚜렷하게 나타납니다.
- ② **단점**: 부작용이 있을 수 있습니다. 예를 들어 불면증, 식욕 부진, 두통, 복통, 기분 변화 등이 나타날 수 있습니다. 약물의 효과가 시간에 따라 달라질 수 있으며, 복용 시간을 잘 조절해야 합니다.

(2) 비자극제 약물

자극제 약물이 효과가 없는 경우나 부작용이 심할 때 사용됩니다. 비자극제 약물은 자극제처럼 즉각적인 효과는 없지만, 장기적으로 꾸준한 개선 효과를 보일 수 있습니다.

아토목세틴(Atomoxetine)는 대표적인 비자극제 약물로, 스트라테라(Strattera)라는 브랜드명으로 알려져 있습니다. 아토목세틴은 도파민과 노르에피네프린의 재흡수를 차단하여 뇌에서 이들 신경전달물질의 수준을 증가시킵니다.

구안파신(Guanfacine), 클로니딘(Clonidine) 이들 약물은 주로 혈압 강하제로 사용되지만, ADHD 치료에도 효과적입니다. 주로 충동 조절을 돕고, 과잉행동을 완화하는 데 사용됩니다.

① **장점**: 자극제보다 부작용이 적고, 수면이나 식욕에 미치는 영향이 적습니다. 약물의 효과가 서서히 나타나므로, 장기적인 효과를 기대할 수 있습니다.
② **단점**: 효과가 나타나기까지 시간이 걸릴 수 있으며, 즉각적인 개선 효과를 원할 때는 적합하지 않습니다. 일부 약물은 졸림, 피로감 등의 부작용을 일으킬 수 있습니다.

3) 약물 치료의 이점

약물 치료가 ADHD 아동에게 미치는 주요 이점은 다음과 같습니다.

(1) 기본적인 기능 개선

ADHD 아동이 학교에서 더 잘 집중하고, 과제를 수행하며, 학업 성취도를 높일 수 있습니다.

(2) 행동 개선

충동적인 행동과 과잉행동을 줄여 다른 아이들과의 사회적 상호 작용을 개선하고, 가정에서도 일관된 규칙을 따를 수 있게 됩니다.

(3) 자기 존중감 향상

ADHD 증상이 완화되면 아동은 스스로 더 잘 통제할 수 있게 되어 자존감이 향상됩니다.

4) 약물 치료의 한계

약물 치료가 모든 문제를 해결해 주지는 않습니다. 약물은 증상 완화에 도움을 주지만, ADHD의 근본적인 원인을 치료하는 것은 아니기 때문입니다.

따라서 약물 치료는 행동 치료, 부모 교육, 교육적 지원과 같은 다른 치료 방법과 병행하는 것이 중요합니다.

모든 아동이 약물에 똑같이 반응하지 않으며, 일부 아동은 부작용을 경험할 수 있습니다. 이를 피하기 위해서는 의사와의 지속적인 상담과 약물 조정이 필요합니다.

5) 약물 치료의 주의사항

(1) 개별화된 치료 계획

ADHD 약물 치료는 아동마다 다르게 적용되어야 합니다. 아동의 나이, 증상의 심각성, 다른 건강 상태 등을 고려하여 맞춤형 치료를 받아야 합니다.

(2) 정기적인 모니터링

약물 치료를 받는 동안 아동의 반응과 부작용을 주의 깊게 관찰하고, 정기적으로 의사와 상담하여 약물의 효과를 점검해야 합니다.

(3) 행동 치료와 병행

약물 치료는 행동 치료와 함께 사용할 때 가장 효과적입니다. 부모와 교사는 아동이 약물의 효과를 극대화할 수 있도록 지원하는 역할을 해야 합니다. ADHD의 약물 치료는 주의력 향상, 충동성 감소, 과잉행동 완화에 매우 중요한 역할을 합니다. 그러나 약물 치료는 ADHD의 치료에서 하나의 부분일 뿐이며, 행동 치료, 교육적 지원, 부모와 교사의 협력 등 다양한 접근과 함께 시행될 때 가장 효과적입니다. 약물 치료는 개별 아동의 특성에 맞춘 접근과 지속적인 모니터링이 필요합니다.

5

ADHD는
단기적인 문제일까요?

   ADHD(주의력 결핍 과다 행동 장애)는 아동기를 넘어서 청소년기와 성인기까지 영향을 미칠 수 있습니다. ADHD는 단기적인 문제가 아니며, 장기적인 관리가 필요한 지속적인 상태입니다.

   ADHD는 아동기부터 시작되며, 증상은 청소년기와 성인기까지 지속될 수 있으며 물론 각 개인에 따라 증상의 정도나 변화는 다를 수 있지만, 대체로 ADHD는 성인기까지 영향을 미칠 수 있는, 장기적으로 치료가 필요한 부분이 있습니다.

   ADHD는 단순한 일시적인 집중력 저하나 행동 문제를 넘어서, 신경발달에 관련된 뇌의 기능적인 특성과 관련되어 있어서 장기적인 접근과 치료가 필요합니다.

   그 이유는 다음과 같습니다.

   아동기에서는 산만함, 과잉행동, 충동성 등이 두드러지게 나타나고, 청소년기에는 학업 집중력 저하, 자기 조절의 어려움, 감정 기복이 심해집니다. 성인기에서는 시간 관리 어려움, 직장 내 부적응, 인간관계 문제가 생기는 등 나이가 들어 가며 증상이 완전히 사라지는 것이 아니라 형태를 바꿔 지속되기 때문에 단기 개입으로는 충분하지 않습니다.

치료 중단 시 삶의 질의 저하 우려가 있으며 치료나 관리를 중단할 경우, 학업 실패, 낮은 자존감, 직업 유지의 어려움, 우울증이나 불안장애와 같은 동반 질환의 위험이 증가합니다. 특히 성인 ADHD의 경우, 치료받지 않으면 사회적 고립, 경제적 불안정, 자해 행동 등으로 이어질 수 있습니다.

약물 치료와 행동 치료의 꾸준한 장기적인 지원과 환경 조정이 필요하며 장기적으로 병행해야 합니다.

치료의 목적은 단순히 '증상을 없애는 것'이 아니라, 자신의 특성을 이해하고 효과적으로 살아가는 능력을 기르는 것입니다.

ADHD는 단기 치료로 끝나는 질환이 아니라, 평생에 걸쳐 관리가 필요한 상태입니다. 치료와 지원은 일관되고 계속적으로 이루어져야 하며, 그 과정에서 본인의 기질에 대한 이해와 전략 습득이 매우 중요합니다.

1) ADHD의 장기적인 특성

(1) 아동기에서 청소년기

ADHD의 주요 증상인 주의력 결핍, 과잉행동, 충동성은 어린 시절에 뚜렷하게 나타나며, 그로 인해 학교생활과 가정에서 어려움을 겪을 수 있습니다.

예를 들어 학업 성취도 저하, 친구 관계 어려움, 부모와의 갈등 등이 발생할 수 있습니다. 하지만 ADHD 아동 중 일부는 청소년기가 되면서 증상이 다소 완화될 수 있으며, 일부는 증상이 계속해서 나타나기도 합니다.

(2) 성인 ADHD

성인 ADHD는 그동안 주의력 결핍과 충동성을 적절히 관리하지 않으면 계속해서 영향을 미칠 수 있습니다. 성인이 되면 직장에서의 성과, 대인관계, 시간 관리, 감정 조절 등에 문제가 생길 수 있습니다.

성인 ADHD는 학습장애, 우울증, 불안장애 등 다른 정신건강 문제와 중복될 가능성이 보이고 복잡한 치료와 관리가 필요할 수 있습니다.

2) ADHD의 장기적인 영향

(1) 학업 및 직업에서의 어려움

ADHD 아동기에는 주의력 결핍으로 학습에 어려움을 겪을 수 겪을 수 있습니다. 성인이 되면 직장에서의 효율성이나 직장에서 오래 다니지 못하고 직장을 자주 이동하여 다니고 시간 관리에 문제가 생겨 조직적인 업무에 수행이 어렵습니다.

(2) 사회적 관계

ADHD는 사람 간의 의사소통과 대인 관계에 영향을 미칠 수 있습니다. 충동적인 행동이나 주의력 부족으로 친구 관계, 연애 관계, 직장 내 관계 등에서 어려움을 초래할 수 있습니다.

(3) 정신건강 문제

ADHD 아동은 조기에 발견하여 치료하지 않으면 성인이 되어도 불안장애, 우울증, 약물 남용과 같은 정신건강 문제가 동반될 수 있습니다.

ADHD 자체로도 스트레스와 좌절감을 유발할 수 있으므로 심리적인 문제가 발생할 수 있습니다.

3) 장기 관리와 치료

ADHD는 **단기적인 치료**로 끝나는 문제가 아니며, 지속적인 관리와 치료가 필요합니다. 치료는 여러 가지 방법을 포함할 수 있습니다.

(1) 약물 치료

ADHD 증상을 관리하는 데 중요한 역할을 하며, 어린 시절과 성인기에 모두 사용될 수 있습니다.

(2) 인지행동치료(CBT)

아동과 성인 모두에게 효과적일 수 있는 심리치료로, 부정적인 사고 패턴을 바꾸고 문제 해결 능력을 성장시킵니다.

(3) 행동 치료 및 부모 교육

아동이 적절한 행동을 하도록 돕고, 부모가 아동을 잘 이해하고 지원하는 데 필요한 기술을 제공합니다.

(4) 사회적 기술 훈련

대인 관계 및 의사소통을 개선할 수 있도록 돕는 훈련도 장기적으로 해야 하는 부분입니다.

6

ADHD, 치료가 필요한 이유: 방치하면 아이에게 어떤 어려움이 올까요?

ADHD를 치료하지 않고 그대로 방치하면 여러 가지로 다양한 문제가 발생할 수 있습니다. ADHD의 증상이 성장의 시간이 지남에 따라 계속 나빠지거나 질병으로 이어지는 새로운 문제를 초래할 수 있습니다. ADHD 아동을 방치할 때 나타날 수 있는 주요 문제들은 다음과 같습니다.

ADHD는 집중력 부족과 과제 완료의 어려움을 동반하므로 학업에서 계속해서 뒤처질 수 있습니다. 학업 성취 저하는 학생이 학교에서 기대되는 학업적 목표나 성과에 이르지 못하는 상태를 말합니다. 이는 성적이 낮거나, 과제나 시험에 미비한 결과를 나타내는 경우를 포함할 수 있습니다. ADHD가 있는 아동은 종종 집중력 부족, 과제 미루기, 시간 관리 부족 등으로 인해 학업 성취에 어려움을 겪습니다.

1. **집중력 부족**: ADHD는 주의 집중에 어려움을 겪게 하여 수업을 듣거나 과제를 완수하는 데 방해가 될 수 있습니다. ADHD가 있으면

한 가지 일에 집중하는 데 어려움이 있어, 과제에 집중하지 못하거나 중간에 다른 생각이나 활동으로 주의가 분산되기 쉽습니다. 결과적으로 과제를 다 끝내지 못하게 됩니다.

ADHD에서는 주의가 산만해져서 중요한 정보나 과제를 제대로 수행하지 못할 수 있습니다. 이로 인해 정보가 뇌에 제대로 저장되지 않고, 나중에 필요할 때 기억이 나지 않는 경우가 많습니다.

2. **과제 시작의 어려움**: 과제를 시작하는 데 큰 어려움을 겪는 경우가 많습니다. '해야 한다'라는 압박감이 커지면 오히려 시작하기가 더 힘들어지고, 미루는 습관이 생길 수 있습니다. 과제나 숙제를 시작하는 데 어려움을 느끼거나 마무리하는 데 시간이 오래 걸려 과제가 제대로 완료되지 않는 경우가 많습니다.

3. **조직적 계획 부족**: ADHD는 종종 계획을 세우거나, 우선순위 결정을 내리는 데 부담을 줍니다. 이런 이유로 과제를 효율적으로 진행하기 어려워집니다.

4. **시간 관리의 어려움**: 과제를 마칠 때까지 필요한 시간과 노력을 제대로 예상하지 못하거나, 마지막 순간에 급하게 해야 한다는 생각이 들면 마무리를 하지 못하고 과제를 끝내지 못하는 경우가 많습니다.

5. **과도한 세부 사항에 집중**: 때로는 과제의 세부적인 부분에 지나치게 집중하게 되어 전체 과제를 끝내는 데 시간이 부족해질 수 있습니다.

6. **시험 준비 부족**: 공부하는 데 있어 조직적이고 체계적으로 계획을 세우기가 어려워 시험 준비에 소홀할 수 있습니다.

7. **시간 관리 문제**: 중요한 일정을 관리하거나 우선순위를 정하는 데 어려움이 있어 마감일에 맞추어 일을 끝내지 못할 수 있습니다.

ADHD가 있으면 시간이 어떻게 흘러가는지 제대로 인식하기 어려운 경우가 많습니다. 예를 들어, 과제나 일을 하는 데 얼마나 시간이 걸릴지 예측이 어렵거나, 시간이 너무 빨리 가는 것처럼 느껴져 마감 시간에 맞추기 어려울 수 있습니다.

8. **우선순위 설정 어려움**: 여러 가지 일을 동시에 해야 할 때, 가장 중요한 일이 무엇인지 구분하거나 우선순위를 정하는 데 어려움을 겪을 수 있습니다. 이로 인해 중요하지 않은 일을 먼저 하거나, 기한이 가까운 일을 뒤로 미루게 될 수 있습니다.

9. **미루기와 연기**: ADHD는 일을 미루는 경향을 강화할 수 있습니다. 과제가 너무 많거나, 시작하기 어려운 일을 보면 쉽게 피하고 싶은 마음이 생겨서 일을 미루게 되며 이로 인해 마지막 순간에 급하게 일을 끝내려는 상황이 반복될 수 있습니다.

10. **충동적인 결정**: ADHD가 있으면 때때로 갑작스럽고 충동적으로 일을 시작하거나 다른 활동에 빠져들기도 합니다. 이런 결정들이 시간 관리에 혼란을 일으키고, 예정된 일정을 맞추는 데 어려움을 줍니다.

11. **기억력 문제**: 주의가 산만해지기 쉬운 ADHD 환자들은 중요한 정보를 기억하는 데 어려움을 겪을 수 있습니다. ADHD가 있는 사람들은 종종 기억력 문제를 경험할 수 있습니다. 이는 주의력 부족이나 집중력 문제와 밀접하게 연결되어 있는데, 기억을 잘하지 못하거나 필요한 정보를 잘 떠올리지 못하는 상황이 자주 발생할 수 있습니다. ADHD로 인한 기억력 문제는 여러 가지 형태로 나타날 수 있습니다.

12. **사회적 문제**: ADHD가 있는 사람들은 종종 사회적 상호작용에서 어려움을 겪습니다. 친구 관계나 직장에서의 인간관계에 어려움이 있을 수 있으며, 감정 조절이 어려워 갈등을 일으킬 수 있습니다.
13. **정서적 문제**: ADHD는 종종 우울증, 불안, 스트레스와 같은 정서적 문제를 동반하며 특히, 지속적인 실패나 부정적인 피드백을 경험하면 자기에 대한 신뢰가 줄어들 수 있습니다.
14. **충동적 행동**: ADHD가 치료되지 않으면 충동적인 행동의 증상이 깊어질 수 있습니다. 이는 위험한 상황을 초래하거나 사회적 규범을 위반하는 행동으로 이어질 수 있습니다.
15. **직장 문제**: 성인이 되어 직장에서의 조직적이고 체계적인 업무 수행이 어려워질 수 있습니다. 일상적인 업무를 수행하는 데 있어 집중력이 부족하고 일을 미루는 경향이 강화될 수 있습니다.
16. **약물 남용**: 일부 ADHD 환자들은 자극을 줄이기 위해 술이나 약물을 사용할 위험이 있습니다. 이는 또 다른 건강 문제가 될 수 있습니다.
17. **교통사고 위험 증가**: 집중력이 떨어지거나 충동적인 성향이 강해지면, 운전 중 사고 위험률이 높아질 수 있습니다. 또한 불안이나 우울 증세가 주의력 문제를 악화시킬 수 있어, ADHD의 진단 시 이러한 요소들을 잘 구분하여 치료받는 것이 중요합니다.

ADHD는 단지 주의력의 문제가 아니라, 아동의 전반적인 발달과 사회적 적응에 깊은 영향을 미칠 수 있으므로 신속하고 적절한 관리가 필요합니다.

7

ADHD 아동의 특별한 기질을 이해하는 따뜻한 시선

ADHD 아동들은 주의력 부족, 충동성, 과잉행동 등을 주된 특징으로 가지며, 이러한 증상은 시간이 지나면서 아동의 발달에 따라 달라집니다.

취학 전 7세까지는 일반적인 아동과 차이를 구분하기 어려운 경우가 많으며, 관심과 사랑을 받는 환경에서는 자연스럽게 증상이 개선될 수 있습니다.

그러나 무관심한 환경에서 자라면 ADHD 증상이 청소년기와 성인기까지 지속될 수 있습니다. ADHD 아동의 경우 40%가량 적어도 하나 이상의 질환을 가지고 있습니다.

첫째, 학습장애는 아동이 학습을 할 수 있는 능력이 있음에도 불구하고 학습효과와 학습 내용에 있어서 자기 마음대로 아무렇게나 하고 조직화와 체계화에 어려움을 가지고 있고, 둘째, 아동기에 발달 지연이나 불안장애는 외면으로 나타나기 어려워 보이는 부분이 없기에 아동의 불안과 걱정을 뚜렷하게 알지 못할 때가 있습니다. 셋째, 감정통제가 잘되지 않고 기분의 좋고 나쁨의 변화가 심하여 금방 좌절하는 모습을 보이기도 합니다. 넷째, 강박적 사고와 돌발행동을 보이고 본인 스스로 억제가 어려우며 다섯째, 권위 있는 사람들에게 더 부정적이며 반항적이고 적대적인 행동들이 나타나고 또한 사회의 일반적인 규칙과 질서 규범을 위반하려는 모습도 강하게 보입니다.

ADHD가 있는 아동의 20~30%는 가족에게도 충동성, 주의력결핍이 있다는 것을 여러 연구에서 찾아볼 수 있습니다. 초등학생 시기(7세~13세)의 ADHD 아동은 조작적 사고 발달 시기로 인지적인 사고 단계에서 자기중심적 경향을 탈피하고, 다른 사람의 입장 이해와 사회관계 적응 기술 습득으로 친구와의 관계가 무한히 발견하는 단계입니다.

Erikson(1968)의 심리·사회적 발달 이론에 의하면 ADHD 아동은 학교생활을 중심으로 다양한 활동을 하며, 중요한 사회적, 학업적 기술 숙달과 근면성을 획득하게 되는데, 이때 이러한 중요한 속성들을 획득하지 못하면 열등감을 가지게 됩니다. 이 시기에 경험하고, 지각하고, 교육받고 있는 모든 것들은 평생을 사는 데에 결정적인 중요한 요소로 작용하게 됩니다.

ADHD의 증상은 나이에 따라 다르게 나타날 수 있습니다.
연령대별 ADHD 증상은 다음과 같습니다.

1) 영아기

(1) 영아기 ADHD, 초기신호 이해

영아기(0~2세)의 ADHD 증상은 명확하게 진단하기에는 어렵습니다. 일반적으로 ADHD 진단은 만 4~5세 이후에 가능하지만, 영아기에도 ADHD와 관련될 수 있는 행동적 특징이 나타날 수 있습니다.

(2) 영아기 ADHD 관련 가능 징후

다른 영아들보다 유독 과도하게 많이 움직이고 가만히 있지 못하고 수유 중에도 몸을 자주 반복적으로 뒤척이거나 울고 보채며 충분한 수유를 하지 않고 안아 줘도 쉽게 진정하지 않으며 집중하지 못합니다.

수면 패턴이 불규칙하고 수면에 문제가 생기기도 합니다. 낮잠 시간에는 충분히 자지 않거나 깊게 잠을 자지 못하고 쉽게 깨며 다시 잠들려면 많은 시간이 힘들고 어려워합니다.

외부의 작은 소리에도 예민하고 빛에도 예민하게 반응하며 옷을 입힐 때나 기저귀를 갈거나 배가 고프거나 하면 심하게 울고 자극에 대한 관민 반응에 힘들어합니다. 주의가 산만하고 장난감을 가지고 놀 때 사람과의 상호작용에 짧은 시간만 집중하여 놀고, 놀이 도중에도 쉽게 산만하고 놀이에 집중하지 못합니다.

과도한 감정 반응으로 이유 없이 심하게 울거나 짜증을 많이 내고 감정 조절이 어려워 달래도 쉽게 진정되지 않고 어른을 힘들게 합니다.

주의할 점

이 상황에서 설명된 영아의 행동은 흔히 ADHD와 관련된 초기 징후로 볼 수 있는 특성을 보이고 있습니다.

주로 아기가 자주 울고, 잠을 잘 자지 못하고, 과도하게 푹 자지 못하며, 과잉행동과 충동성을 보이는 등 발달의 지연을 겪고 있는 듯한 모습이 나타납니다.

ADHD는 어린 시절부터 나타날 수 있으며, 초기 발달 시기에 아이가 특히 많은 자극을 받아야 하거나 부모의 적극적인 개입을 필요로 할 수 있습니다.

이 시점에서 중요한 것은 아기의 행동을 단순히 "다루기 힘든" 것으로만 간주하지 않고, 아이의 발달 상태를 이해하고 적절한 자극과 지원을 제공하는 것입니다.

다양한 발달 촉진 활동을 시도하는 것도 좋고, 전문가와 상담하여 적절한 방향을 찾는 것이 필요할 수 있습니다.

부모의 양육 입장에서 힘들고 혼란스러울 수 있지만, 아기의 특성에 맞춘 개별적인 접근이 중요합니다.

아기가 점차 자아를 형성하고, 발달에 맞춘 지원이 이루어질 때 행동이 점차 개선될 가능성도 큽니다. 영아기의 이러한 행동이 ADHD로 바로 이어지는 것은 아닙니다. 기질적으로 활발하거나 예민한 아기들도 비슷한 특징을 보일 수 있으며, 성장하면서 자연스럽게 조절되는 경우도 많습니다.

하지만 증상이 지속되거나 다른 발달 문제(언어 지연, 사회적 상호작용 문제 등)와 함께 나타난다면 전문가(소아과 의사, 발달 전문가)와 상담하는 것이 좋습니다.

2) 유아기

ADHD는 유아기에도 나타날 수 있으며, 이 시기의 특징은 성인이나 어린이보다 조금 다른 형태로 나타날 수 있습니다.

유아기의 ADHD 주요 특징은 다음과 같습니다.

(1) 집중력 부족

유아는 주어진 활동에 집중하기 어려운 경향이 있습니다. 장난감을 가지고 놀다가 금방 다른 곳으로 주의가 옮겨지거나, 일정 시간 이상 같은 활동을 유지하지 못할 수 있습니다.

(2) 과다한 움직임

자리에 앉아 있거나 가만히 있는 것이 어려워 계속해서 돌아다니거나, 지나치게 활동적일 수 있습니다. 예를 들어, 자주 뛰어다니거나, 손발을 구속하기 어려워할 수 있습니다.

(3) 충동성

유아는 충동적으로 행동하거나, 자주 다른 사람의 말을 중단시키거나 자기 의견을 바로 표현하려 할 수 있습니다. 이를 통해 규칙을 지키는 데 어려움을 겪기도 합니다.

(4) 감정 조절의 어려움

유아는 감정적인 반응이 과도하게 나타날 수 있습니다. 작은 자극에도 과도하게 화를 내거나 울 수 있습니다. 감정 조절이 어려워 쉽게 실망하거나 짜증을 낼 수 있습니다.

(5) 사회적 상호작용의 어려움

또래 아이들과의 놀이에서 규칙을 지키지 못하거나, 타인의 감정을 이해하는 데 어려움을 겪을 수 있습니다.

ADHD가 유아기에 나타날 때는 성인보다 다소 덜 뚜렷하게 나타나기도 하고, 다른 발달적 요인이나 환경적인 요인에 따라 다르게 나타날 수 있습니다. 만약 아이가 이런 특성을 보인다면 전문가의 상담을 받는 것이 좋습니다.

3) 아동기

(1) 아동기 ADHD, 아이가 보내는 몸짓 신호

ADHD 아동은 학업에 어려움을 겪고 있고 7세~13세 아동은 가정에나 학교에서 부산한 행동을 보이고 있습니다.

쓰기에서의 표현 논란이 있고, 소근육 운동으로 연필 잡기, 글쓰기가 잘 안 되고 어려워하며 순차적인 단계가 어렵고 글자 순서를 지키지 못하고 자기 마음대로 씁니다.

교사가 지시하는 수업 내용을 귀담아듣지 못하고 노트에 필기하는 것이 어렵고, 반복적인 간단한 암기도 힘들어하고 집중력이 흐트러지며 암기에 곤란을 느낍니다.

조직화에 어려움이 있습니다. 조직화와 공부 기술, 듣기, 이해 부족과 물건을 자주 잃어버리고, 숙제를 할 때 어떻게 하는지 모르고 손을 대지 못할 때가 있습니다.

글 읽기를 하면서 다른 생각을 하거나 주의가 다른 곳으로 분산됩니다. 오늘과 내일의 수행 결과가 너무 많이 차이가 나고 숙제를 하다가 다른 일에 손을 대고, 변덕스럽고, 과제를 끝까지 하는 것에 어려움이 있습니다.

이 시기의 아동은 감정적으로 매우 민감하며, 욕구가 충족되지 않으면 자기 조절이 어려워 과격한 행동으로 감정을 표출합니다. 이로 인해 부모는 자녀를 어떻게 지도해야 할지 몰라 어려움을 겪습니다.

이 시기 아동은 기초학습을 시작하는 시기이며, ADHD 증상이 빈번히 나타나 학습에 방해가 될 수 있습니다. 증상으로는 산만함, 지나치게 수다스러움, 집중력 부족, 충동적인 행동, 감정 조절의 어려움 등이 있으며, 규율을 지키지 않고 다른 사람의 활동을 방해하기도 합니다. 또한 읽기, 쓰기, 계산 기술이 지연될 수 있습니다. 이러한 어려움은 아동이 고학년으로 올라가면서 좌절감과 실패감을 경험하게 하고, 불안이나 우울 등 2차적인 정신적 문제가 발생할 수 있습니다.

ADHD 증상이 개선되지 않으면 상급학교 진학 후 더 큰 문제를 일으킬 수 있으며, 청소년기에는 증상이 증폭되어 폭력적이고 공격적인 행동으로 변할 가능성도 있습니다. 청소년기의 문제행동은 아동기보다 강도가 더 세질 수 있습니다.

ADHD 아동의 초등학교 생활은 여러 가지 도전이 있을 수 있지만, 올바른 지원과 이해가 있다면 충분히 긍정적인 경험이 될 수 있습니다.

ADHD는 주의 집중, 충동성, 과잉 활동 등에서 어려움을 겪게 만들지만, 각각의 아동은 고유한 특징을 가지므로 그에 맞는 개별적인 접근이 필요합니다.

ADHD 아동의 초등학교 생활에 대해 구체적으로 살펴보면 다음과 같습니다.

(2) ADHD 아동의 사회적 상호작용, 이해와 배려가 필요한 순간들

① **충동적 행동**: ADHD 아동은 또래 친구들과의 관계에서 충동적으로 말하거나 행동할 수 있습니다. 예를 들어, 말을 끊거나 친구의 말을 듣지 않고 자신의 의견을 먼저 말할 수 있습니다.
② **감정 조절 문제**: 감정 조절에 어려움을 겪을 수 있어, 화를 쉽게 내거나 기분 변화가 급격하게 일어날 수 있습니다.
③ **사회적 규범 이해 부족**: 규칙이나 상호작용의 뉘앙스를 잘 이해하지 못하는 경우가 있어 친구들과 갈등이 생길 수 있습니다.

(3) ADHD 아동의 과잉 활동, 에너지를 이해하고 긍정적으로 돕기

① **불안정한 행동**: ADHD 아동은 자리에 가만히 앉아 있지 못하고 자주 일어나 돌아다니거나 불안정한 행동을 보일 수 있습니다. 이는 교실에서 집중을 방해하거나 학습에 방해가 될 수 있습니다.
② **과잉 활동**: 너무 많은 에너지를 가지고 있어서 활동적인 교실 환경에서는 때때로 수업에 집중하지 못하고 뛰어다니거나 계속해서 움직일 수 있습니다.

(4) ADHD 아동에게 필요한 따뜻한 지원들

① **구조적인 환경**: ADHD 아동은 일정하고 예측 가능한 환경에서 더 잘 적응할 수 있습니다. 시간표나 일정이 예측하도록 도와주는 것이 중요합니다.
② **교사의 개별화된 접근**: 교사는 아이가 집중할 수 있도록 도와주고, 짧은 시간 동안 집중할 수 있는 학습 환경을 제공해야 합니다. 예를 들어, 10분씩 집중하고 2분 쉬는 방식으로 학습을 진행하는 등의 방법이 유효할 수 있습니다.
③ **긍정적인 강화**: 긍정적인 행동을 칭찬하고 강화하는 방식은 아이가 스스로 행동을 조절하도록 돕는 데 유효합니다.
④ **학부모와의 협력**: 학교와 가정이 함께 협력하여 아동을 지원하는 것이 중요합니다. 부모는 아이가 집에서도 규칙을 지키도록 도와줄 수 있고, 학교와의 소통을 통해 어떤 방법이 효과적인지 공유할 수 있습니다.

(5) ADHD 아동을 위한 전문가의 따뜻한 도움

ADHD의 증상이 심하거나 학교생활에서 많은 어려움을 겪는 경우, 심리상담사, 정신건강 전문가의 도움이 필요할 수 있습니다. 이들은 적절한 행동 수정 방법이나 학습 전략을 제공해 줄 수 있습니다.

ADHD 아동은 그 특성상 독특한 교육적 접근이 필요하지만, 적절한 지원과 이해를 받으면 훌륭한 성장과 성과를 이룰 수 있습니다. 초등학교 시기에 필요한 지원을 잘 받는다면, 이후 학업과 사회적 상호작용에서 더 나은 결과를 얻을 수 있을 것입니다.

ADHD 아동을 위한 구체적인 학습 전략과 지원 방법에 대해 더 알아보겠습니다. ADHD 아동은 집중력이 부족하고 충동적이며 과잉 활동을 보일 수 있습니다. 이러한 특성을 이해하고 이를 보완할 수 있는 전략을 사용하는 것이 중요합니다. 다음에 소개하는 전략들은 아동이 학교생활에서 더 잘 적응하고, 학습에 도움을 받을 수 있도록 돕는 방법들입니다.

(6) ADHD 아동을 위한 안정감 있는 환경 만들기

① **일정 관리**: 일상에서 일어나는 일들이 예측하도록 해 주세요. 일정표나 시간표를 명확하게 제시하여 아이가 무엇을, 언제 해야 하는지 명확히 알 수 있도록 도와줍니다.

② **명확한 지시**: 한 번에 너무 많은 지시를 주기보다는 짧고 간결한 지시를 주고, 완료 후 다음 단계를 알려 주세요. 예를 들어, "먼저 책을 꺼내고, 그다음 1번 문제를 풀어"처럼 하나씩 단계적으로 설명합니다.

(7) 집중을 돕는 학습 환경 만들기

① **학습 공간 정리**: ADHD 아동은 주위 환경에 쉽게 방해를 받기 때문에, 학습할 때 주변 환경을 최소화하여 집중할 수 있도록 돕습니다. 예를 들어, 조용한 방에서 한 가지 일에 집중할 수 있도록 하고, 불필요한 장난감이나 디지털 기기는 멀리 두세요.

② **짧은 학습 시간과 휴식**: 긴 시간 동안 집중하는 것이 어려운 경우, 10~15분 정도 집중한 후 잠깐씩 휴식을 취하도록 합니다. 이런 "짧고 집중적인 학습, 자주 쉬는" 방식이 효과적일 수 있습니다.

③ **학습 시간 분배**: 긴 과제는 작은 단위로 나누어 아이가 부담을 덜 느끼고, 한 번에 완수할 수 있도록 돕습니다. 예를 들어, 30분짜리 과제를 10분씩 3단계로 나누어 처리하게 합니다.

(8) ADHD 아동을 위한 맞춤형 학습 도구와 보조 기기 활용

① **타이머 사용**: ADHD 아동에게는 시간 관리가 어려울 수 있으므로, 학습에 타이머를 활용해 시간을 시각적으로 확인할 수 있게 합니다. 일정 시간이 지나면 알림이 울리도록 하여 아이가 집중할 수 있는 시간을 관리합니다.

② **시각적 자료**: 글보다는 그림, 차트, 색상 등을 활용한 시각적 자료를 제공하여 학습 내용을 더 잘 이해하도록 돕습니다. 시각적 자료는 기억에 오래 남고, 집중력을 높이는 데 도움이 됩니다.

③ **학습 앱 사용**: ADHD 아동은 디지털 기기나 앱을 활용하여 재미있

게 학습할 수 있습니다. 집중력을 높이는 게임식 학습 앱을 사용해 보세요.

(9) ADHD 아동을 위한 따뜻한 피드백과 보상의 힘

① **긍정적인 강화**: ADHD 아동은 긍정적인 피드백과 보상을 받으면 자극을 받아 더 좋은 행동을 반복할 가능성이 높습니다. 예를 들어, 작은 목표를 달성할 때마다 칭찬하고, 보상을 제공하는 방식으로 아이가 스스로 동기부여를 받을 수 있도록 합니다.

② **즉각적인 피드백 제공**: 행동이 잘못되었을 때 즉각적으로 피드백을 주고, 긍정적인 행동에는 바로 칭찬하는 것이 효과적입니다. 아이는 즉각적인 반응을 통해 행동을 조정할 수 있습니다.

(10) ADHD 아동을 위한 따뜻한 사회적 기술 훈련

① **상호작용 연습**: ADHD 아동은 때때로 또래들과의 상호작용에서 어려움을 겪을 수 있습니다. 친구들과의 대화에서 차례를 기다리고, 감정을 표현하는 방법을 연습하는 것이 중요합니다. 역할극이나 게임을 통해 이러한 기술을 연습할 수 있습니다.

② **감정 조절 훈련**: 감정을 조절하는 것이 중요한데, 이를 위해 간단한 심호흡이나 자아 진정 기술을 가르쳐 줄 수 있습니다. 예를 들어, "화가 날 때는 5초 동안 심호흡을 하고, 다시 생각해 보자" 같은 방법을 사용할 수 있습니다.

(11) ADHD 아동을 위한 교사의 따뜻한 맞춤 지원

① **교사와의 협력**: 교사는 ADHD 아동에게 개인화된 학습 전략을 적용하는 데 중요한 역할을 합니다. 예를 들어, ADHD 아동이 수업에 잘 집중할 수 있도록 한쪽에 앉게 하거나, 수업 중 자주 움직이는 것을 허용하는 방식으로 지원할 수 있습니다.
② **보충 학습 제공**: 수업 내용을 빠르게 따라잡기 어려운 경우, 교사는 보충 자료나 개별 학습 시간을 제공하여 아동이 부족한 부분을 채울 수 있도록 돕습니다.
③ **차별화된 학습 자료**: ADHD 아동은 한 번에 많은 양의 정보를 받아들이기 어려우므로, 교사는 자료를 간결하게 제공하고, 중요한 부분만 강조하는 방식으로 학습을 지원해야 합니다.

(12) ADHD 아동을 위한 부모의 따뜻한 동행

① **집에서도 규칙적인 학습 시간 만들기**: 부모는 아이가 가정에서도 규칙적인 학습을 할 수 있도록 도와줘야 합니다. 일정한 시간에 공부하고, 후에 놀거나 쉬는 시간을 가질 수 있게 합니다.
② **긍정적인 언어 사용**: 부모는 아이가 실수했을 때 부정적인 피드백보다는 "다음에는 이렇게 해 보자"라는 방식으로 격려하는 것이 중요합니다.

(13) ADHD 아동의 자신감을 높여 주는 지원

ADHD 아동은 종종 자신감이 부족할 수 있어, 그들의 강점을 인식하고 칭찬하는 것이 중요합니다. 예를 들어, 창의력, 열정, 에너지 등의 긍정적인 특성을 강조하며 자존감을 높여 주세요. 이러한 전략들은 ADHD 아동이 학교생활에서 겪을 수 있는 어려움을 조금이라도 덜어 주고, 학습 효과를 높이는 데 도움을 줄 수 있습니다. 각 아동은 다르므로 여러 방법을 시도해 보고 가장 잘 맞는 방법을 찾아가는 과정이 필요합니다.

4) 청소년기 ADHD 증상의 변화

청소년기(중·고등학생 연령)의 ADHD 증상은 유아기 및 아동기와 비교해 일부 변할 수 있습니다. ADHD는 나이가 들면서 증상이 완화되거나 변화하는 경우가 많지만, 여전히 삶에 영향을 미칠 수 있습니다.

(1) 과잉행동(Hyperactivity) 감소

유아기·아동기에 비해 신체적 활동량이 줄어듭니다. 그러나 여전히 '내면의 초조함'이나 불안정함이 남아 있고(다리를 떨기, 손톱을 깨물기, 끊임없이 뭔가를 만지작거리기 등), 충동적으로 말하거나 행동하는 모습이 남아 있습니다.

(2) 충동성(Impulsivity) 지속

말 끊기, 감정 폭발, 즉흥적인 행동이 계속될 수 있고 감정 조절이 어려워 친구나 가족과의 관계에서 갈등이 깊어집니다. 금전 관리, 계획 없는 소비, SNS나 게임 중독 등의 위험 행동이 증가할 수 있습니다.

(3) 주의력 결핍(Inattention) 문제 지속 및 심화

학업 부담이 커지면서 집중력 부족이 더욱 두드러지고 숙제나 과제를 제때 제출하지 않거나 빠뜨리는 경우가 많아집니다.
수업 중 멍하니 있거나, 공상에 빠지거나, 수업 내용을 놓치는 일이 잦아지고 계획적, 체계적인 행동이 어려워 스케줄 관리가 미숙해집니다.

(4) 감정 조절 문제 증가

감정 기복이 심해지고, 스트레스를 받을 때 감정을 통제하기 어려워질 수 있고 쉽게 좌절하거나 화를 내고, 자기 비하를 하기도 합니다.
우울감이나 불안을 동반하는 증세가 나타나기도 합니다.

(5) 사회적 관계의 어려움

또래 관계에서 충동적인 행동이나 부주의한 말로 갈등이 생길 수 있고 감정 조절이 어려워 친구와의 관계 유지가 힘들어질 가능성이 있습니다.

특정 친구에게 집착하거나, 반대로 친구 관계를 어려워할 수도 있습니다.

(6) 책임감 부족&독립적인 생활의 어려움

물건을 잘 잃어버리고, 정리, 정돈에 어려움을 겪고 시간 관리 능력이 부족하여 일정 지키기가 어렵고 독립적으로 생활하는 데 어려움을 겪고, 부모의 지속적인 도움이 필요합니다.

(7) 청소년기 ADHD가 문제를 일으킬 수 있는 영역

① **학업**: 숙제, 시험 준비, 시간 관리의 어려움
② **대인관계**: 친구, 가족과의 갈등, 감정 기복
③ **자기 관리**: 충동적 소비, 인터넷·게임 중독, 수면 문제
④ **정서**: 자존감 저하, 우울·불안 동반 가능성

(8) 도움이 되는 방법

① 명확한 일정 및 계획표 작성, 체크리스트 활용(숙제, 해야 할 일 등)
② 운동 및 명상 등으로 감정 조절 훈련
③ 필요할 경우 치료 및 상담 고려(행동 치료, 코칭, 약물 치료 등)

청소년기 ADHD는 단순한 '주의력 부족'이 아니라 전반적인 생활에 영향을 미칠 수 있는 문제이므로, 적절한 지원과 전략이 중요합니다.

5) 성인기 ADHD

성인 ADHD는 어린 시절 ADHD 증상이 아동기와 청소년기 지나 성인이 되어서도 지속될 수 있으며, ADHD 아동 중 30%는 성인기까지 증상이 계속됩니다.

성인에게는 특히 **집중력 문제와 충동성**이 두드러지는 경우가 많으며 타인의 눈에 띄지 않도록 증상을 숨기거나 내재적 행동으로 바꾸는 경우가 있습니다.

성인 ADHD는 주로 다음과 같은 행동 특징을 보입니다.

(1) 업무와 시간 관리 문제

어떠한 일을 진행할 때 계획 없이 즉흥적으로 생각 없이 할 때가 있으며 관리가 부족하고, 사고를 자주 내고 정리, 정돈이 어렵습니다. 업무를 체계적으로 수행하는 것이 어려워 실수나 마감 지연이 많아져 마감 기한을 자주 놓치거나 미루는 경향이 있습니다.

(2) 사회적 관계 문제

대인 관계에서 친한 친구가 적고, 타인의 의도나 요구를 잘 이해하지 못할 때가 있으며. 배우자와 자주 다투며 이혼율이 높고, 감정 조절이 어려워 충동적으로 비난하거나 욕하며 감정 조절이 어려워 인간관계에서 오해를 사거나 갈등을 유발합니다.

(3) 정서적 문제

쉽게 화를 내고 좌절하며 불안감이 큽니다. 감정 조절에 어려움이 있고, 작은 일에도 쉽게 흥분합니다. 성인 ADHD는 우울, 불안, 낮은 자존감 등이 동반될 확률이 높습니다.

(4) 반사회적 행동

사회에 대하여 불만이 많고 거짓말이나 무차별적인 절도 행위, 공격적 행동을 자주 하며 법을 무시하고 경찰서에 가는 일이 많아집니다.

(5) 금전 관리

돈과 시간에 대한 관념이 없고 관리 능력이 부족하며 충동적으로 필요하지 않은 물건을 구매하여 예산을 낭비하고 관리 미숙으로 재정적 문제가 발생하게 되며 즉흥적으로 행동하고 후회하는 경우가 많습니다.

(6) 스트레스 취약

어떠한 일에 압박이 있을 때 당황하여 초조해하며 집중력이 더 저하되고 자존감이 낮아 자신을 비난하며 감정적 반응이 예측 불가능하여 대인관계에서 어려움을 겪는 경우가 많습니다.

2장

ADHD 아동의 긍정적인 측면

1

새로운 도전을
두려워하지 않는 용기

1) 세상을 아름답게 보는 특별한 시선

이 글은 ADHD 아동의 행동을 장애가 아닌 차이로 받아들이고, 그들의 특성을 긍정적인 면으로 바라보는 중요성을 강조합니다. ADHD 아동의 부주의와 과잉행동은 종종 산만하고 주의력 부족으로 여겨지지만, 이는 창의성, 융통성, 그리고 독특한 능력을 발휘하는 원천이 될 수 있다는 관점입니다.

ADHD 아동은 때로 부주의하거나 충동적인 행동을 보이지만, 이러한 특성은 그들만의 독특한 강점이 될 수 있습니다. 다양한 아이디어와 창의적인 사고를 바탕으로, 기존의 틀에 얽매이지 않고 새로운 방법을 시도하려는 자세는 그들에게 독창적인 문제 해결 능력을 부여합니다. 특히, 예술, 과학, 기술 등 여러 분야에서 그들은 기성의 방식을 뛰어넘는 혁신적인 해결책을 제시할 수 있는 잠재력을 가지고 있습니다.

ADHD 아동은 독특한 기질의 창의성을 기존의 틀을 벗어나 남들이 상상도 할 수 없는 엉뚱한 창의력을 발휘하는 데 중요한 점입니다.

이것은 바로 ADHD 아동만이 가지고 있는 자유로운 아이디어의 흐름을 허용하고, 새로운 도전에 실패를 두려워하지 않으며, 다양한 사람들과 함께 어울려 협력하는 것입니다.

ADHD 아동이 하는 행동들이 처음에는 엉뚱하거나 사람들의 비웃음거리가 되기도 하고 비현실적으로 보일 수도 있지만, 그 생각들이 창의적으로 모여 합쳐져서 새로운 방식의 문제 해결로 이어질 수 있습니다.

그들이 어떨 때는 산만하고 부주의하여 집중이 부족하다고 생각할 수 있으나 그 아이디어 속에는 독특한 남들이 흉내 낼 수 없는 엉뚱한 창의력이 숨어 있을 수 있음을 기억하는 것이 중요합니다. 이러한 아동이 가지고 있는 특별한 특성들이 잘 활용될 수 있도록 주변에서는 격려와 지지로 돕는 것은 긍정적인 피드백으로 무한한 아이디어를 만들어 내는 과정이 될 것입니다, 아동들이 스스로 일어설 수 있는 자신감을 가질 수 있도록 칭찬하고 격려하여, 창의적인 발상을 어디서든지 자유롭게 나누는 환경을 만들어 준다면, 아동들은 점차 더 많은 가능성을 가지고 자신의 세상을 열어 갈 수 있을 것입니다.

ADHD 아동의 창의성은 남들이 가지지 못한 그들만의 특별한 무한한 자원이며, 이러한 장점들 키워 주는 과정이 무엇보다 중요한 아동의 성장에 발판이 됩니다.

ADHD 아동은 종종 기존의 틀에 얽매이지 않고 독특한 방식으로 문제를 해결하려고 합니다. 이들은 때때로 "정해진 방법"에 얽매이시 않고, 새로운 접근법을 시도하는 경향이 있습니다. 이러한 특성은 예술, 과학, 기술 등의 분야에서 창의적인 해결책을 만들어 내는 데 도움이 될 수 있습니다.

ADHD 아동을 바라볼 때 같은 하늘, 같은 길, 같은 사람이라도 그 안에 담긴 이야기를 읽어 낼 줄 아는 **평범함 속의 특별함을 발견하는 시선, 결핍이 아닌 가능성을 보는 시선, 다름을 아름답게 바라보는 시선, 감사와 감동을 느낄 줄 아는 마음, 사진작가나 시인의 눈처럼 세상을 바라보는 시선, 세상을 아름답게 보는 특별한 시선은 "눈에 보이지 않는 것까지 볼 수 있는 능력"**입니다. 그 시선을 가진 사람은 더 깊이 공감하고, 더 많이 감사하며, 더 풍요롭게 살아갈 수 있습니다.

2) 에너지 넘치는 창의적인 아이들

ADHD 아동은 창의적이고 에너지 넘치는 경우가 많습니다. 그들은 어떠한 문제가 발생하면 새로운 방법을 생각해 내거나 독특한 아이디어를 내놓을 수 있는 창의적인 잠재력을 가지고 있습니다. 또한, 흥미를 느끼는 일에는 매우 집중하는 경향이 있어, 자신이 좋아하는 주제나 활동에서는 높은 몰입도를 보일 수 있습니다.

(1) 만 4~5세 ADHD 기질 아동에게서 나타날 수 있는 장점

① 끊임없이 움직이는 높은 에너지와 활동성

끊임없이 움직이고 활동하는 것을 좋아하며, 신체적 활동을 요구하는 운동, 체육 활동, 탐험 놀이에서 뛰어난 능력을 주도적으로 발휘할 수 있습니다.

② 탐험하는 마음, 깨닫는 순간, 호기심과 탐구심

탐험은 호기심에서 시작하여 새로운 것에 관심을 보이며 주변 환경에 탐구하여 여러 가지를 만져 보고 느끼고 실험하면서 배우고 터득하는 것을 좋아합니다. 놀이로 학습하는 것을 좋아하고 성취감을 통해 성장하는 시기입니다.

③ 틀 밖에서 피어나는 아이디어, 창의적 사고와 상상력

기존의 틀에서 벗어나 독창적인 놀이 문화를 만들어 내고 자기만의 상상력을 발휘하여 그림 그리기, 새로운 창작 만들기, 역할 놀이에서 상상 속의 이야기를 만들어 내고 구성하는 능력이 뛰어납니다.

④ 마음속 이야기, 솔직하고 풍부한 감정 표현

가지고 있는 생각과 감정을 있는 그대로 숨기지 않고 내 안에 담아 둔 이야기를 거리낌 없이 그대로 솔직하게 표현하고 말하며, 기쁨과 사랑을 적극적으로 표현하고 말과 행동으로 나타냅니다. 긍정적인 정서를 자극하면 더욱 활발하고 행복한 모습을 보일 수 있습니다.

⑤ 마음의 힘을 키우는 시간, 사회성이 발달할 가능성

또래 친구들과의 놀이에서 에너지를 발산하며, 리더십을 발휘할 수 있습니다.

적절한 지도가 있다면, 친구들에게 좋은 방향을 제시하고 긍정적인 자기 대화에 영향을 줄 수 있습니다.

⑥ 감각을 깨우는 순간, 빠른 반응과 순발력

자극에 빠르게 반응하며, 순간적인 문제 해결 능력이 뛰어날 수 있습니다.

즉흥적인 놀이에서 두각을 나타내며, 예상치 못한 어떠한 상황에서도 당황하지 않고 유연하게 문제를 대처할 수 있습니다.

⑦ 흔들림 없는 전념, 강한 집중력(하이퍼포커스)

특정 관심사(예: 블록 놀이, 그림 그리기, 퍼즐 등)에 빠지면 깊이 몰입할 수 있습니다. 좋아하는 활동을 활용하면 학습 능력을 효과적으로 키울 수 있습니다.

(2) 만 6~11세 ADHD 기질 아동의 대표적인 강점과 장점

① 창의성과 독창성

ADHD 아동들은 창의적인 창조력, 상상력을 이용하여 고정된 틀에 얽매이지 않고 자유롭게 사고하며, 참신한 개성과 고유성을 발휘하여 아이디어를 떠올리는 능력이 뛰어납니다. 기존의 방식과 다른 독창적인 접근법을 활용하여 문제를 해결하는 데 강점을 보이며, 창의적인 표현력이 요구되는 예술, 음악, 스토리텔링 등의 분야에서 특별하게 두각을 나타내는 재능을 보일 수 있습니다. 또한, 자신만의 개성과 독보적인 특징을 바탕으로 차별화된 시각을 제시하며, 새로운 가능성을 탐색하는 아이디어를 떠올리는 탁월한 능력을 지니고 있습니다.

② 뛰어난 직관력과 공감 능력

ADHD 아동들은 감각적인 능력이 뛰어나 상황을 빠르게 파악하는 능력이 뛰어나며, 감성적으로 민감하고 타인보다 공감 능력이 풍부하여 감정을 잘 알아채는 경우가 많습니다.

이들은 예리한 통찰력과 날카로운 감각, 직감적 사고를 가지고 있습니다. 이를 바탕으로 신속하고 정확하게 판단하고 타인을 이해하고 배려하는 모습을 보이며 또한 따뜻한 감수성과 정서적 공감으로 감정 이입, 친구들과 깊이 있는 관계를 형성할 수 있으며 긍정적인 역할을 할 수 있습니다.

③ 에너지와 열정

ADHD 아동의 과잉행동이 단점처럼 보일 수 있지만, 오히려 강한 에너지를 긍정적으로 사용하여 활력과 생동감, 생기발랄, 역동성을 바탕으로 활기차게 활동할 수 있습니다. 좋아하는 일이나 관심 있는 분야에 몰입할 때, 누구보다 열정적이며 남다른 집중력과 주의 집중으로 끈기 있게 헌신, 강한 의욕으로 목표를 향해 나아가는 힘과 많은 시간과 노력을 들일 수 있습니다.

④ 다재다능함

한 가지 일에 집중하기 어려울 수 있지만, 반대로 여러 가지에 관심을 가지고 시도하는 능력이 뛰어납니다. 또한 동시에 다양한 분야에서 호기심이 높으며 여러 가지를 새로운 시도하는 것을 좋아하고 탐구하는 분야에서 다재다능한 면모를 보이고 잠재력을 발휘할 수 있습니다.

⑤ 리더십과 모험심

ADHD 아동들은 새로운 도전에 거침이 없고 두려워하지 않으며, 틀에 얽매이지 않으며 틀에서 벗어난 지도력이 있습니다.

강한 추진력과 통솔력, 주도력, 카리스마, 조직을 이끌어 가는 조직력, 영향력, 사고방식을 바탕으로 자연스럽게 도전 정신, 개척 정신, 진취성, 탐험 정신, 거침없는 용기, 담대함, 창업 정신, 창의적 발명 도전, 감각 예술 등 다양한 분야에서 리더십을 발휘할 수 있습니다.

⑥ 빠른 문제 해결 능력

기발한 판단력과 신속한 해결력, 즉각적인 대응 능력으로 기존 방식과 자기만의 다른 독창적인 방법으로 문제를 해결하는 능력을 갖추고 있습니다.

문제 위기 상황에서도 유연한 사고로 해결책을 찾아내며 다른 사람보다 더 빠르게 대처할 수 있습니다.

뛰어난 순발력과 빠른 분석으로, 남들이 미처 생각하지 못한 창의적인 아이디어로 상황을 주도적으로 이끌어 갈 수 있습니다.

⑦ 깊은 집중력, 하이퍼포커스 능력

ADHD 아동들은 자신이 관심과 흥미가 있는 분야에 몰입할 경우, 매우 강하고 높은 초집중력을 발휘하는 능력이 있습니다.

이 **하이퍼포커스** 상태에서는 일반적인 사람보다 탁월한 집중 지속력, 강한 열정으로 훨씬 더 깊이 있는 높은 수준의 학습과 작업을 통해 좋은 성과를 냅니다.

또한, ADHD 기질을 가진 아동은 기존의 교육 환경에서 어려움을 겪을 수 있지만, 적절한 환경과 맞춤형 지원이 주어진다면 자신의 강점과 장점을 극대화하여 탁월한 능력을 발휘할 수 있습니다. 이를 통해 뛰어난 잠재력을 발견하고 뛰어난 능력을 효과적으로 활용할 기회가 될 것입니다.

2

ADHD, 창의력의 또 다른 이름: 혁신가들의 이야기

1) 다른 길을 걸어 빛이 된 사람들: ADHD와 함께한 성공 이야기

ADHD를 가진 사람들이 창의적이고 혁신적인 성과를 이룬 사례는 무수히 많습니다. 이들은 종종 전통적인 방식으로 생각하기보다는 독특한 사고방식과 비판적인 사고를 바탕으로 새로운 아이디어와 방법을 제시하는 경향이 있습니다.

대표적으로 아인슈타인, 에디슨, 스티브 잡스, 리처드 브랜슨 같은 인물들이 ADHD 기질을 가졌거나 ADHD로 추정되는 인물입니다.

〈ADHD가 창의성에 공헌하는 몇 가지 요소〉
- **다양한 아이디어 생성**: 한 가지에 얽매이지 않고 여러 가지를 동시에 함
- **모험심과 도전 정신**: 새로운 것에 대한 두려움이 적고, 남들이 안 하는 시도를 함

- **즉흥성과 유연한 사고**: 틀에 박힌 사고보다 자유로운 발상으로 혁신적 접근
- **과몰입(하이퍼포커스)**: 관심 있는 분야에서는 엄청난 집중력을 발휘

창의력을 성과로 연결하려면 환경적인 지원, 적절한 자기 조절 전략이 필요합니다.

다음은 ADHD을 가진 몇몇 유명한 창의적인 인물들입니다.

(1) ADHD를 강점으로 바꾼 기업가, 리처드 브랜슨(Richard Branson)
- 항공, 음악 그리고 혁신, 규칙을 깨고 세상을 새롭게 하다

리처드 브랜슨은 1950년 7월 18일, 영국의 런던에서 태어났습니다. 그는 어린 시절부터 다소 모험적이고 활동적인 성격을 가졌다고 알려져 있습니다. 학업에서는 별로 뛰어나지 않았고, 특히 학교에서는 학습에 어려움을 겪었습니다. 그는 ADHD 가지고 있었고, 성적도 좋지 않았지만, 그로 인해 좌절하거나 포기하지 않고 오히려 새로운 길을 찾으러 했습니다.

그는 11살 때부터 창의적이고 기업가적인 성향을 보였고, 고등학교를 중퇴하고 16살에 자신의 꿈을 실현하기 위해 잡지 'Student'를 창간하기도 했습니다.

리처드 브랜슨의 성격은 매우 도전적이고 긍정적이며 모험을 즐기는 성격으로 실패를 무서워하지 않는 성향을 가지고 있는 것으로 잘 알려져 있습니다.

그는 사람 중심의 리더십으로 직원과 좋은 관계를 유지하려고 노력하였으며 직원들의 고충을 이해하고 격려와 지지를 아끼지 않았고 사람들로부터 칭찬받는 사람으로 성장하였습니다.

1972년, 그는 음악 산업의 경쟁이 치열하다는 사실을 잘 알고 있었지만, 새로운 아이디어와 비즈니스 모델로 차별화된 회사 버진 레코드를 창업했습니다.

대표적으로 영국의 밴드 The Sex Pistols와 계약을 맺으면서 큰 주목을 받아 버진 레코드는 빠르게 성장했습니다. 이후 브랜슨은 유명한 EMI와 계약을 체결하고 음악 산업에서 큰 성공을 이루고 1992년에는 EMI에 판매하면서 큰 수익을 올리면서 세계적인 음반사로 우뚝 섰습니다.

레코드사의 성공에 자신감을 얻은 브랜슨은 1984년에 영국의 항공 산업에 도전했습니다. 그 당시 모든 시장을 장악하고 있던 큰 항공사들이 고객 만족도에서 불만이 나오고 서비스가 부족하다는 점을 발견한 브랜슨은 자기만의 독특한 창의적인 새로운 버진 애틀랜틱 항공사를 창립하게 되었습니다.

버진 애틀랜틱 항공은 기존의 관행 틀에서 벗어난 독특한 서비스와 고객을 만족시킬 만한 아이디어, 성공한 사업의 경험을 바탕으로 고객 만족 서비스를 하였습니다. 특히 "고객 우선"의 정신을 강조한 결과 빠르게 성장했으며 치열한 경쟁 사회에서 살아남을 수 있었습니다.

그는 버진 애틀랜틱 항공 광고에 직접 승객으로 출연하거나, 대서양 횡단 비행 중 직접 조종간을 잡으며 큰 주목을 받은 바 있습니다. 또한, 늘 독창적이고 파격적인 마케팅 전략을 활용해 대중의 시선을 끌었습니다.

결국, ADHD는 그에게 부정적인 영향을 미친 것이 아니라, 오히려 창의적이고 혁신적인 사고를 촉진했다고 할 수 있습니다.

(2) 우주, AI, 지속 가능성, 일론 머스크(Elon Musk)가 바꾸는 세상
- 혁신의 아이콘, 우주에서 인공지능까지

일론 머스크는 1971년 6월 28일, 남아프리카공화국 프리토리아에서 태어났습니다. 그의 아버지는 캐나다 출신, 어머니는 남아프리카공화국 출신으로, 다문화적인 배경에서 자랐습니다. 일론 머스크는 어려서부터 독립적이고 호기심 많은 성격을 가진 아이였습니다. 남아프리카공화국에서 자라면서 과학과 기술에 깊은 관심을 가지게 되었고, 10살 때는 코모도어 VIC-20 컴퓨터로 프로그래밍을 배우기 시작했습니다.

12살에는 직접 만든 게임 'Blastar'를 팔기도 했습니다. 하지만 학교에서 머스크는 어려움을 겪었습니다. 내성적이고 체격이 작아 친구들과 잘 어울리지 못하고, 특히 초등학교, 중학교 시절에는 작은 체격과 고집 강한 성격으로 친구들로부터 종종 괴롭힘을 당하기도 했습니다. 이 경험은 그의 성격과 정신에 큰 영향을 미쳐, 경쟁적이고 도전적인 태도를 형성하였습니다.

머스크는 17살에 캐나다로 이주하며 퀸스대학교에 입학한 뒤, 펜실베이니아대학교로 전학하여 물리학과 경제학을 전공했습니다.

대학 시절부터 창업 아이디어를 구상했고, 첫 번째 벤처인 Zip2를 시작하여 큰 성공을 거두었습니다. 계속해서 우주산업 스페이스X를 통해 민간 우주산업 개척, 화성 이주 비전을 제시하였고 **민간 최초로 유인 우**

주선 국제우주정거장(ISS) 도킹 성공**, 인간을 달, 화성까지 수송할 수 있는 차세대 초대형 로켓 스타십 개발, 전 세계 어디서나 인터넷을 사용할 수 있는 **스타링크 위성 인터넷 개발, 전기차 혁신**으로 고급 전기차 로드스터, 대중형 모델 3, SUV 모델 Y 등을 성공적으로 출시한 **테슬라(Tesla), 오토파일럿(자율주행 기술)**, 솔라루프(태양광 지붕), 파워월(가정용 배터리) 등 재생에너지 솔루션 확대, **인공지능과 뇌 컴퓨터 인터페이스**, 인간의 뇌에 칩을 이식해 컴퓨터와 직접 연결하는 기술 연구 **뉴럴링크(Neuralink), 온라인 결제 혁신 시스템**까지 일론 머스크의 성공 업적은 여러 산업에서 혁신을 이끌며, 인류의 미래에 큰 영향을 끼친 것으로 평가받습니다.

일론 머스크는 어린 시절의 어려움을 극복하고 **실패를 두려워하지 않는 끊임없는 도전으로 열정과 끈기로 성장**해 전 세계적으로 큰 영향을 미치는 기업을 만들었습니다. 그의 가장 큰 성공은 단지 기술 개발에 그치지 않고, **불가능해 보였던 꿈을 현실로 만든 실행력과 비전**에 있었습니다.

(3) ADHD를 혁신으로 바꾼 발명가, 제임스 다이슨(James Dyson)의 도전과 성공
- 5,127번의 실패를 넘어선 혁신

제임스 다이슨(James Dyson)은 단순한 발명가가 아닙니다. 그는 기존의 틀을 깨고, 끊임없이 도전하며, 결국 세계적으로 유명한 다이슨(Dyson) 브랜드를 만들어 낸 혁신가입니다.

특히 그는 ADHD를 가졌음에도 불구하고, 이를 단점이 아니라 강점으로 활용했습니다. ADHD가 그에게 창의적인 사고와 끊임없는 탐구 정신을 제공한 것입니다.

포기하지 않는 도전 정신, 제임스 다이슨의 가장 유명한 발명품은 고압력 사이클론 진공청소기입니다. 기존의 진공청소기는 먼지가 필터를 막아 흡입력이 점점 약해지는 문제점이 있었는데, 그는 이를 해결할 방법을 찾기로 결심했습니다.

그는 5년 동안 5,127번의 실패를 겪으며 개선된 진공청소기를 개발했습니다. 보통 사람이라면 포기했을 수 있지만, **ADHD의 특징 중 하나인 끈질긴 집중력과 열정**이 그를 계속 실험하도록 만들었습니다. 결국 그는 필터 없이도 강력한 흡입력을 유지하는 사이클론 방식의 진공청소기를 발명했고, 이 제품은 가전 시장에 혁신을 일으켰습니다.

다이슨은 새로운 아이디어를 끊임없이 떠올리고 깊이 몰입하는 ADHD의 특징을 강점으로 삼아, 단순한 발명이 아니라 '완벽한 제품'을 만들기 위해 끊임없이 도전했습니다. 그는 단순히 청소기 하나로 만족하지 않고 날개 없는 선풍기, 고성능 헤어드라이어, 공기청정기까지 혁신적인 제품을 계속해서 출시했습니다. ADHD로 인해 다양한 아이디어가 떠올랐고, 이를 현실로 만들기 위해 끝없는 실험을 거듭한 것입니다.

성공과 영향력을 가진 제임스 다이슨은 현재 수십억 달러 규모의 글로벌 기업을 운영하며, 전 세계 수많은 발명가와 엔지니어들에게 영감을 주고 있습니다.

그는 자신 경험을 바탕으로 실패를 두려워하지 말 것, 끊임없이 실험할 것을 강조하며 젊은 창업자와 학생들에게 용기를 주고 있습니다.

"나는 실패를 두려워하지 않는다. 실패는 배움의 과정일 뿐이다."

"좋은 아이디어를 떠올리려면 수많은 나쁜 아이디어를 먼저 거쳐야 한다."

제임스 다이슨의 이야기는 ADHD 가진 사람들도 충분히 창의적이고 혁신적인 성공을 거둘 수 있다는 강력한 메시지를 전합니다. 그는 **ADHD를 약점이 아닌 강점**으로 바꾸었고, 세상을 변화시키는 발명가로 자리 잡았습니다.

당신도 다이슨처럼, 자신의 특성을 강점으로 바꿔 도전해 볼 수 있지 않을까요?

2) ADHD, 남다른 예술적 창의력으로 세상을 빛낸 사람들

ADHD 하면 대부분 부정적이고 불편한 존재로 여기는 사람들이 많이 있습니다. 그러나 반대로 ADHD 가진 사람들의 긍정적인 부분을 살펴보면 그들이 가지고 있는 독특한 사고와 넘치는 에너지를 바탕으로 창의적이고 독창적인, 혁신적인 방식으로 세상을 여러 곳을 빛내고 있습니다.

다양한 분야에서 뛰어난 재능을 발휘하며 남들이 이루지 못한 성공을 이룬 이들이 많습니다. 그들의 열정과 독창성은 우리 사회에 새로운 도전과 가능성을 열어 주며 각자의 특별한 방식으로 세상을 살아가는 사람들에게 편리한 삶의 영향을 아름답게 남기고 있습니다.

ADHD 아동들은 창작 예술과 창작 음악, 글쓰기 등 창의적인 분야에서, 특히 혁신적인 사고에 강점과 장점을 보이는 경우가 많습니다.

이들은 감정적으로 풍부하고, 예술적 활동을 통해 자신을 거침없이 표현하는 데 매우 능숙할 수 있습니다.

ADHD를 가지고 예술과 창의적인 기술 분야에서 두각을 나타내며 성공을 거둔 인물들은 그들의 독창적인 업적을 통해 이를 증명해 보였습니다.

다음은 그 대표적인 사례입니다.

(1) 음악과 연기의 경계를 허문 천재 아티스트,
저스틴 팀버레이크(Justin Timberlake)
- 음악과 연기로 세상을 물들인 아름다운 영혼

어린 시절의 저스틴 팀버레이크(Justin Timberlake)는 남들과 조금 다른 리듬을 가지고 있었습니다. ADHD와 강박장애(OCD)를 가지고 있었지만, 그는 이를 자신의 단점이 아닌 특별한 개성으로 받아들였습니다.

세상을 바라보는 방식이 남다른 그는, 음악과 연기에 대한 남다른 열정과 집중력으로 자신의 길을 걸어가기 시작했습니다. 그의 목소리는 따뜻한 감성을 담아 사람들의 마음을 어루만졌고, 무대 위에서 춤추는 그의 모습은 마치 자유롭게 흐르는 멜로디 같았습니다.

NSYNC의 멤버로 전 세계 팬들의 사랑을 받은 그는, 솔로로 나아가며 더욱 깊이 있는 음악을 만들어 냈습니다. 그의 노래는 수많은 이들에게 위로와 기쁨을 선물하며, 그래미상을 여러 차례 수상하는 영광을 안았습니다.

연기에 도전한 그는 스크린에서도 빛났습니다. '소셜 네트워크', '인 타임', '프렌즈 위드 베네핏' 등 다양한 작품 속에서 섬세한 감정 연기를 펼치며, 배우로서도 깊은 인상을 남겼습니다.

그의 여정은 우리에게 소중한 메시지를 전합니다.

"남들과 조금 달라도 괜찮아. 그 다름 속에서만 피어나는 아름다운 빛이 있으니까."

그렇게 저스틴 팀버레이크는, 세상을 더 따뜻하고 아름답게 만드는 노래와 이야기로 우리의 마음을 울리고 있습니다.

(2) 한계를 넘은 전설의 체조 선수, 시모네 바일스(Simone Biles)
- 역경을 넘고 하늘을 날다

세계적인 체조 선수 시모네 바일스는 올림픽과 세계 선수권 대회에서 수많은 금메달을 획득했습니다.

체조 매트 위에서 그녀는 누구보다 자유로웠습니다. 공중에서 회전하고 착지할 때마다, 시모네 바일스는 단순한 선수가 아닌, 불가능을 뛰어넘는 전설로 거듭났습니다.

그러나 어린 시절 그녀는 남들과 다른 행동을 했으며 집중하기 어려웠고, 마음은 늘 앞서갔습니다. 선생님들은 그녀가 너무 산만하다고 했지만, 체조할 때만큼은 온 세상이 고요해졌습니다. ADHD 진단을 받은 후, 그녀는 자신의 방법으로 이 도전을 마주했습니다.

넘어짐이 있어도 다시 일어서는 법을 터득했고, 훈련 중 수없이 넘어지고, 실수를 반복했습니다. 그녀는 포기하지 않았습니다. **"실패는 끝이 아니야. 배움의 과정일 뿐이야."** 스스로 속삭이며 다시 일어나 도전했습니다.

그녀는 **진짜 강함이란 솔직함에서 온다**고 말하곤 했습니다. 올림픽을 앞두고, 그녀는 ADHD 치료제를 복용하고 있다는 사실을 공개했으며 누군가는 약점으로 볼 수도 있는 일이었습니다. 하지만 시모네는 그것을 숨기지 않았고 오히려 당당히 말했습니다.

"이것이 나야. 그리고 나는 나 자신을 사랑해."

그녀의 용기는 많은 이들에게 희망이 되었습니다. 공중에서 세 바퀴를 돌고 완벽하게 착지하는 순간, 관중석은 환호로 가득 찼습니다.

하지만 그녀가 전하고 싶은 메시지는 단순한 금메달이 아니었습니다.

하늘을 날며 전하는 메시지는 **"나의 한계는 내가 정한다. 그리고 나는 계속 날아오를 것이다"**.

그녀는 오늘도 자신의 길을 걷고 있습니다. 아니, 날아오르고 있습니다.

(3) 멜로디로 빛난 별, 애덤 레빈(Adam Levine)
- 작은 별, 노래가 되다

애덤은 어릴 때부터 반짝이는 별 같았습니다. 하지만 그 별빛은 때때로 이리저리 튀고, 가끔은 너무 눈부셔서 사람들이 놀라기도 했습니다.

"애덤, 집중해!", "애덤, 왜 그렇게 가만히 못 있어?" 학교에서도, 집에서도 애덤은 늘 이런 말을 들었습니다. 그는 책을 읽다가도 금세 다른 생각에 빠졌고, 가만히 앉아 있기보다 손가락으로 리듬을 두드리는 것을 더 좋아했습니다. 하지만 그럴 때마다 사람들은 그를 조용히 시키려 했습니다.

그러던 어느 날, 애덤은 우연히 기타를 잡았습니다. 손끝에서 아름다운 소리가 흘러나오자, 그의 마음속 어지러운 생각들이 하나둘 정리되었습니다. 음악을 연주할 때 세상이 조용해지고, 머릿속이 맑아지는 기분이 들었습니다.

그날부터 애덤은 매일 기타를 쳤고 수많은 밤을 지새우며 노래를 만들고, 친구들과 밴드를 결성했습니다. 하지만 쉽지 않았습니다.

무대에 서면 긴장해서 실수하기도 했고, 노래가 마음대로 되지 않아 속상한 날도 많았습니다. '난 안 될 거야.'라고 생각한 적도 있었습니다. 하지만 애덤은 포기하지 않고, **"내가 가장 나다워질 수 있는 순간은 음악을 할 때야."** 그는 그렇게 자신만의 길을 걸어갔습니다.

그리고 마침내, 세상은 애덤의 목소리를 듣게 되었습니다. 그가 노래할 때, 사람들은 웃었고, 울었고, 함께 노래를 불러 주었습니다. 반짝이는 작은 별이 마침내 온 세상을 밝히는 빛이 된 거였습니다.

그는 말했습니다.

"나는 완벽하지 않아. 하지만 내 빛을 숨기지 않을 거야. 내 방식대로 빛날 거야."

애덤 레빈은 어린 시절부터 ADHD로 인해 집중력이 부족했다고 밝혔습니다. 하지만 그는 음악을 통해 자신의 에너지를 조절하고 창작력을 발휘하며, 마룬5의 리드 보컬로 세계적인 성공을 거두었습니다.

(4) 데이브 그롤(Dave Grohl)
- 너바나의 전설에서 푸 파이터스의 록 아이콘까지

데이브 그롤은 너바나의 드러머이자 푸 파이터스의 프론트맨으로, 록 음악 역사에서 매우 영향력 있는 인물 중 한 명입니다. 하지만 그의 성공 뒤에는 ADHD라는 도전이 있었습니다.

어린 시절 ADHD 진단을 받은 그롤은 어린 시절부터 끊임없는 에너지를 가지고 있었고, 집중력이 쉽게 흐트러지곤 했습니다. 전통적인 학습 방식은 그에게 맞지 않았고, 학교에서의 좌절이 많았습니다.

그는 책상 앞에 앉아 공부하는 대신, 음악을 통해 자신을 표현하는 법을 터득했습니다. 드럼 스틱을 손에 쥔 순간, 그는 집중할 수 있었고 자유로움을 느꼈습니다.

그롤은 음악이 ADHD를 극복하는 최고의 방법이자, 자신의 에너지를 긍정적으로 발산할 수 있는 출구임을 깨달았습니다. 그는 혼자서 드럼을 연습하며 시간을 보내는 것을 즐겼고, 여러 밴드를 전전하며 연주를 계속했습니다. 이 과정에서 그는 집중력과 끈기를 기를 수 있었습니다.

1990년, 그는 너바나의 드러머로 합류하며 전 세계적인 성공을 거두었습니다.

하지만 커트 코베인의 비극적인 죽음 이후, 그는 다시 길을 찾아야 했습니다. 많은 사람이 절망했을 상황에서도, 그는 음악을 포기하지 않았습니다. ADHD로 인해 끊임없이 새로운 도전을 갈망하던 그는 직접 노래를 만들고 부르는 밴드, 푸 파이터스를 결성했습니다. 결국 그롤은 푸 파이터스로 록의 전설이 되었습니다.

그롤은 ADHD가 단점이 아닌, 창의력과 추진력을 주는 원동력이 될 수 있음을 몸소 증명했습니다. 그는 스스로를 한 가지에 가두지 않고, 작곡가, 보컬리스트, 드러머, 기타리스트 등 다양한 역할을 소화하며 푸 파이터스를 세계적인 록 밴드로 성장시켰습니다. ADHD가 그에게 준

넘치는 에너지는 무대 위에서 폭발적인 퍼포먼스로 이어졌고, 그는 팬들에게 잊을 수 없는 공연을 선사했습니다.

그롤은 자신의 경험을 바탕으로, 전통적인 방식에 맞지 않는 사람들도 자신만의 길을 찾을 수 있다고 말합니다.

ADHD는 그에게 장애가 아닌, 독창성과 열정을 불러일으키는 요소였습니다.

그는 여전히 새로운 음악과 프로젝트에 도전하며, 한계를 뛰어넘는 록의 아이콘으로 자리 잡고 있습니다. 데이브 그롤은 세상을 향해 이같이 이야기합니다.

"당신이 어떤 어려움을 겪든, 자신만의 방식으로 표현할 수 있는 길이 반드시 있다."

(5) 방송인, 작가 카라모 브라운(Karamo Brown)
- 마음을 잇는 이야기

어린 시절, 카라모 브라운은 남들과 조금 달랐습니다. 집중이 어려웠고, 감정이 쉽게 요동쳤으며, 때로는 주변과 어울리기가 힘들었습니다. ADHD라는 특성을 가지고 있었지만, 당시에는 그것이 무엇인지조차 몰랐습니다. 그저 '산만하다', '참을성이 부족하다'는 말을 자주 들을 뿐이었죠.

그러나 카라모는 자신만의 방식으로 세상을 바라보며, 조금씩 자신의 가능성을 발견해 나갔습니다. 그는 이야기하는 것을 좋아했고, 사람들의 감정을 읽는 데 뛰어났습니다. 자신의 생각을 솔직하게 표현하며 주변과 소통하는 법을 배워 나갔습니다.

시간이 지나면서 그는 자신의 **ADHD가 단순한 '문제'가 아니라, 세상을 더 깊이 느끼고 창의적인 방식으로 표현할 수 있는 '특별한 힘**'이 될 수 있다는 것을 깨닫게 되었습니다. 이 깨달음은 그를 방송과 작가의 길로 이끌었습니다.

넷플릭스 '퀴어 아이'에서 그는 사람들의 상처를 보듬고, 진정한 자신을 찾도록 돕는 역할을 맡았습니다. 그의 따뜻한 공감과 진솔한 이야기는 사람들의 마음을 움직였습니다. 카라마 브라운은 자신의 이야기를 통해 우리에게 말합니다.

"남들과 다름이 결코 약점이 아니라, 나만의 강점이 될 수 있어요."

그는 ADHD를 극복한 것이 아니라, 그것과 함께 살아가며 자신의 길을 만들어 냈습니다. 그리고 지금도, 사람들에게 용기와 희망을 전하고 있습니다.

(6) 톰 크루즈(Tom Cruise)
- ADHD를 연기의 에너지로 바꾸기

톰 크루즈는 할리우드에서 성공한 배우 중 한 명입니다. 그의 필모그래피에는 '탑건(Top Gun)', '미션 임파서블(Mission Impossible)' 시리즈 등 수많은 명작이 있지만, 그가 이 자리까지 오기까지는 쉽지 않은 길을 걸어왔습니다.

ADHD로 힘들었던 어린 시절, 톰 크루즈는 학창 시절 글을 읽는 것조차 어려워했던 것으로 알려져 있습니다. ADHD와 난독증이 함께 있었던 그는 교과서를 읽는 데 어려움을 겪었고, 집중력이 부족해 수업을 따라가는 것이 힘들었습니다. 선생님과 친구들에게 이해받지 못하고 학업적으로 뒤처지는 느낌을 받으며 좌절하기도 했습니다. 하지만 그는 자신의 단점을 극복하기 위해 끊임없이 노력했습니다.

그는 학업이 아닌, 몸을 움직이고 감정을 표현하는 연기 분야에서 자신이 남다른 재능이 있음을 발견했습니다. ADHD를 강점으로 만든 특징 중 하나는 끊임없는 에너지와 활동성입니다. 톰 크루즈는 이를 자신의 연기에 최대한 효과적으로 활용했습니다.

그의 대표작인 '미션 임파서블' 시리즈를 보면, 그는 스턴트 장면을 대부분 직접 소화하며 놀라운 집중력과 체력을 보여 줍니다. ADHD로 인해 끊임없이 움직이고 도전하는 성향이, 오히려 액션 연기에 최적화된 강점이 된 것입니다.

그는 단순히 대본을 외우고 연기하는 것에 그치지 않고, 캐릭터에 몰입하며 실제와 같은 경험을 만들기 위해 온몸을 던졌습니다. 비행기를 타고 직접 액션을 소화하고! 고층 빌딩을 맨몸으로 오르며! 진짜 전투기 조종 면허까지 따며! 이 모든 것이 그의 ADHD 특성과 맞물려, 최고의 배우로 성장하는 원동력이 되었습니다.

톰 크루즈는 **자신의 경험을 바탕으로 ADHD를 가진 사람들에게 자신만의 강점을 찾으라고 조언**합니다. 학업적으로 힘들었지만, 그는 연기라는 자신의 재능을 발견하고 그곳에서 누구보다 빛날 수 있었습니다.

"누구에게나 자신만의 길이 있다. 중요한 것은 그 길을 찾는 것!"

그는 ADHD를 극복한 것이 아니라, 오히려 그 특성을 활용하여 자신의 강점으로 만들었다는 점에서 많은 사람에게 영감을 주고 있습니다.

ADHD가 장애물이 아니라 올바른 방향을 찾았을 때 강력한 원동력이 될 수 있음을 보여 주는 인물이 바로 톰 크루즈입니다. 당신도 자신의 강점을 찾으면, ADHD는 더 이상 약점이 아닐지도 모릅니다!

(7) 아넬리 웨스트(Annelie West)의 도전과 발견
- 무한한 호기심, 경계를 넘다: 과학으로 길을 여는 개척자

아넬리 웨스트는 ADHD를 가진 과학자로, 연구와 실험에서 뛰어난 성과를 이뤘습니다. 그녀는 ADHD가 창의적인 문제 해결을 유도하고, 집중력이 분산되었을 때 새로운 아이디어를 떠올릴 수 있게 만든다고 이야기합니다.

아넬리 웨스트는 어릴 때부터 남들과 조금 달랐습니다. 그녀의 머릿속은 늘 쉼 없이 움직였고, 새로운 것에 대한 호기심으로 가득 차 있었습니다. 하지만 동시에 한 가지에 오랫동안 집중하기 어려웠고, 학교 수업 중에는 창밖을 바라보거나 노트 가장자리에 낙서하는 일이 많았습니다. 선생님들은 그녀가 산만하다고 지적했지만, 부모님은 그녀의 무한한 에너지를 이해하고 격려해 주었습니다.

어느 날, 부모님이 선물해 준 간단한 화학 실험 기구가 그녀의 삶을 바꾸어 놓았습니다. 물질이 반응하며 색이 변하고, 작은 실험이 보여 주는 놀라운 결과와 과정은 그녀를 사로잡았습니다. 그 순간, 그녀는 과학이 자신의 세상임을 깨달았습니다.

ADHD로 인해 집중이 쉽지 않았지만, 실험할 때만큼은 시간이 어떻게 가는지도 모를 정도로 몰입했고 손으로 직접 무언가를 만들어 내고

변화를 관찰하는 과정은 그녀에게 최고의 즐거움이었습니다.

하지만 학업은 쉽지 않았습니다. ADHD로 인해 긴 강의를 듣고 필기를 정리하는 것이 어려웠고, 시험을 준비하는 것도 힘들었습니다.

그러나 그녀는 자신만의 방법을 찾았습니다. 오디오 녹음을 들으며 움직이거나, 다양한 색상의 노트를 활용해 시각적으로 정보를 정리하는 방식이었습니다. 또한, 실험 중심의 학습을 통해 배운 내용을 몸으로 익히는 전략을 사용했습니다.

그녀의 독창적인 학습 방식은 결국 큰 성과를 가져왔으며, 대학에서도 실험과 연구에서 두각을 나타냈습니다. 대학 졸업 후, 그녀는 과학자로서의 연구원으로 활동하며 ADHD가 오히려 자신에게 강점이 될 수 있음을 깨달았습니다.

집중력이 분산될 때마다 예상치 못한 연결고리를 발견할 수 있었고, 다양한 아이디어가 떠올랐습니다. 단순한 반복 작업은 힘들었지만, 복잡한 문제를 창의적으로 해결하는 능력은 누구보다 뛰어났습니다. 그녀의 독창적인 사고방식은 새로운 연구의 돌파구를 마련하는 데 도움이 되었습니다.

아넬리 웨스트는 **ADHD를 약점이 아닌 특별한 능력**으로 바라보았습니다. 그녀는 자신의 경험을 바탕으로 ADHD를 가진 어린 학생들에게 멘토링을 제공하며, **누구나 자신만의 방식으로 세상을 변화시킬 수 있다는 메시지를 전달**했습니다. 그녀의 도전과 발견은 단순한 과학적 성과를 넘어, 사람들에게 희망과 영감을 주는 이야기로 남게 되었습니다.

그녀는 말합니다.

**"우리의 차이점이 바로 우리의 힘이 될 수 있어요. 세상을 바꾸는 발견은, 평범함을 넘어서는 곳에서 시작되니까요."

3) ADHD의 강점과 성공 요인의 공통점

구분	ADHD 강점과 성공의 원동력(성공 요인의) 공통점
창의력	새로운 아이디어를 떠 올리고 색다른 기존의 방식을 깨는 독창적인 사고방식을 가지고 있습니다.
열정과 에너지	자신이 좋아하는 일에 몰두하며 끊임없는 추진력과 도전 정신을 가지고 있습니다.
위기 극복 능력	실패를 무서워하지 않고 딛고 일어서는 끊임없이 시도하는 강한 정신력이 있습니다.
다중 작업 능력	예술, 비즈니스, 과학, 기술 등 다양한 분야에서 여러 가지 일을 동시에 수행하는 능력을 가지고 있습니다.

ADHD는 단점이 아니라, 올바른 방식으로 활용하면 특별한 강점이 될 수 있습니다. 따라서 자신의 특성을 이해하고, 그것을 장점으로 전환하는 방법을 찾는 것이 중요합니다.

3

실질적인 육아 솔루션: 아이의 감정 조절과 사회성 발달을 돕는 방법

ADHD는 단순한 '버릇없음'이 아닙니다. 그건 아이가 스스로 조절하기 어려운 **신경 발달의 차이**며, 조금 더 따뜻한 인내와 이해가 필요한 **다른 방식의 성장**입니다. 가족 모두가 이 차이를 '문제'로 보지 않고, **함께 극복해 나가는 여정**으로 받아들일 때, 아이의 눈빛은 서서히 달라지기 시작합니다. **아이의 행동에는 이유가 있고, 그 이유를 이해하려는 마음에서부터 변화는 시작**됩니다.

ADHD 아동을 돕기 위한 실질적인 행동 치료법들을 소개합니다.

부모 훈련(긍정적인 강화, 일관된 규칙 설정, 감정 조절 훈련, 모델링)으로 효과적으로 지도하고 상호작용을 촉진하는 역할을 해야 합니다. 학교에서의 개입(개별화 교육 계획, 과제 분할, 좌석 배치조정, 시각적 도구 사용)은 아동의 사회적 기술 훈련 등 구체적인 방법들을 제시하여, 아이들이 자신감을 얻고 사회에 잘 적응할 수 있도록 돕습니다.

이렇게 구체적이고 현실적인 전략을 통해, 아이의 강점을 살리고 약점을 보완하고 적용하면 ADHD 아동은 자신감을 가지고 삶에 실질적인 변화를 일으킬 수 있습니다.

1) 교육기관(어린이집, 학교)에서 ADHD 아동 지원, 관리 방법

학교는 단지 배우는 곳이 아니라, 아이의 자신감과 소속감이 자라는 공간이어야 합니다. 학교에는 ADHD 아동을 위한 특별한 학습 환경, 교육적 지원이 적극적으로 필요합니다. 이를 위해 IEP(Individualized Education Plan, 개별화 교육 계획), 즉 아동의 학습 필요에 맞는 맞춤형 지원을 계획하고 더 나은 교육을 받을 수 있습니다.

예를 들어, 시험 시간 연장하여 많은 시간을 갖고 충분히 문제를 풀 수 있도록 제공하고, 소음이 적고 다른 학생이 활동으로 시끄러워 집중이 분산되지 않도록 조용한 환경을 제공해 줍니다. 교사의 협력도 매우 중요합니다.

집중이 어려운 아이는 과제를 더 작은 단위로 나누어 하나씩 완료할 수 있도록 돕는 것이 효과적입니다. ADHD 아동에게는 칭찬과 보상, 그리고 긍정적인 피드백이 더 효과적이므로 이를 잘 활용하는 것이 중요합니다.

(1) **구조화된 학습 환경 제공**: **일정한 루틴**과 **명확한 규칙**을 설정, **시각적 일정**을 제공, **타이머** 사용
(2) **긍정적인 피드백과 보상 시스템**: 긍정적인 피드백, 칭찬하고 보상을 제공
   예: **스티커 차트, 성취 포인트 시스템** 도입, 보상 제공
(3) **짧은 시간 동안 집중하기**: **10~15분** 간격으로 활동을 전환, 짧은 휴

식 시간 제공

(4) **충동 제어 훈련**: 대화 시 차례를 지키기, 감정을 적절히 표현하는 방법 등 말하기 전에 손을 들거나 잠깐 멈추는 훈련

(5) **교사와의 지속적인 소통**: 학습 상태와 행동을 모니터링, 정기적으로 소통, 아동의 강점과 약점을 파악하여 학습을 지원, 부모와 교사가 주기적으로 회의, 학습과 행동에 대한 피드백을 주고받기

(6) **학습 환경 조정**: 교실 앞자리 배치가 도움, **추가 시간을 제공**

(7) **주의 집중을 돕는 전략**: 짧은 설명 + 실습 활동으로 구성, 시각적 자료를 활용

(8) **사회적 관계 형성**: 또래 **사회성 훈련**, 또래 친구와 함께하는 협력 활동을 제공, 긍정적인 관계 형성을 유도

2) 가정에서 ADHD 아동 가족 지원과 협력, 관리 방법

　ADHD는 극복해야 할 문제가 아니라, 함께 살아가는 방식을 새롭게 만들어 가는 과정입니다. 실질적인 전략과 따뜻한 환경이 갖춰질 때, 아이들은 자신의 강점을 발견하고, 약점을 보완해 나가며, 자신감을 회복할 수 있습니다.

　부모는 긍정적인 강화와 일관된 규칙, 감정 조절의 모델이 되어 아이에게 안정된 울타리를 제공해야 합니다. 형제자매도 ADHD를 이해하고 존중하는 법을 배우며 그 속에서 가족 모두가 성장합니다. 아이의 노력을 크게 칭찬하고, 실수는 나무라기보다 기회로 삼는 그런 따뜻한 시

선이 필요합니다.

부모는 ADHD 아동을 조기에 발견하여 지원하는 데 중요한 역할을 합니다. 부모가 ADHD에 대해 잘 모르고 있으면 아동의 공격적이고 충동적인 행동을 잘 이해하지 못하여 아동과의 관계가 어려워질 수 있습니다. 먼저 부모 교육프로그램이나 부모 지원 그룹에 참여하여 실질적인 도움을 받고 아동에 공격적인 행동에 대해 이해하고, 아동의 정서적인 면을 어떻게 지원할지에 대한 교육을 받는 것이 필요합니다.

ADHD 아동은 종종 스스로 자존감을 낮출 수 있습니다. 부모와 가족은 아동에게 **무조건적인 사랑과 격려, 칭찬의 지지**를 보여 주어야 하며, 아동의 장점과 강점을 잘 파악하여 긍정적인 특성을 찾아내어 강조하는 것이 중요합니다.

ADHD 아동에게 실질적으로 도움이 되는 방법은 이랬다, 저랬다 하는 것이 아닌 일관된 규칙을 유지하고 안정적인 구조적 환경을 제공하는 것입니다.

긍정적인 대화 방식, 감정과 충동 조절 훈련 등을 통해 ADHD 아동이 자신감을 키우고, 아동이 겪는 어려움을 이해하고 학교와 사회에서 협력하여 더 잘 적응할 수 있도록 돕는 것이 핵심입니다.

(1) 예측 가능한 하루 생활 유지하기

ADHD 아동은 미리 자신이 계획된 일과에서 무엇을 해야 하는지 알고 있으면 안정적으로 잘 처리합니다.

가정에서도 규칙적인 계획을 설정하고 아동이 미리 생각할 수 있고 예측할 수 있는 일과를 가르쳐 주는 것이 중요합니다. 아침과 저녁 일상생활의 하루 계획표를 활용하여 아동이 무엇을 해야 하는지 명확하게 알려 주고 안정적으로 일정하게 유지하고, 규칙적인 시간에 식사와 숙제를 하도록 유도합니다.

① 시각적 일정표 활용하기

글자보다 흥미 끌 수 있는 **그림, 사진, 색깔이 있는 도표**가 더 효과적입니다.

아침 일과(세수하기, 옷 입기, 아침 먹기)를 그림으로 표현하면 아동이 쉽게 따라갈 수 있습니다.

② 루틴을 고정하기

일상생활에서 일어나기, 식사, 공부, 놀이, 잠자리 시간 등을 매일 일정한 시간에 유지하는 것이 중요합니다.

새로운 일정이 추가되거나 변동이 생길 경우, 미리 알려 주면 불안감을 줄일 수 있습니다.

③ 짧고 명확한 지시 주기

ADHD 아동은 한 번에 많은 정보를 처리하는 것이 어렵기 때문에, 하나하나 순서대로 짧고 간단하게 말해 주는 것이 좋습니다.

예: "양치하고 나서 세수하자!" → ○

"양치하고 세수하고 밥 먹고 머리 빗고 옷 입어!" → ×

(한꺼번에 말하면 집중하기 어려워합니다)

(2) 명확한 규칙 설정하기

규칙을 지킬 수 있는 계획을 설정하고 집과 학교에서 그것을 꾸준히 지킬 수 있도록 합니다. 예를 들어, 주어진 숙제 끝낸 후에만 컴퓨터를 하거나 TV를 볼 수 있도록 하고, 일정한 시간에 일정하게 잠자리에 들도록 유도하는 것입니다.

아동에게 무엇을 해야 하며 기대하는지 아동이 이해할 수 있도록 명확하게 알려 주고, 구체적인 실현할 수 있는 목표를 설정합니다. 예를 들어, "이번 주 동안은 스스로 자기 방 청소하기, 숙제를 매일 끝내기, 밥 먹은 것을 싱크대에 넣기"와 같은 목표를 세우고 이를 달성하면 아동에게 원하는 보상을 주는 방식입니다.

목표가 너무 무거운 문제이거나 크거나 어려운 경우에는 작은 목표부터 나누어 아동이 달성할 수 있도록 합니다.

일관성 있는 명확한 규칙 설정하여 지키기

구분	명확한 규칙 설정하기
구체적이고 간단한 규칙 만들기	• "착하게 행동해" → ×(추상적이고 모호함) • "친구를 밀지 말고, 때리지 마. 말로 이야기해" → ○(구체적이고 행동 중심적)
시각적 규칙 게시하기	• 집이나 교실에 규칙을 **그림이나 표**로 만들어 눈에 보이는 곳에 붙여 두면 좋아요. • 예: 숙제 끝내기 → TV 보기(그림으로 표현)
보상과 결과를 명확히 하기	• ADHD 아동은 즉각적인 피드백이 필요하기 때문에, 작은 성취에도 **즉시 칭찬하거나 보상하는 것**이 좋습니다. • 예: "숙제를 끝내면 10분 동안 좋아하는 게임을 할 수 있어."
지시와 짧은 과제 제공	한꺼번에 많은 것을 요구하기보다 짧고 단순한 목표를 제시해야 합니다.

일관된 대응하기	• 부모나 교사가 규칙을 정했다면, **예외 없이 항상 같은 기준으로 적용해야** 합니다. • 예: "오늘은 피곤하니까 그냥 넘어갈게. 내일 하자." 　→ ×(혼란 유발, 일관성 없음) 　"우리 약속 기억하지? 숙제 먼저 끝내자!" 　→ ○(일관된 기준 유지)

아침에 일정한 시간에 기상과 식사, 정해진 공부 시간, 적당한 놀이시간, 취침 시간까지 일정하게 유지하면 주의력 조절에 도움이 되며 충동 조절이 쉬워집니다.

가정에서도 학교와 마찬가지로 긍정적인 행동을 강화하는 시스템을 도입할 수 있습니다. 아동이 스스로 과제 목표를 달성할 때마다 과정을 구체적으로 칭찬하고, 작은 보상으로 상장, 스티커, 선물을 통해 아동에게 성취감과 만족감을 주어, 좋은 행동을 지속할 수 있도록 유도합니다. "잘했어!"보다는 "오늘 숙제를 혼자 끝냈구나! 수고했다. 노력한 모습이 멋져!"같이 구체적으로 칭찬해 줍니다. 작은 성공을 경험하면 아이의 성취감으로 자신감과 자존감이 올라가고, "다음에는 더 잘해야지" 하며 동기부여가 됩니다.

ADHD 아동은 뇌는 휴식이 필요하여 충분한 수면을 취해야만 집중력과 감정 조절이 개선될 수 있습니다. 잠자기 전에 컴퓨터를 하거나 핸드폰을 하지 않도록 지도하며 규칙적인 수면 습관을 형성하고, 늦은 밤까지 깨어 있지 않도록 주의합니다.

또한, 아동이 간단한 혼자서 할 수 있는 스트레칭이나 규칙적인 운동과 건강한 식단으로 편식이 없는 식습관을 유지하는 것이 중요합니다. 운동은 ADHD 아동에게 산만함을 신체적 발달에서 에너지를 발산하고, 집중력을 높이는 것에 도움이 됩니다.

3) ADHD 아동을 위한 가정과 교육기관(어린이집, 학교)의 협력 방법

ADHD 아동을 돕기 위해서는 가정과 학교에서 효과적으로 관리하는 방법과 협력 지원이 중요합니다. 학교와 가정이 협력하여 ADHD 아동을 잘 이해하고, 어떻게 도울 수 있는지에 대한 구체적인 방법들을 제시하는 것이 매우 중요합니다.

학교와 가정에서 다양한 전략으로 관리가 서로 연계되고 보완될 때 ADHD 아동은 집중력, 과잉행동, 충동성의 감정 조절 어려움에서 가장 큰 효과를 얻을 수 있으므로 부모와 교사가 함께 협력하여 일관된 방향으로 지도하고 지원하는 것이 필요합니다.

(1) 가정과 교육기관(어린이집, 학교) 간의 원활한 소통

① 교육기관과 정기적인 소통 유지

ADHD 아동의 학습 태도, 친구와의 놀이 관계 및 행동 변화를 파악하기 위해 **교사와 부모가 정기적으로 관찰하고 연락**하여 소통하는 것이 중요합니다.

가정에서의 행동과 교육기관에서의 행동이 다르게 나타날 수 있어 이를 공유하며, 어떤 방식이 효과적인지 의견을 나누어 논의해야 합니다.

② 공통된 지도 원칙 설정

일관된 훈육이 아닌 훈육의 방향이 여러 가지로 나타나면 아이가 혼란스러워할 수 있습니다. **학교와 가정에서 일관된 훈육 방식**을 공통점으로 유지하는 것이 중요합니다.

아동의 강점과 어려움을 파악하여 교육기관과 가정에서 동일 목표를 같이 설정하고 특정 행동을 수정하는 방식(보상 시스템, 긍정적 강화 등)을 학교와 가정이 함께 실천하면 효과가 커집니다.

예를 들어, '수업 시간에 자리에서 일어나 왔다 갔다 하지 않기'라는 목표를 정했다면, 교사와 부모 간의 **정기적인 소통**은 ADHD 아동 관리에 매우 중요합니다.

아동이 학교에서 잘 수행한 행동이나 학업 성취를 가정에서 강화하거나, 가정에서 발생한 어려움을 학교와 상의하여 해결 방법을 모색할 수 있습니다.

③ 문제행동에 대한 대체 방법 공유

어떠한 문제 상황이 일어났을 때 아이가 감정 조절에 어려움을 보이고 충동성의 행동을 보인다면 학교와 가정에서 어떻게 대응할 것인지 예측하여 어떤 방법으로 문제를 해결할 것인지 미리 정하는 것이 중요합니다.

부모와 교사가 예측한 문제 해결 방법으로 똑같이 지도하면 아이도 혼란 없이 적응할 수 있습니다.

④ 작은 변화에도 함께 격려하기

ADHD 아동은 작은 성취에도 부모와 교사가 함께 아이의 긍정적인 변화를 인정하면 흥분하며 좋아합니다. 아동이 자신감을 가질 수 있도록 **꾸준한 칭찬과 격려**가 필요합니다.

(2) ADHD 아동을 위한 협력적인 환경 만들기

ADHD 아동은 예민하고 특별한 도전적인 성격을 가지고 있습니다. 성장하는 과정에서 가정과 학교가 협력하여 역할을 상호 보완적으로 잘 분담하는 것은 아동의 창의력을 높이는 데 큰 도움이 됩니다. 부모는 아이의 정서적 안정과 생활 습관을 책임지고, 교사는 학습과 사회성 발달을 도와주며, 두 환경이 조화를 이루면 아이가 더 건강하고 행복하게 성장할 수 있습니다.

ADHD 아동이 가진 특별한 기질과 강점을 발견하고, 꾸준한 관심과 협력으로 지원한다면, 그들의 가능성은 더욱 빛날 것입니다.

4) ADHD 아동 가정과 학교에서 나타나는 주요 차이점

(1) ADHD 아동의 집에서 나타나는 행동 특징

ADHD 아동이 집에서도 보일 수 있는 주요 행동은 다음과 같습니다.

① 충동적인 행동

ADHD 아동은 감정 조절이 어려워 갑작스럽고 고집부리고 소리 지르며 부모의 말을 끊거나 갑자기 뛰어다니고 높은 곳에서 뛰어내리기, 물건을 던지는 등 계획 없이 즉흥적으로 감당하기 힘든 행동을 할 수 있습니다.

② 집중력 부족

가정에서 부모의 지시를 따르지 않으며, 짧은 시간 동안 집중을 유지하기 어렵고, 마구 돌아다닙니다. 책을 읽거나 음악을 듣거나 숙제하는 동안에 몸을 가만히 있지 않고 산만합니다.

③ 규칙 무시

아동에게 방 청소를 하라고 했는데 하지 않거나, 놀고 있던 장난감을 정리하라고 하면 이리저리 피해 다니며 하지 않고 어른을 힘들게 합니다.
집에서 정해 놓은 규칙이나 일정을 잘 따르지 않거나 언제 규칙 정했는지 모른 척하는 행동을 보일 수 있습니다.

④ 감정의 기복

ADHD 아동은 감정의 기복이 심해 불안정할 수 있어, 남들은 별일 없이 지나갈 사소한 일에도 과격하게 반응하거나, 감정적으로 폭발하여 상대방을 힘들게 하는 경우가 많습니다.

⑤ 주의 산만, 집중의 어려움

게임이나 TV에 너무 몰입해 다른 일을 잊거나 방해받아 일상 활동에서 다른 것에 산만해져 방이 더러워지는 것도 모르고 숙제가 있는 것도 잊어버리는 주의 산만과 집중의 어려움이 일어납니다.

⑥ 자유로운 환경

집은 상대적으로 규칙이 덜 엄격하고 자유로워 과잉행동이나 산만한 행동을 하지만 부모가 유연하게 대응하는 경우가 있어 비교적 눈에 띄기가 어렵습니다.

⑦ 감정 표현

가정에서는 부모와의 관계에서 충동적으로 더 감정을 쉽게 표출하고 더 많은 감정을 화로 표현할 수 있어 부모가 이 상황을 다루기 어려운 경우 갈등이 발생할 수 있습니다.

(2) ADHD 아동의 학교에서 나타나는 행동 특징

① 규칙과 구조의 차이

학교는 정해진 시간에 수업을 듣고 친구들과 제한된 장소에서 긴 시간 동안 한자리에 앉아 과제를 하며 상호작용을 하는 상황에 있습니다. ADHD 아동은 그 틀에서 행동의 어려움과 제약을 느낄 수 있어 수업 중에 쉽게 산만해지고 집중이 어렵고 과잉행동으로 이어질 수 있습니다. 또한, 선생님의 설명을 듣지 않고 다른 행동으로 장난쳐서 활동에 집중하기 어려워 수업 참여에 어려움을 느낄 수 있습니다.

② 교사와의 상호작용

학교에서 ADHD 아동은 집중력 부족으로 교사가 내리는 지시를 끝까지 듣지 않거나 자주 놓치고 잘 따르지 않아 자기 마음대로 행동하는 관계로 엉뚱하게 말하거나 행동을 해서 교사와 갈등의 어려움을 겪을 수 있습니다.

③ 사회적 신호 인식 부족

ADHD 아동은 사회에서 사람들이 따라야 하는 공통된 규칙이나 기대되는 행동 기준을 잘 이해하지 못하고, 감정 조절이 어려워 친구들과의 관계에서 오해를 일으킬 수 있습니다. 다른 아이들이 교실에서 정해놓은 규칙을 잘 지키거나 차례를 기다릴 때, ADHD 아동은 그런 규칙을 무시하고 자기 마음대로 즉흥적으로 행동할 수 있습니다.

④ 과잉행동

ADHD 아동은 몸을 가만히 두지 못하고 자기 자리에 앉아 있지 못하며 몸을 움직이며 불안의 모습을 보입니다. 앉아 있는 동안에 자리에서 일어나 돌아다니거나 교실 내에서 친구들을 방해하거나 손이나 발을 계속 흔드는 등 과도하게 몸을 만집니다. 수업 중 갑자기 소리를 지르거나, 자기통제 부족으로 다툼을 일으키거나 친구와 놀이 중 차례를 기다리지 못하고 다른 친구에게 말을 걸거나 방해하는 경우가 종종 있습니다.

⑤ 수업 중 방황

교실에서 ADHD 아동은 선생님의 질문에 답할 때 기다리지 않고 아무 때나 손을 들어 정답을 말하는 것이 아니라 장난스럽게 말을 합니다. 책상에 앉아 있어야 할 때 교실을 돌아다니거나 다른 친구 대화에 끼어들어 대화의 흐름에 방해되기도 합니다. 교사의 지시를 끝까지 듣지 않고 먼저 결단을 빠르게 내려 실수하는 경우가 있습니다.

⑥ 과제나 숙제 미완성

학교에서 주어지는 수업 중 과제를 아무 생각 없이 쉽게 포기합니다. 학교 규칙에 따라 일정 안에 해야 하는 숙제를 하지 않거나 잘 까먹고 다음에 하려고 미루는 경향이 있고 과제를 시작하고 완주에 어려움을 겪거나, 과제를 중간에 멈추고 다른 일을 시작하는 경향이 있습니다.

⑦ 감정 조절의 어려움

학교에서 친구들 사이 수업 중에 일어나는 문제 상황에서 감정을 조절하기 어려워 잘못된 실수나 갈등으로 감정이 폭발하여 친구들에게 짜증을 내거나, 수업 중 감정적으로 반응할 수 있습니다. 친구나 교사의 말을 들으려고 하지 않고, 상대방의 말을 자주 끊고 자신이 하고 싶은 말만 합니다. ADHD 아동은 행동 전에 생각하지 않고, 즉각적인 자기만족만 추구하려고 합니다. 예를 들어, 장난감을 자주 빼앗고 때리거나 규칙을 무시하는 경우가 많습니다.

⑧ 사회적 상호작용의 어려움

규칙 지키는 것이 어려움이 있어 교실이나 놀이터에서 친구들과 적절히 소통하고 협력하는 데 문제가 발생할 수 있습니다. 친구 관계에서 자기 말을 강하게 주장하는 경향이 있어 친구들과의 관계에서 갈등이 자주 발생합니다.

⑨ 학습의 어려움

ADHD 아동은 학습 과정에서 다른 학생들과 비교하여 정보를 처리하는 데 시간이 더 걸리며, 집중력 부족으로 긴 글이나 수학 문제를 풀 때 집중을 유지하기 어려워합니다. ADHD 아동은 학교생활에서 그들이 겪는 어려움으로 시험이나 퀴즈에서 좋은 성과를 내지 못할 수 있으며, 이로 인해 학습과 사회적 상호작용에 영향을 줄 수 있습니다.

가정과 학교에서 ADHD 아동의 행동 차이점 요약

행동 특징	집에서	학교에서
주의 집중	자유로운 환경에서 산만해짐	정해진 시간 동안 집중해야 하므로 집중력 부족
과잉행동	과도하게 움직이거나 말을 많이 함	자리에 앉아 있어야 하므로 과잉행동이 더 눈에 띔
사회적 상호작용	가족 내에서의 상호작용이 자유롭고 친밀함	또래와의 관계에서 오해나 갈등 발생 가능
감정 표현	감정이 쉽게 표출되고 충동적 반응이 많음	교사나 또래와의 관계에서 감정을 조절하기 어려움
규칙 준수	규칙을 지키지 않거나 미루는 경우가 있음	규칙을 따르지 않으면 교사나 친구들과 갈등이 생김

5) 교실에서 ADHD 아동 발견하기: 주의 깊은 관찰과 이해

ADHD 아동은 어린이집이나 유치원에서 많은 시간을 보내며, 교사와 또래들과의 상호작용을 통해 사회적 관계를 쌓아 갑니다. 그러나 이 아동들은 종종 사회적 기술이나 자기 조절에 어려움을 겪고, 그로 인해 교실 내 분위기나 수업 진행에 영향을 미칠 수 있습니다. 이런 아동들이 겪는 어려움을 이해하고 지원하는 데 교사의 역할이 매우 중요합니다.

여러 연구에서 ADHD 아동을 어떻게 잘 지도할 수 있을지에 대해 다루어 왔고, 그중 하나는 교사가 아동의 ADHD 가능성을 교육적 문제로 이해하고, 아동을 직접 관찰하여 그에 맞는 지도 방법을 제공하는 것입니다. 특히, 교실과 놀이 공간에서 아동을 잘 살펴보고, 그들의 개별적인 특성을 반영한 맞춤형 놀이 활동을 제공하는 것이 중요합니다.

하지만 우리나라의 교사들이 ADHD 아동에 대한 충분한 이해 가지고 있지 않거나 잘못된 정보를 알고 있는 경우가 많습니다. 특히, 교사들이 ADHD나 조기 중재에 대한 교육을 받은 경험이 부족한 경우가 많아, 아동을 제대로 지원하는 데 어려움이 있습니다. 그러므로 교사들에게 ADHD에 관한 체계적인 교육과 훈련이 필요하다는 점이 강조됩니다.

ADHD 아동을 이해하고 긍정적으로 대처하는 방법은 아동의 행동을 잘 인식하고, 그들의 감정을 다루는 데 큰 도움이 됩니다. 교사는 아동이 겪는 어려움을 조기에 발견하고, 그에 맞는 중재와 치료를 통해 아동과 함께 성장할 수 있도록 돕는 중요한 역할을 합니다. 이를 통해 ADHD 아동뿐만 아니라 함께 활동하는 다른 아동들에게도 긍정적인 영향을 미칠 수 있습니다.

결국, 교사와 부모가 긴밀히 협력하고, 아동에 대한 이해와 지식을 공유하는 것이 중요합니다. 교사는 아동의 행동을 인식하고, 부모와의 소통을 통해 아동의 문제를 함께 해결해 나가야 합니다. 이러한 과정에서 교사는 자신의 감정을 잘 조절하고, 아동의 조기 발견과 지원 방법을 잘 알고 있어야 하며, 이를 통해 아동의 성장을 돕는 데 중요한 역할을 할 수 있습니다.

교실에서 ADHD 아동을 발견하는 것은 중요한 첫걸음입니다. ADHD

아동은 수업 중 집중력 부족, 과잉행동, 충동성 등의 특징을 보일 수 있는데, 이를 일찍 발견하고 적절한 지원을 제공하는 것이 매우 중요합니다. ADHD는 단순히 활동적인 아이를 뜻하는 것이 아니며, 정확한 진단과 개입이 필요합니다.

(1) ADHD 아동을 발견하기 위한 교사의 역할

교사는 ADHD 아동을 발견하는 데 중요한 역할을 합니다. 교사는 아동의 행동을 주의 깊게 관찰하고, 가족과의 소통을 통해 아동의 행동에 대한 더 많은 정보를 얻을 수 있습니다.

다음은 교사나 교육자가 ADHD 아동을 조기 발견하는 데 도움이 될 수 있는 구체적인 체크리스트 항목입니다. **관찰 내용은 보호자 및 전문가와의 협력 자료로 활용되며, 진단 목적이 아니라 사전 발견과 조기 개입을 위한 것입니다.**

(2) 교실에서 ADHD 아동 발견을 위한 체크리스트: 주요 행동 특성 확인

번호	ADHD 아동 발견
1	소리와 시각적 자극에 쉽게 산만해진다.
2	새로운 과제를 시작할 때 쉽게 좌절하며 과제를 완수하지 못한다.
3	대집단 활동 시간 동안 앉아 있는 데 어려움이 있다.
4	단순한 지시를 따르지 않고 지나치게 말이 많다.

5	자신의 차례를 기다리지 못한다.	
6	충동적으로 행동하고 결과를 고려하지 않는다.	
7	질문이 끝나기 전에 대답하고 조용한 놀이가 힘들다.	
8	친구를 방해하거나 간섭한다. 거친 놀이를 즐겨 한다.	
9	물건을 자주 잃어버리고 위험한 일에 집중한다.	
10	다른 아동의 공간을 침범하고 자주 싸운다.	
11	어떤 활동에도 주의 집중하지 못하고 안절부절 몸을 가만히 있지 못한다.	

3장

ADHD일까? 그냥 장난꾸러기일까?: 차이를 알아보는 기준

1

ADHD와 장난꾸러기: 어떻게 구별할까요?

ADHD(주의력 결핍 과잉 행동 장애)와 단순한 장난꾸러기 성향은 겉보기엔 비슷할 수 있지만, 본질적으로는 매우 다릅니다.

두 가지 모두 활발한 행동을 보일 수 있지만, 그 원인과 특성이 다릅니다. 구분하기 위해선 행동의 패턴, 강도, 지속 기간, 그리고 기능에 미치는 영향을 주의 깊게 살펴보아야 합니다.

아래에서 차이점을 정리해 보겠습니다.

1) ADHD

(1) **증상**: ADHD는 지속적인 주의력 부족, 과다활동, 충동성을 특징으로 하는 신경학적 문제입니다. 아이들은 종종 한 가지 일에 집중하기 어렵고, 자주 자리를 이동하거나, 말을 멈추지 않고, 행동을 통제하기 어려워할 수 있습니다.

(2) **원인**: 주로 뇌의 특정 영역에서의 기능적 불균형이나 신경전달물질의 문제 때문으로 여겨지고 유전적 요인, 환경적 요인이 복합적으로 작용할 수 있습니다.
(3) **지속성**: ADHD의 증상은 꾸준히 나타나며, 성인으로 성장할 때까지 영향을 미칠 수 있고 단순한 일시적인 행동 패턴이 아니라 지속적인 문제가 될 수 있습니다.
(4) **영향**: 학업 성취나 사회적 상호작용에 어려움을 줄 수 있습니다. 적절한 치료나 관리가 필요합니다.

2) 장난꾸러기

장난꾸러기는 항상 에너지 넘치고 호기심이 가득한 아이입니다. 그 어떤 순간에도 가만히 있지 않고, 새로운 걸 시도하려는 욕구가 큽니다. 가끔은 그 호기심이 지나쳐서, 의도치 않게 엉뚱한 장난을 치기도 하지만, 그럴 때마다 얼굴 가득 웃음을 머금고 있습니다. 그들은 세상 모든 것이 신기하고 재미있어서, 작은 일에도 놀라워하며, 때로는 규칙을 무시하고 자신의 방식대로 세상을 탐험하려 합니다.

장난꾸러기 아이들은 또 자주 상상력을 발휘해 창의적인 놀이를 만들어 내고, 주변 사람들에게 그 놀이에 빠져들게 합니다.

그리고 그들의 특성 중 하나는, 언제나 순수한 마음으로 다른 사람들을 웃기려고 한다는 것입니다. 실수나 실패에도 웃음을 잃지 않고, 자신이 한 장난을 또 해 보며 "이번엔 잘될 거야!"라고 말하면서 계속 도전하는 모습이 너무 사랑스럽습니다. 장난꾸러기에게 세상은 하나의 큰 놀이터처럼 보입니다.

(1) **증상**: 장난꾸러기 아이들은 활발하고, 장난을 좋아하는 성격의 아이들입니다. 종종 유머와 장난을 통해 주변 사람들을 즐겁게 만들려고 하며, 에너지 넘칩니다.
(2) **원인**: 이는 뇌의 구조적 또는 기능적 문제가 아니라, 아이의 성격이나 성장 과정의 자연스러운 행동입니다. 특정한 이유나 장애가 있는 것은 아닙니다.
(3) **지속성**: 장난꾸러기 성격은 시간이 지나면서 달라질 수 있으며 대부분 아이는 나이가 들면서 더 차분해지기도 합니다.
(4) **영향**: 아이가 장난꾸러기일 때도 사회적 상호작용이나 학교에서 큰 문제가 생기지 않는 한 일반적으로 문제 되지 않습니다. 다만, 과도한 장난이나 행동이 주변에 방해가 될 수 있습니다.

3) ADHD와 장난꾸러기: 어떻게 구별할까요?

장난꾸러기는 아이의 성격적 특징으로, 과도한 에너지를 발산하는 행동이지만, ADHD는 증상이 지속적이고, 일상생활에 어려움을 줄 수 있는 신경학적 장애입니다.

첫째, 장난꾸러기는 나이가 들면서 자연스럽게 변화할 수 있습니다. 그러나 ADHD는 전문적인 진단과 관리가 필요할 수 있습니다.

둘째, 장난꾸러기는 본능적으로 장난을 좋아하고 활력이 넘치는 성격을 가지고 있습니다. ADHD는 주의력 부족, 충동성, 과다활동이 일상생활에 계속해서 영향을 주는 상태로 있습니다.

셋째, 장난꾸러기 아이들은 시간과 나이에 따라 성격이 변할 수 있지만, ADHD는 성인이 될 때까지 지속될 수 있는 신경학적 특성을 가지고 있습니다.

ADHD와 장난꾸러기의 차이점

구분	ADHD	장난꾸러기
주의 집중	집중이 어려움. 특히 필요할 때(수업, 과제 등) 산만하고 금방 다른 데로 관심 옮겨 감.	관심 있는 것에는 잘 집중함. 주의가 산만해 보여도, 원할 때는 집중 가능.
충동성	생각하기 전에 행동함. 규칙을 알면서도 참기 어렵고, 자제력이 약함.	장난을 치지만, 상황에 따라 눈치를 보며 스스로 조절 가능.
과잉 행동	멈출 수 없는 움직임. 가만히 있기가 어렵고, 필요 없는 상황에서도 계속 움직임.	에너지가 넘치지만, 필요시 수업 시간, 부모 지시 멈출 수 있음.
지속성	6개월 이상, 다양한 상황에서 지속적으로 나타남.	특정 상황(집, 놀이터 등)에서 일시적으로 보이는 경우 많음.
환경	가정, 학교, 친구 관계 등 거의 모든 환경에서 비슷하게 나타남.	환경에 따라 다르게 행동함.(집에서는 장난꾸러기, 유치원에서는 얌전할 수 있음)
사회적 · 학습적 문제	친구와 자주 다투거나, 지시를 잘 따르지 못해 교사나 부모가 어려움을 느낌.	일시적 갈등은 있어도, 기본적인 사회적 기능과 학습에는 큰 문제 없음.
자기 조절	감정과 행동 조절 어려움. 화내거나 실망했을 때 폭발적 반응. 자신도 힘들어함.	순간적으로 짜증 내도, 상대의 반응 보고 필요하면 스스로 조절 가능. 생활에 지장 없음.

4) 장난꾸러기 아이가 흔히 보이는 행동들

친구들에게 장난을 치거나 놀리면서 활발하며 상대방을 의식하지 않고 즐거워합니다. 호기심이 많아 개구진 행동을 자주 하며 보통 밝고 에너지가 많고 익살스런 행동을 즐깁니다.

학교에서 자주 떠들거나 앉아 있기 힘들어하는 행동을 보이지만 순수한 마음으로 재미를 추구하는 경우가 많습니다.

신체적인 활동을 자주 하고(뛰어놀거나 돌아다니기) 놀이나 게임에서 승패에 크게 신경 쓰지 않고 재미있게 시간을 보내려고 하지만 때로는 장난이 지나쳐 시선을 받기도 합니다.

장난꾸러기 아이들은 호기심이 많고 활동적이며 창의적인 면이 강한 경우가 많습니다. 하지만 그만큼 에너지 넘치고 통제가 어려울 때도 있습니다.

(1) 호기심이 많아 이것저것 만지고 실험해요

장난감이나 가전제품을 분해하려고 시도하거나, 물건을 새로운 방식으로 사용해 보려 합니다. 음식을 섞어 보거나, 손으로 직접 만지는 걸 즐거워합니다.

장난꾸러기는 호기심이 정말 활발하고 새로운 것에 대해 궁금증이 무궁무진합니다. 그래서 자주 엉뚱한 질문을 하거나 세상의 모든 다양한 것들을 탐색하고 싶은 마음이 강하게 욕구로 나타납니다. 그들의 호기심은 종종 장난기 가득한 행동으로 나타납니다.

(2) 규칙보다는 재미를 우선해요

해야 할 일이 있어도 놀이에 빠져 잘 듣지 않거나, "이거 하고 나서 할 게요"라며 미루곤 합니다.

놀이 도중 친구들과 규칙을 어기고 자기 방식대로 하려는 경우도 많습니다.

(3) 예상치 못한 장난을 쳐요

갑자기 부모님이나 친구를 놀리는 행동을 합니다.

물건을 숨기거나, "몰래카메라야!" 하며 웃으며 장난을 치기도 하고, 장난으로 부모님이나 친구를 따라 하면서 웃음을 유도합니다.

장난꾸러기 아이들의 장난은 호기심의 도전이며 에너지를 발산하는 중요한 방법으로 나타나고 있습니다.

(4) 끊임없이 움직이고 집중 시간이 짧아요

가만히 앉아 있는 걸 힘들어하고, 계속 뛰어다니거나 몸을 움직이려고 합니다.

한 가지 놀이에 오래 집중하지 못하고 금방 흥미를 잃고 다른 놀이를 찾아다닙니다.

개구쟁이 아이들은 한 가지에 만족하지 못하고 여러 가지 것에 동시에 관심을 보이다 보니 어수선하여 주의 산만으로 집중력이 부족해 보일 수 있습니다.

(5) 장난이 과해져 친구와 다툴 때가 있어요

친구를 놀리거나 장난이 심해져 상대가 화를 내는 경우가 있습니다. 상대방이 싫어하는 줄 모르고 계속 장난을 치다가 갈등이 생기기도 합니다.

(6) 위험한 장난도 시도해요

높은 곳에서 뛰어내리거나, 물건을 던지면서 반응을 살펴보고 위험한 실험(?)을 하면서 '이러면 어떻게 될까?' 하는 호기심을 보이기도 합니다.

호기심이 많아지면 때때로 아이들은 위험을 즐기는 놀이를 좋아하고 감수하며 새로운 것을 계속 시도하려고 합니다. 높은 곳에 올라가서 뛰어내리기도 하고, 엉뚱한 곳에 손을 넣어 보고, 선반 위에 매달리는 등 안전을 생각하지 않고 탐색하려는 모습을 보일 수 있습니다.

장난이 도를 지나치거나 규칙을 무시할 때는 적절한 가이드가 필요합니다. 이런 행동은 호기심에서 나오는 것이지만, 부모나 보호자는 아이에게 위험성을 알리고 항상 주의를 기울여야 합니다.

(7) 질문이 많아요

장난꾸러기 아이들은 "왜?", "어떻게?", "이건 뭐야?" 하며 계속해서 세상에 대해 질문을 던집니다. 이 질문들은 아이의 단순히 호기심에서 나온 것일 수 있지만, 주변 환경의 이루어지는 모든 것이 신기한 아이들은 탐색하고 도전해 보는 재미를 경험하려고 시도합니다.

활기차고 에너지 넘치는 아동은 한없이 말을 많이 하며 말을 멈추지 않기도 합니다. "이거, 저거, 저게 뭐야?", "왜 이래?", "이것은 뭐야?"라며 끊임없이 질문을 하거나, 주변에서 일어난 일을 어른에게 물어보고 궁금해하고 계속 설명하고 싶어 합니다. 말을 빨리 하고, 계속해서 새로운 이야기를 꺼내는 모습이 자주 보일 수 있습니다.

(8) 호기심이 발동할 때 시도하는 실험

장난꾸러기 아이들은 새로운 물건을 보면 바로 만져 보거나 꺼내 보거나 하여 어른들에게 지적받기도 합니다.

호기심이 강한 아이들은 창의력과 상상력이 풍부하여 창의적 놀이를 만들어 내기도 합니다. 장난감이나 컴퓨터, 조립제품, 가전제품, 주변의 모든 것으로 조합해서 이것을 어떻게 하면 무엇이 만들어질까? 새로운 무언가를 만들거나 때로는 그것들을 어떻게 작동하는지 실험을 시도하기도 합니다. '이게 떨어지면 깨질까? 안 깨질까? 어떻게 될까?' 궁금해하며 물건을 던져 보는 등의 장난을 칩니다.

이러한 장난은 아이의 호기심을 발동시키는 일종의 실험이기도 하며, 무엇이 어떻게 변화를 일으키는지 확인하려는 욕구에서 장난을 치기도 합니다.

(9) 사회적 호기심

개구쟁이 아이는 다른 사람들의 말과 행동이나 감정을 예리하게 관찰하면서 배우기도 합니다. 부모나 친구들과 상호작용하면서 그 상황을 관찰하고 그냥 지나치는 것이 아니라 "왜 저 사람이 화가 났을까?", "왜 저 사람은 웃고 있을까? 이유가 뭘까?"와 같은 질문을 통해 사회적 규범과 질서를 배우고 상황을 이해하려고 합니다.

아이가 집 안에서 계속 뛰어다니거나, 계속해서 뛰어다니고 싶어!"라고 말하며 거실과 마당을 가득 돌며 뛰는 모습, 의자에서 계속해서 뛰기, 높은 곳에서 뛰어내리기, 계속해서 일어났다 앉았다 하기, 숨바꼭질을 시도하기, 공을 던지고 달려가거나, 자꾸만 뛰어다니는 모습은 흔한 장난꾸러기의 행동입니다.

(10) 쉬지 않고 말하고 손이나 발을 계속 움직이기

장난꾸러기 아동은 자리에 앉아 있어도 손으로 책상을 톡톡 두드리기도 하고 무엇을 만지며 발을 계속 흔들며 움직입니다. 이런 행동은 에너지를 발산하려는 것으로 장난꾸러기 아동에게서 보이는 자연스러운 반응입니다.

(11) 장난감이나 물건을 빨리 바꿔 가며 사용하기

장난꾸러기 아동은 한 장난감을 가지고 놀다가 지루해하고 몇 분 지나지 않아 다른 장난감으로 이동하여 차분하게 있지 않고 다른 물건을 찾아다니며 계속해서 무언가를 시도해 보려 합니다.

예를 들어, 블록을 쌓다가 싫증을 내고 금방 다른 장난감으로 이동하여 바꿔서 놀기도 합니다.

(12) 흥분 상태에서 반응

아이는 무엇이 그렇게 재미있는지 자주 아주 흥분된 상태로 큰 소리로 웃거나, 너무 신이 나서 주위의 사람들을 크게 웃게 만드는 재주를 가지고 있습니다.

특히 놀 때는 껑충껑충 뛰거나 음악에 맞추어 신나게 춤을 추기도 하고, 갑자기 소리 높여 큰 웃음으로 소리 지르는 행동으로 흥분 상태를 보이기도 합니다.

이처럼 에너지 넘치는 장난꾸러기 아이들은 쉼 없이 움직이거나 말을 하며, 자신을 표현하고 탐구하려는 의지가 강합니다.

에너지를 잘 관리하고 발산할 수 있는 활동을 제공해 주면 더욱 건강하고 긍정적인 방향으로 에너지를 쏟아 낼 수 있습니다.

2

장난꾸러기 아이들의 세계: 창의력과 호기심이 가득한 놀이 탐험

1) 창의적이고 상상력이 풍부함

장난꾸러기 아동은 어른이 볼 때는 쓰레기로 보이는 것도 재미있는 놀잇감으로 생각하고 다양한 상상력을 발휘합니다. 예를 들어, 버리는 박스를 쌓아서 집을 만들어 재미있는 놀이를 즐기거나 인형을 가지고 이야기를 만들어 가며 놀이를 펼치는 방식입니다.

"내가 만든 집에서 인형이 마법을 부린다!" 또는 "이 자동차는 하늘을 나는 비행기야!"라는 식으로 자신만의 상상의 세계를 만들어 가며 노는 모습이 특징입니다.

2) 자기중심적이고 독창적인 방식으로 놀이

장난꾸러기 아동은 놀이 중에 자기가 원하는 대로 자기 방식대로 놀이를 끌고 가려고 하는 경향이 있습니다. 예를 들어, 친구나 형제자매와 함께 놀이할 때도 "그건 아니야", "이건 이렇게 해야 해!"라고 말하며 자신만의 규칙을 만들어 자기중심적, 독창적으로 장난을 칩니다.

이런 태도는 자신감을 나타내기도 하지만, 때때로 혼자서 놀이할 수 있는 경우도 생깁니다. 반대로 친구를 다른 놀이로 몰려가도록 선동하여 데리고 다니기도 합니다. 흔히 골목대장 놀이를 즐겨 합니다.

3) 친구들과 때로는 과도한 장난

장난꾸러기 아동은 친구들과 함께 놀 때 만들어 놓은 작품을 부서트리거나 심술을 부리고 종종 몰래 장난감을 숨겨서 친구가 놀라게 장난을 칩니다.

이런 장난은 장난꾸러기 아동에게는 보통 재미와 웃음을 유발하지만, 과도한 지나친 장난은 친구를 힘들게 하고 화나게 할 수 있으며 불편해 할 수 있어 과도한 장난은 하지 않도록 하는 것이 중요합니다.

장난이 심할 경우 아동이 본인의 잘못을 인지하도록 부모나 보호자가 개입하여 적절히 조절하고 상황을 알려 주어 상대방의 감정을 배려할 수 있도록 알려 주는 것이 중요합니다.

4) 끊임없는 움직임과 놀이 도전

장난꾸러기 아동은 놀이할 때 계단을 올라갔다 내려갔다 하거나, 높은 곳에서 뛰어내려 보고 하며 물건을 던져 보고 깨트려 보고 그 결과를 확인해 보려는 모습을 자주 보입니다.

그들은 놀이 자체에서 신체 활동을 많이 하며, '이렇게 하면 더 재미있을까?'라는 호기심을 바탕으로 여러 가지 시험을 하지만 위험할 때도 있습니다.

5) 장난과 규칙을 배우는 과정

아동이 장난을 치는 동안, 때로는 어른으로부터 "이렇게 장난치면 안 되지!"라는 말을 자주 듣기도 합니다. 사람들이 살아가면서 묵시적으로 지켜야 하는 행동 기준이나 규칙을 그들은 장난치는 동안에 배우고, 어느 정도까지 장난이 허용되고, 어느 정도까지가 인정이 되고 선을 넘으면 안 되는지를 알게 됩니다. 이를 통해 조금씩 사회적 규범을 이해하고 행동을 조절할 수 있는 능력을 키워 갑니다.

부모가 장난을 어떻게 해야 상대방이 감정을 상하게 하지 않는지 놀이에서 잘 조절하고 지원해 주면 아이가 더 건강하게 성장할 수 있습니다. 부모나 보호자는 그들의 놀이가 다른 사람에게 피해를 주지 않도록 조심하고, 적절한 방향으로 유도해 주는 역할이 중요합니다.

3

장난꾸러기의 유머 감각: 웃음과 재치로 가득한 즐거운 순간들

장난꾸러기 아이들은 종종 웃음을 유발하는 행동을 많이 하고, 유머 감각은 아주 뛰어나고 창의적입니다. 아이들의 유머 감각은 순수하고 예상치 못한 방식으로 나타나는데, 아동들이 유머 감각을 발휘할 수 있는 놀이 형태를 몇 가지 소개하겠습니다.

1) 변형된 동작과 따라 하기 놀이

아동은 누군가의 동작을 과장되게 따라 하거나, 재미있는 방식으로 흉내 내는 걸 즐깁니다. 예를 들어, "엄마, 아빠처럼 걸어 볼게!" 하고는 비틀거리거나, 지나치게 커다란 동작으로 걸음을 따라 합니다. 때로는 아주 엉뚱한 방식으로 대화를 따라 하기도 합니다. 이런 장난은 상대방을 웃게 만들고, 아이들도 스스로 매우 즐겁게 놀이를 합니다.

2) 말장난과 웃긴 질문

장난꾸러기 아이들은 재미있는 말을 만들어 내거나 의도적으로 엉뚱한 질문을 던져서 웃음을 유발합니다. 예를 들어, "왜 고양이는 컴퓨터를 잘 못 쓸까?"라는 질문을 던지고, "왜냐하면 마우스를 싫어하니까!"라는 식의 웃긴 대답을 하면서 상황을 웃음으로 바꾸는 것입니다.

이런 유머는 단순하면서도 아주 귀엽고, 사람들을 웃게 만듭니다.

3) 숨바꼭질 변형

숨바꼭질은 기본적으로 아이들이 매우 좋아하는 놀이인데, 여기에 장난꾸러기 아이들이 유머를 추가하면 더욱 재미있어집니다. 예를 들어, 숨을 때마다 "여기 있다!"라고 외치면서 일부러 자신을 숨기지 않거나, 일부러 기상천외한 방법으로 숨어서, 찾는 사람이 당황하거나 웃음을 터뜨리게 만듭니다.

4) 가짜 물건 만들기

아이들은 종종 집에 있는 물건들을 가지고 가짜 음식이나 물건을 만들어 다른 사람을 놀라게 하려고 합니다. 예를 들어, 종이컵에 물을 담아 놓고 "이건 마법의 음료야!"라고 하며 마시려는 척하면서 누군가를 놀리는 방식이죠. 또, 장난감을 가지고 "이건 타임머신이야!"라고 재미있게 설명하면서 주위를 웃게 만드는 행동을 합니다.

5) 엉뚱한 패션

장난꾸러기 여아의 경우 "나는 공주야" 하며 엄마의 드레스 입고 엄마의 구두를 신고 절뚝거리며 걸어 다니기도 합니다. 남아의 경우는 파란색 양말에 빨간 모자, 알록달록 스카프를 착용하여 엉뚱한 옷으로 패션쇼 놀이를 합니다.

"이건 최신식 패션이야. 나는 모델이야!"라고 자신 있게 말하면서 부모를 웃게 만드는 것으로, 이런 유머는 아동의 상상력과 자신감을 잘 표현해 줍니다.

6) 순수한 말장난과 속임수 게임

장난꾸러기 아동은 익살맞은 표현의 말을 좋아하고 잔재주를 활용해 재미있는 상황을 만들어 내는 걸 좋아합니다.

이런 놀이 방식은 상상력과 창의력을 자극하고, 사회적 상호작용 능력을 키우는 데도 도움이 됩니다.

7) 비현실적이고 상상력이 넘치는 유머

아이들이 갖는 유머 중 하나는 상상력을 바탕으로 없는 사연을 만들어 이야기하는 것입니다. "곰돌이라는 캐릭터가 있는데, 그 친구는 무지개구름 타고 하늘을 올라간다. 그런데 햄버거를 먹고 사자춤을 춰!"라고 엉뚱하게 말하고 웃음을 자아냅니다. 이처럼 아이들은 종종 비현실적인 캐릭터나 상황을 현실처럼 만들어 내어 재미있는 이야기를 펼칩니다.

8) 엉뚱한 질문과 대답과 과장된 표현

개구쟁이 아동은 때때로 이해할 수 없는 엉뚱한 질문이나 대답을 합니다. "왜 하늘은 노란색이지?"라는 질문에 "하늘에 노랑 물감을 뿌려 노랗게 변했지!"라는 식의 재미있는 대답을 하며, 아동만이 할 수 있는 순수하고 창의적인 대답이 웃음을 유발합니다.

"내가 정말 바다 건널 수 있는 배 만들어서 너 줄게!"라고 과장된 표현을 사용해서 상대방을 헛웃음을 짓게 하기도 합니다. 이런 장난의 유머는 아이들이 현실과 창의적이고 엉뚱한 상상의 경계를 자유롭게 넘나들 수 있다는 점에서 매우 특이하고 귀엽습니다.

9) 기발한 상황 만들기

 아이는 장난감으로 총을 만들어 적군을 물리치는 모습을 흉내 내고 '기발한 상황'을 만들어 재미있는 상황을 연출합니다. 이런 엉뚱한 상상력과 행동이 장난꾸러기 유머의 핵심입니다.
 장난꾸러기 아이들은 가만히 앉아 있지 않고 자유로운 성격으로 산만하여 부모나 주변 사람들이 자주 규칙을 세워 줘야 합니다. 그들은 자유롭고 자신만의 방식으로 세상을 탐색하는 경향이 강하기 때문입니다.

4

장난꾸러기와 ADHD 차이 이해: 에너지 잘 활용하기

　장난꾸러기 아이는 주로 활발하고, 호기심이 많고, 장난을 좋아하는 성격을 가진 아이를 말합니다. 장난꾸러기의 자유로운 성격은 마치 바람처럼 구속받지 않습니다. 그는 정해진 규칙이나 틀에 갇히기보다는 자신의 직감과 감정에 따라 행동합니다. 어떤 날은 갑자기 뛰어놀고 싶어져서 아무 이유 없이 달리기도 하고, 또 다른 날은 아무 생각 없이 주변 사람들과 웃음꽃을 피우면서 시간을 보냅니다.

　그는 늘 자신이 원하는 대로, 순간의 기분에 맞춰 행동하는데, 그 모습이 너무 자연스럽고 자유롭습니다. 그의 자유로운 성격은 주위 사람들에게도 긍정적인 영향을 미칩니다. 규칙이나 틀에 얽매이지 않고 살아가는 그의 모습은 사람들에게 '편안함'과 '즐거움'을 전해 줍니다. 언제나 새로운 시도를 두려워하지 않고, 매 순간을 온전히 즐기며 살아가는 모습은 그 자체로 매력적입니다.

　장난꾸러기 아이들은 대부분 좋은 의도를 가지고 있으며, 에너지 넘치는 만큼, 부모나 선생님이 올바르게 지도해 주면 큰 문제가 되지 않습니다. 물론 그 에너지를 어떻게 잘 활용할지에 대한 안내가 필요할 수 있습니다.

그런데 장난꾸러기 아이를 ADHD로 착각할 때가 종종 있습니다. 아이가 활동적이고 에너지 넘치거나 주의가 산만하게 보일 수 있지만, 이것이 꼭 ADHD의 징후라고 할 수는 없습니다. 예를 들어, 나이가 어리면 자연스럽게 장난기 많고 흥분을 쉽게 느끼는 경우도 많고, 아이마다 성격이 다르기도 합니다.

ADHD는 단순히 활동적인 것만으로 판단하기 어렵습니다. 여러 가지 요인이 있을 수 있기 때문입니다. 실제로 진단을 받기 위해서는 전문가의 평가가 필요하고, 주의력 부족, 과잉행동, 충동성 등 여러 가지 증상이 일정 기간 계속 나타나야 합니다.

혹시 아이가 특정 행동을 자주 보여 걱정이 된다면, 전문가와 상담을 통해 정확한 평가를 받는 것이 좋습니다. 그런 점에서 관찰과 이해가 중요하겠습니다.

5

개구쟁이와 장난꾸러기의 미묘한 차이

'개구쟁이'와 '장난꾸러기'는 비슷한 느낌이 있지만 미묘한 말과 행동을 보면 개구쟁이와 장난꾸러기를 구분할 수 있습니다.

1) 개구쟁이

'개구쟁이'는 '장난꾸러기'보다 더 **활발하며 장난기가 많은 아이**를 표현합니다.

개구쟁이 특징	
활발하고 에너지 넘침	가만히 있질 못하고 뛰어다니고, 몸으로 놀기 좋아하고 에너지가 많아서 항상 뭔가 하려고 합니다.
장난 좋아함	친구나 가족을 놀리거나 깜짝 놀라게 하는 장난을 치고 특히 **허용되는 선**에서 장난을 치며 주변을 웃게 만듭니다.
호기심 많음	"이건 뭐야?", "왜 이렇게 될까?" 하면서 계속 질문하거나 합니다. 새로운 것에 관심이 많고 직접 하려고 합니다.

엉뚱하고 기발한 행동	어른들이 예측하지 못하는 말과 행동을 해서 귀엽고 웃게 만들고 가끔은 말썽도 부리지만, 악의는 거의 없습니다.
사회적 친구 관계가 활발함	친구들과 어울리며 주도적으로 놀이를 이끌며 친구 사이에서 분위기 메이커가 되기도 합니다.
규칙을 잘 안 지키기도 함	정해진 규칙보다는 본인의 재미를 더 우선시해서 가끔은 교사나 부모님을 곤란하게 하며 규칙보다는 즉흥적이고 자유로운 걸 합니다.
감정 표현이 솔직하고 강함	화나면 금방 드러내고, 즐거우면 온몸으로 표현하고 감정의 기복이 크기도 하지만, 뒤끝은 없는 편입니다.

개구쟁이는 활동가로 책상에 앉아 공부하기보다는 밖에서 뛰어노는 걸 더 좋아하는 아이, 친구 몰래 뒤에서 깜짝 놀라게 하는 아이, 어른들이 뭔가 금지하면 더 궁금해서 해 보려는 아이, 주변을 시끌벅적하게 만드는 에너지 넘치는 존재로 나타납니다.

2) 장난꾸러기

'장난꾸러기'는 **장난을 자주 치는 사람, 주로 아이**를 가리키는 말입니다. 보통은 **활발하고, 호기심이 많으며, 귀엽고 엉뚱한 행동을 많이 하는 아이**로, 때때로 장난이 과해지거나 다른 사람을 살짝 곤란하게 만들기도 합니다. 장난을 좋아하는 사람을 뜻하며, 개구쟁이보다 더 넓은 범위에서 사용됩니다.

장난꾸러기 특징	
호기심이 많고 새로운 것을 시도함	주변 사물이나 사람들에게 관심이 많고, 이것저것 만져 보고, 탐색하려는 행동을 보입니다. "이건 어떻게 될까?", "이거 하면 재미있을까?" 하며 직접 하려고 합니다. 남들이 하지 않는 엉뚱한 시도를 즐깁니다.
엉뚱한 행동	예상치 못한 말이나 행동으로 웃음을 주거나 당황하게 만드는 경우 "이건 어떻게 될까?", "이거 하면 재미있을까?" 하며 직접 하려고 합니다.
장난기 가득	친구나 가족을 깜짝 놀라게 하거나 웃기려는 장난을 자주 칩니다. 늘 뭔가 웃기거나 놀라게 할 방법을 생각합니다. 친구, 가족, 선생님에게 작은 장난을 자주 치며 분위기를 유쾌하게 만듭니다.
활발하고 에너지가 많음	가만히 있지 않고 뛰어다니거나, 끊임없이 무언가를 하려 합니다.
말장난, 몸 장난 모두 좋아함	말로 장난치기, 별명 붙이기, 엉뚱한 말 하기 등 언어유희를 좋아합니다. 술래잡기, 숨바꼭질 같은 활동적인 놀이도 잘합니다.
규칙을 일부러 깨 보기도 함	금지된 걸 슬쩍 해 보는 호기심이 강합니다. 하지만 대부분 심각한 선을 넘지 않고 악의 없는 장난입니다.
친구들과 잘 어울리지만 튀기도 함	장난 때문에 친구를 놀라게 하거나 장난을 과하게 치면 친구가 싫어할 때도 있음. 그래도 금방 화해하고 다시 잘 노는 편입니다.

개구쟁이는 보통 신체적으로 활발한 장난을 치는 아이, 장난꾸러기는 행동이나 말로 장난을 많이 치는 사람을 가리킨다고 보면 됩니다.

3) 개구쟁이와 장난꾸러기의 차이점 요약

	개구쟁이	장난꾸러기
의미	말썽을 피우거나 가만히 있지 못하고 뛰어다니며 장난치는 아이. 행동이 더 과격하거나 통제하기 어려운 느낌이 있음.	장난을 즐겨 하는 아이, 재치 있고 귀엽게 장난치는 아이.
이미지	활발 + 엉뚱 + 주변 어른들이 "아휴, 또 말썽이야~"라고 할 법한 아이.	깔깔 웃으며 친구들을 깜짝 놀라게 하기, 작은 장난을 치고 분위기 띄우는 아이.
뉘앙스	약간의 부정적 뉘앙스. 너무 산만하거나 규칙을 잘 안 지키는 아이에게 쓰일 때가 많음.	주로 긍정적 뉘앙스. "아이, 귀여운 장난꾸러기네~"라고 하듯 어른들이 웃으면서 하는 표현.
장난의 방식	활동적이고 짓궂음, 좀 더 과격하고 통제가 어려움 활발하고 산만하고 말썽을 피움.	말장난, 행동 포함. 귀엽고 가벼운 장난, 재치 있고 긍정적, 사랑스러움.
행동	수업 시간에 가만히 있지 못하고 여기저기 뛰어다니고, 친구 물건을 막 집어 들고, 어른 말을 잘 안 듣는 아이.	친구 몰래 간식을 숨겼다가 주면서 웃고, 선생님에게 장난스럽게 농담하는 아이.
요약	활동량과 장난 강도가 셈.	귀여움과 재치가 더 강조된 표현.
대상	주로 어린아이.	어린이, 어른, 폭넓게 사용.

4장

ADHD 아동, 어떻게 발견할까?

1

ADHD 아동, 신호를 파악하는 방법

1) 가정에서 ADHD 아동 발견하기: 초기 신호와 대처법

ADHD는 주로 어린이에게 영향을 미치는 신경 발달 장애로, 가정에서 ADHD 아동을 발견하는 것은 여러 가지 신호를 통해 가능할 수 있습니다. ADHD는 주로 어린이에게서 나타나지만 성인에게도 영향을 미칠 수 있는 신경 발달 장애로, 주의 집중의 어려움, 과다 활동성, 충동적 행동 등이 주요 증상으로 나타납니다. 조기에 발견하여 적절한 도움을 주면 아이가 더 건강하게 성장할 수 있습니다.

(1) ADHD의 초기 신호

다음과 같은 행동이 지속되거나 또래보다 두드러진다면 ADHD 가능성을 고려해 볼 수 있습니다.

① 주의력 부족

✔ 놀이, 이야기, 숙제 등에서 집중 시간이 짧음

✔ 사소한 실수가 잦고, 꼼꼼함이 부족함

✔ 물건(장난감, 학용품 등)을 자주 잃어버림

✔ 정리 정돈이 어려움

✔ 지시를 듣는 것 같지만, 곧잘 잊어버림

✔ 외부 자극(소리, 사람 등)에 쉽게 산만해짐

② 과잉행동

✔ 가만히 앉아 있기 어려워 몸을 계속 움직임

✔ 말을 끊임없이 하고, 소란스러움

✔ 상황에 맞지 않게 지나치게 활동적임(집, 식탁, 교회, 병원 등에서도 가만히 있지 못힘)

③ 충동성

✔ 차례를 기다리지 못하고 끼어듦

✔ 질문이 끝나기 전에 대답함

✔ 다른 사람의 대화나 놀이를 방해함

✔ 감정 조절이 어렵고, 금방 화내거나 짜증

④ 추가석으로 부모가 살펴볼 부분

✔ 일상 루틴을 지키는 것이 어려운지

✔ 감정 조절이 어려워 작은 일에도 쉽게 폭발하는지

- ✔ 사회성 문제. 친구 관계에서 갈등이 잦고, 친구와의 관계를 지속하기 힘들어하는지
- ✔ 부주의한 실수로 인해 가족 내에서도 자주 다툼이 생기는지

(2) ADHD가 의심될 때 가정에서 대처법

① 하루 일과를 일정하게 유지하여 예측 가능하게 함, 간단한 규칙을 정하고 꾸준히 반복해서 알려 줌. 시각적 도구(그림 일정표, 체크리스트) 활용
② 조용하고 산만하지 않은 공간에서 학습하도록 유도. 한 번에 한 가지 과제만 수행하도록 지도, 짧은 학습 시간 후 휴식 시간을 주는 '포모도로 기법' 활용. (예: 15~20분 집중 후 5분 휴식) 지적보다는 칭찬과 보상으로 동기를 유발
③ "잘했어!"보다 구체적인 칭찬("차례를 잘 지켰네!", "끝까지 집중했구나!") 사용
④ 작은 목표를 설정하고 성공하면 보상 제공
⑤ 아이가 감정을 표현하도록 유도("지금 기분이 어때?" 질문), 차분하게 호흡하는 연습(깊게 숨쉬기, 숫자 세기), 감정이 폭발할 때는 진정할 수 있는 공간 제공
⑥ 증상이 지속되거나 일상생활에 어려움이 크다면 전문가 상담 및 평가 진행. 놀이 치료, 인지행동치료, 부모 교육 등을 통해 도움받을 수 있음

(3) ADHD 아동을 대하는 부모의 태도

① 비교하지 않기

또래와 비교하지 않고 아이의 장점을 발견해야 합니다.

긍정적 피드백으로 작은 변화에도 격려하며 아이의 자존감을 키워 주는 것이 좋습니다.

② 인내심 가지기

한 번에 변화하길 기대하지 않고 꾸준히 지원을 이어 가는 것이 중요합니다.

ADHD는 조기에 발견하고 적절히 대처하면 아이가 자기 조절 능력을 키우고 건강한 사회적 관계를 형성하는 데 큰 도움이 됩니다.

아이의 행동이 걱정된다면 전문가와 상의하면서 가정에서도 꾸준한 지지와 사랑을 제공하는 것이 중요합니다.

2) ADHD 아동 부모용 체크리스트

(1) 주의력 부족 관련 항목

① 하나의 활동을 끝내기 전에 다른 활동으로 넘어가는 경우가 많다.
② 지시나 말을 듣고도 금방 잊어버리거나, 제대로 끝내지 못한다.
③ 놀이, 숙제, 과제 등에서 쉽게 집중을 잃고 산만해진다.

④ 물건(장난감, 옷, 학용품 등)을 자주 잃어버린다.
⑤ 정리, 정돈을 어려워하고 방이나 물건이 늘 어질러져 있다.
⑥ 말을 듣고 있는 것 같지만, 금방 다른 생각을 하거나 다른 데 주의가 쏠린다.
⑦ 세부적인 부분을 신경 쓰지 않아 실수가 잦다.
⑧ 일상적인 일(양치, 준비물 챙기기 등)을 자주 잊는다.

(2) **과잉행동 관련 항목**

① 가만히 앉아 있지 못하고 손발을 만지작거리거나 몸을 계속 움직인다.
② 필요하지 않은 상황에서 뛰어다니거나 지나치게 활발하다.
③ 집 안, 식당, 교회, 병원 등에서도 조용히 있지 못한다.
④ 지나치게 말을 많이 한다.
⑤ 텔레비전, 책 등을 보다가도 중간에 일어나거나 자리를 떠난다.

(3) **충동성 관련 항목**

① 질문이 끝나기 전에 대답한다.
② 차례를 기다리는 것이 어렵다. (놀이, 게임, 외식 등에서)
③ 다른 사람의 대화나 놀이를 방해하거나 끼어든다.
④ 생각나면 바로 행동에 옮기고, 결과를 잘 생각하지 않는다.
⑤ 참지 못하고 쉽게 화를 내거나 울음을 터뜨린다.

(4) 점검 방법

① 3~6세 유아 기준: 각 영역에서 5개 이상 해당하면 전문가 상담 권장
② 7세 이상 아동 기준: 각 영역에서 6개 이상 해당하고, 학교·가정 등 두 가지 이상의 환경에서 나타나는 경우 ADHD 가능성

(5) 중요한 점

단순히 '한두 번', '피곤할 때', '특정 상황에서만' 나타나는 경우는 ADHD가 아닐 수 있습니다. **6개월 이상 지속적으로, 일상생활, 학습, 또래 관계에 영향**을 줄 정도로 나타나야 ADHD를 의심할 수 있습니다.
자기 조절 미숙, 감정 폭발, 사회성 문제도 함께 관찰하는 게 좋습니다.

3) ADHD가 의심될 때, 따라야 할 단계들

(1) 관찰 및 기록

자녀가 겪고 있는 일상생활에서 자녀의 행동을 주의 깊게 관찰하고 행동하는 패턴을 자세히 기록해 보시면 자녀의 행동을 살필 수 있습니나.
예를 들어, 놀이에서 또는 상호작용 중에 주의 집중이 어려운 상황이나 과다한 활동성, 충동적인 행동 등이 일어날 때의 장소와 시간, 문제

상황 등을 메모장을 가지고 다니면서 기록하면 도움이 됩니다.

이상 행동이나 특징적 행동의 징후를 발견하여 기록된 이러한 정보를 전문가에게 제공하면 아동의 상태를 정확하게 진단하는 데에 도움이 됩니다.

(2) 초기 상담

자녀의 과잉행동에 대해 고민이 된다면, 일반 의사는 ADHD를 정확히 진단할 수 없으므로 먼저 소아정신과 의사나 소아과 의사와 상담을 진행하는 것이 좋습니다.

(3) 전문가 평가받기

전문가가 자녀의 과잉행동을 평가하고, 치료가 필요할 경우 심리검사나 주의력 테스트를 진행할 수 있습니다. 이 과정에서 ADHD의 진단 기준에 맞는지 판단하고, 다른 가능한 원인(예: 스트레스, 우울증, 학습장애 등)도 고려합니다. 증상이 계속해서 나타나거나 호전되지 않고 생활에 지장을 주는 경우, 소아·청소년 정신과 의사나 전문가에게 진단을 받아 보는 것이 좋습니다.

(4) ADHD 진단받기

자녀가 만약 ADHD 진단을 받았다면, 전문가가 제시하는 치료 방법이나 전략을 따라야 합니다. 치료 방법에는 다양한 방법이 있는데, 아이의 상태에 따라 약물 치료, 행동 치료, 학습 지원 등이 포함될 수 있습니다.

어떤 치료 방법을 택하든지 부모님 마음대로 결정하는 것이 아니라 반드시 가장 적합한 방법을 찾아 전문가와 함께 결정해야 합니다.

2

ADHD 아동과 부모 간 갈등: 원인 해결 방법

　ADHD 증상에 대한 이해 부족으로 부모는 아이가 일부러 말을 안 듣는다고 생각하고, 아이는 왜 자꾸 혼나는지 이해하지 못하여 부모-자녀 간의 신뢰와 안정감이 무너질 수 있습니다. 그로 인해 아동의 산만함, 충동성, 고집 등을 '고의적 행동'으로 오해할 수 있습니다. 또한 행동 문제가 지속되면서 부모는 스트레스와 체력 소진으로 감정 조절이 어렵게 됩니다.

　ADHD는 주의력 부족, 과잉행동, 충동성 등의 특성을 보이기 때문에, 부모와의 관계에서 갈등을 유발할 수 있는 여러 상황이 발생할 수 있습니다.

　그 주요 원인은 다음과 같습니다.

1) 갈등 원인

(1) 과도한 기대와 실망

부모는 아이가 계획된 프로그램 설정한 기준에 맞춰 영재 아이로 성장하며 행동하기를 바라고 기대하는 부분이 많이 있습니다.

그러나 ADHD 아동은 부모의 기대와는 다르게 집중력을 유지하기 어렵고, 과잉행동과 충동적인 행동으로 부모님과의 갈등이 생기기도 합니다. 그로 인해 부모는 아이가 다른 아동과 비교하여 기대에 미치지 못한다고 느낄 수 있고 아이를 힘들게 하는 것이 바로 갈등을 초래할 수 있습니다.

부모는 '내 아이는 왜 이렇게 느리지', '왜 이렇게 못하지?'라는 생각에 실망하게 되고, 아이에 대한 기대감에서 적대감을 가질 수 있습니다. 그로 인해 아이는 부모를 회피하게 되고 부모는 불안해하며 불편한 긴장이 조성될 수 있습니다.

(2) 부모의 이해 부족

ADHD에 대한 이해가 부족한 부모는 아이의 행동을 '느리다', '게으르다', '반항적이다'라고 오해할 수 있습니다. ADHD는 단순히 아이 마음내로 행동하거나 의도적으로 반항하는 것이 아닙니다. 전두엽 도파민의 뇌 발달적 특징으로 인해 주의 집중이나 자신의 감정을 다스릴 수 있는 능력의 감정 조절이 어려운 것일 수 있습니다.

이런 오해는 아이가 부모의 뜻을 이해하지 못하면 비난하거나 꾸짖는 상황을 만들 수 있습니다. 아이는 그로 인해 공격적인 행동으로 부모에게 반항하게 되며 자신을 사랑하지 못하고 자신감을 잃어 스트레스를 느끼고, 갈등이 깊어질 수 있습니다.

(3) 부모의 피로감과 스트레스

ADHD 아동은 일반 아동보다 일상생활의 평범한 규칙을 지키는 데 어려움이 많습니다. 이를 부모가 인지하고 서두르지 말고 계속해서 지도해야 하므로 부모는 종종 피로와 양육 스트레스로 힘들어합니다.

아이에게 일상생활의 규범을 가르치기 위해 반복적인 지시나 요청을 해도 아이가 들은 척도 하지 않고 자기 마음대로 행동하며 변하지 않으면 부모는 좌절감을 느끼게 되고, 그로 인해 부모와 아이와의 관계에서 감정적으로 변하여 어려움에 도달할 수 있습니다.

(4) 교육관과 양육 방식의 불일치

부모 간에 서로 다른 교육관으로 ADHD 아동에 대한 양육 방침에 차이가 있어 아이가 혼란스러운 상황이 있을 수 있습니다. 예를 들어, 한 부모는 아이에게 도덕성을 강조하며 엄격하게 질서 규칙을 지키게 하려 하고, 다른 부모는 좀 더 허용적이고 유연하게 대처하려 할 수 있습니다. 이로 인해 부부 갈등과 부모와 아이와의 갈등이 생기고, 아이는 일관되지 않은 교육과 훈육의 메시지를 받을 수 있습니다.

(5) 친구 관계 및 사회적 어려움

ADHD 아동은 사회적 상호작용에 어려움을 겪고, 친구 관계에서도 문제가 발생할 수 있습니다.

종종 친구와의 다툼으로 인해 선생님이 부모에게 상담을 요청하는 경우가 생기고, 부모가 학교에서의 문제와 친구 관계를 해결하려고 할 때 아이는 부모의 눈치를 보게 됩니다. 그리고 처리 과정에서 자녀의 사회적 문제로 갈등과 반감이 생길 수 있습니다.

2) ADHD 아동의 문제 해결 방법

ADHD 아동을 양육할 때, 일관된 규칙과 긍정적인 강화는 매우 중요한 지도 방법입니다. 이 두 가지 접근은 아동이 자신 행동을 관리하고, 바람직한 행동을 유도하는 데 큰 도움이 됩니다.

(1) 일관된 규칙

ADHD 아동은 예측 가능한 환경에서 일관성 있는 교육으로 부모와 교사가 정해 놓은 프로그램에 따라 진행할 때 더 안정감을 느끼고, 즐겁게 규칙을 잘 따를 수 있습니다. 이때 하루하루 규칙을 변형해 새로운 프로그램이 달라지지 않고 꾸준히 유지되어야 아동이 이를 이해하고 편안하게 따를 수 있습니다.

① **명확한 규칙 설정**: ADHD 아동은 단순하여 복잡하거나 어려운 규칙은 실행하기가 어려울 수 있습니다. 따라서 아이에게 지시할 때는 간단하고 정확해야 합니다. 예를 들어, "식탁에서 만 밥 먹기" 대신 "식사 시간이 되면 장난감 정리하고 식탁에 앉아 밥을 먹자"와 같은 구체적인 규칙을 설정합니다.

② **일관된 적용**: 아이와 함께 규칙을 설정하였으면 그 규칙의 원칙을 일관적으로 적용해야 합니다. 정해 놓은 규칙을 지키지 못했다면 다음에는 규칙을 잘 지킬 수 있도록 격려해야 하며, 반대로 규칙을 지켰을 때는 폭풍 칭찬과 아이가 가지고 싶어 하는 물건으로 보상하기 같은 긍정적인 강화가 있어야 도움이 됩니다.

(2) 긍정적인 강화

ADHD 아동이 정해 놓은 규칙을 잘 실천했을 때 즉각적인 반응으로 단순히 "잘했어"라고 말하기보다는 **구체적인 칭찬과 작은 보상**으로 아이의 자존감을 높여 줍니다. 예를 들어, "오늘은 책상에 바른 자세로 앉아서 오늘의 주어진 과제를 잘했구나! 정말 참기 힘든데 집중 참 잘했어!"와 같이 구체적인 행동의 칭찬은 아동의 행동을 긍정적으로 변화시킵니다.

(3) 심호흡과 이완 기법

깊게 숨을 들이마시고 천천히 내쉬는 동작을 반복하며 아동이 진정할 수 있도록 돕습니다. "배에 풍선이 있다고 상상하고, 숨을 들이마시면서 풍선을 크게 부풀리고, 내쉬면서 풍선이 줄어든다고 생각해 보자"라는 식으로 구체적인 지시를 줄 수 있습니다.

또한 긴장을 풀 수 있는 간단한 이완 운동도 유용합니다. 예를 들어, 신체의 각 부분을 천천히 이완하는 스트레칭, 어깨를 위로 올렸다가 내리는 동작, 이미지 트레이닝(상상 이완법) 등을 통해 아동이 스트레스를 해소하도록 돕습니다.

(4) 규칙적인 운동

ADHD 아동은 스트레스 해소와 과잉 에너지를 소진하기 위해 규칙적인 신체 활동이 필요합니다. 예를 들어, 공원에서 달리기, 자전거 타기, 수영, 에어로빅, 춤 등 다양한 활동적인 취미가 아동의 스트레스 해소에 큰 도움이 됩니다.

또한 규칙적인 운동 습관은 아동의 집중력과 자기 통제력을 가질 수 있도록 도와줍니다.

(5) 긍정적인 자기 대화

ADHD 아동은 아주 사소한 일에 자주 좌절하거나 문제 상황이 오면 자기 부정적인 감정을 느낄 수 있습니다. 이때 "나는 할 수 있다" 또는 "실수해도 괜찮아, 다시 도전하면 돼"와 같은 긍정적인 자기 대화는 아동의 스트레스를 완화하는 데 도움을 줄 수 있습니다.

아동이 잘한 일이나 작은 성취라도 칭찬으로 격려함으로써 자기 스트레스를 관리하고, 인정해 주는 것이 중요합니다.

(6) 타임아웃 및 휴식 시간 제공

ADHD 아동이 때때로 과도한 자극으로 스트레스를 받거나 감정이 폭발할 때 잠시 자신을 가라앉힐 수 있는 '타임아웃'이나 휴식 시간을 제공하는 것이 중요합니다.

안전한 공간에서 감정이 사라질 때까지 아동에게 잠시 혼자 있을 시간을 주어 진정할 수 있도록 합니다. 또한 과제를 하거나 공부하는 시간에도 짧게 쉬는 시간을 주어 유익한 재충전의 기회를 제공하는 것도 스트레스 해소에 도움이 됩니다.

(7) 전문적인 지원

ADHD 아동에게 제공되는 전문적인 지원은 아동의 학교생활, 사회생활에서 정서적 어려움을 헤쳐 나가는 길이 될 것입니다.

아동이 적절한 학습과 사회적 상호작용을 할 수 있도록 조기 진단이 필요하며 진단이 늦어질 경우, 아동은 학업이나 사회적 관계에서 어려움을 겪을 수 있습니다.

3

ADHD 조기 발견과
조기 중재(Early intervention)의 중요성

　아동의 발달은 단순히 신체적인 성장만을 의미하지 않습니다. 아이는 세상과의 상호작용을 통해 말하고, 걸으며, 뛰고, 배우고, 건강한 식습관과 놀이를 통해 다양한 영역에서 균형 잡힌 성장을 이루어야 합니다. 아이가 전인 발달이 늦거나 정서불안, 행동에 문제를 보일 때 부모님은 걱정하면서도 '그냥 기다려 볼까?' 합니다. 하지만 아이가 발달에서 어려움을 겪거나 정서적으로 불안정한 행동을 보일 때, 부모님은 종종 '이것이 자연스러운 일일까?'라고 고민하며 지켜보게 되기도 합니다. 그러나 전인 발달에 어려움이 있는 경우, 그 문제는 스스로 해결되지 않을 수 있습니다. 특히, 첫아이거나 외동아이 경우 부모가 발달 지연에 대한 징후를 인지하는 것이 어려울 수 있습니다.

　이럴 때 가장 중요한 해결책은 바로 조기 발견과 조기 중재입니다. 아이가 조기에 필요한 지원을 받으면, 발달 지체를 최소화하고 그들이 겪는 문제나 장애를 효과적으로 교정할 수 있습니다. 조기 중재는 아이가 태어나면서부터 만 5세까지 다양한 방법으로 아동의 발달을 돕는 중요한 단계입니다. 이를 통해 아동의 건강, 안전, 복지, 그리고 초기 능력을 발전시킬 수 있으며, 기능 손상을 예방하고 발달을 촉진할 수 있습니다.

해외에서도 조기 중재의 중요성은 이미 인정받아 왔습니다. 선진국에서는 다양한 프로그램과 서비스가 아동과 가족들에게 제공되어 장애 위험을 줄이고 발달을 촉진하는 데 큰 역할을 하고 있습니다. 여러 연구에 따르면, 조기 중재는 아동의 전인 발달에 긍정적인 영향을 미치며, 아동과 가족에게 더 큰 혜택을 가져옵니다. 그중에서도, Head Start 프로젝트는 저소득 가정 아동의 전인 발달을 촉진하고, 이들의 학교생활을 더 성공적으로 이끌어 주는 프로그램으로 유명합니다.

조기 중재가 아동의 전반적인 삶에 미치는 영향은 단기적인 것에 그치지 않습니다. 그 효과는 장기적으로 나타나며, 아동이 성장한 후 더 긍정적인 태도와 더 나은 성과를 얻을 수 있도록 돕습니다. 예를 들어, 고등학교 졸업률이 높아지고, 청소년기 범죄율이 감소하고, 성인이 되었을 때 안정적인 직업을 얻는 등의 결과가 나타났습니다.

따라서 아이의 성장과 발달에 어려움이 있을 때는 더 이상 기다리지 말고, 조기 발견과 조기 중재의 중요한 역할을 인식하여 필요한 지원을 제공하는 것이 무엇보다 중요합니다. 아이가 더 건강하고 행복하게 성장할 수 있도록 부모님과 주변 환경의 적극적인 관심과 지원이 필요합니다.

시간이 지날수록 발달 문제가 발생할 수 있으며, 그에 따라 치료와 중재가 더욱 어려워질 수 있습니다. 따라서 아이가 어려움을 겪고 있을 때, 부모와 교육자는 주저하지 말고 전문가의 도움을 받아야 합니다.

결론적으로, ADHD 조기 중재는 아동이 발달에 어려움을 겪고 있을 때, 그 문제를 빠르게 발견하고 적절한 개입을 통해 아동의 발달을 촉진하는 중요한 과정입니다.

조기 발견 및 조기 중재는 다음과 같은 이점을 제공합니다.

1) 조기 발견과 조기 중재의 이점

(1) 발달 지연 최소화

문제가 조기에 발견되면, 적절한 개입을 통해 정상적인 발달 속도를 따라갈 수 있도록 돕습니다.

(2) 뇌 가소성 활용

영유아기의 뇌는 매우 빠르게 발달하며, 신경 가소성이 높아 외부 자극과 개입에 대한 반응이 큽니다. 조기에 개입하면 뇌의 발달 경로를 긍정적으로 변화시킬 수 있습니다. 어린 시절은 뇌가 가장 유연한 시기이므로, 이때 적절한 자극과 훈련을 제공하면 빠르고 효과적인 발달이 가능합니다.

(3) 심리적·정서적 문제 예방

발달 지연이 계속되면 아이는 좌절감을 느끼고, 낮은 자존감이나 불안 등의 정서적 어려움을 겪을 가능성이 높아지며 이를 방지하기 위해 조기 개입이 필수적입니다.

(4) 부모와 교사의 부담 감소

초기에 문제를 해결하면, 이후 더 큰 어려움이나 학습 장애로 이어지는 것을 방지할 수 있어 부모와 교사의 부담이 줄어듭니다.

(5) 문제의 심화 예방

방치하면 작은 문제도 시간이 지나면서 심각한 발달 문제로 이어질 수 있습니다.
예를 들어, 감정 조절이 어려운 아이가 지속적으로 부적절한 행동을 하면 사회적 관계에서도 어려움을 겪을 가능성이 큽니다.

(6) 사회·정서적 발달 지원

또래 관계 형성, 자기 조절, 의사소통 능력 향상 등을 도와 아이가 원활한 사회생활을 할 수 있도록 합니다. 특정 친구에게 집착하거나, 충동적이거나, 감정 조절이 어려운 경우 조기에 다루지 않으면 점점 더 관계에서 어려움을 겪을 수 있습니다.

(7) 가족 스트레스 감소

부모는 아이의 충동적이고 산만한 행동에 대해 스트레스를 많이 받게 됩니다.

조기 중재를 통해 부모가 **양육 기술, 훈육 방법**을 배워 아이를 효과적으로 돕고 가족 관계도 더 긍정적으로 유지됩니다.

(8) 학습 및 적응력 향상

아이가 학습에서 쉽게 지루해하거나 주의 집중 시간이 짧을 경우, 조기에 적절한 교육 방법을 적용하면 학습 동기를 높일 수 있습니다.
규칙을 따르는 데 어려움을 겪는 아이에게도 단계적인 개입이 필요합니다.

(9) 비용 절감 효과

조기에 문제를 해결하면 후에 더 큰 비용과 노력이 드는 치료, 특수 교육, 심리치료 등을 줄일 수 있습니다.

조기 발견의 중요성

	조기 발견의 중요성
학습 문제 예방	• ADHD 아동은 **집중력 부족, 충동성**으로 인해 학습 속도가 또래보다 느리고, 학습에 어려움을 겪기 쉽습니다. • 조기에 발견하면 **학습 지원**이나 **특수교육 서비스**를 통해 학업 문제로 인한 **자존감 저하**를 막을 수 있습니다.
사회성 문제 예방	• ADHD 아동은 충동적으로 행동하거나 규칙을 잘 따르지 못해 또래 관계에서 **갈등**을 경험할 수 있습니다. • 조기에 문제를 인식하고 **사회적 기술 훈련** 등을 제공하면 또래와 긍정적 관계를 맺는 방법을 배울 수 있습니다.
정서적 문제 예방	• ADHD로 인해 **실패 경험, 꾸중, 친구 관계 문제**가 누적되면, 불안, 우울 정서적 어려움이 동반될 수 있습니다. • 조기 발견을 통해 **자기 조절력**과 **감정 조절 능력**을 키우는 것이 중요합니다.

2) 조기 중재의 연령대 방법

(1) 3~5세(유아기)

① 주요 특징: 언어·자기 조절 능력 미숙, 주의 지속 어려움
② 중재 방법
- ✔ 부모 행동 치료 프로그램(예: PCIT)
- ✔ 시각적 일정표/스케줄 판
- ✔ 간단한 규칙 훈련: 차례 지키기, 정리하기 등
- ✔ 놀이 치료

③ 부모 역할
- ✔ 긍정적 강화(칭찬, 보상)
- ✔ 문제행동 무시 또는 타임아웃 적용
- ✔ 일관된 규칙과 루틴 제공

(2) 6~8세(초등 저학년)

① 주요 특징: 학업 시작, 또래 관계 중요성 증가
② 중재 방법
- ✔ 교실 환경 조절: 앞자리 배치, 쉬운 지시 사용
- ✔ 사회성 기술 훈련
- ✔ 보상시스템(스티커 차트 등)
- ✔ 필요시 약물 치료 병행

③ 부모 역할
- ✔ 숙제 구조화 도움
- ✔ 학교와의 협력, 교사와 정보 공유)
- ✔ 자존감 높이기 위한 격려

(3) 9~12세(초등 고학년)

① 주요 특징: 자기 인식 발달, 감정 조절 어려움 증가
② 조기 중재
- ✔ 인지행동치료(CBT) 도입
- ✔ 감정 조절 훈련(예: 화날 때 10초 쉬기 등)
- ✔ 자기 조절 계획 만들기

③ 부모 역할
- ✔ 실패 경험 줄이고 성취 경험 유도
- ✔ 스마트폰·게임 사용 시간 조절
- ✔ 점진적 책임 부여(예: 자기 물건 챙기기)

'훈육'보다 '훈련'을 중심에 두세요. 혼내기보다 가르치고 연습시키는 접근이 더 효과적입니다. 아이가 잘했을 때는 **즉각적이고 구체적인 칭찬**을 해 줍니다. (예: "장난감 정리 잘했어!")

부모가 **지치지 않도록** 상담, 부모 교육 그룹 등을 활용하는 것도 매우 중요합니다.

3) 조기 발견과 중재를 위해 할 수 있는 것

ADHD를 조기에 발견하고 중재하려면 아이의 행동과 발달과정을 꾸준히 관찰해야 합니다.

① 또래와 비교하여 지나친 차이가 있는 경우 전문가 상담받기
② 문제행동이 보이면 즉각적인 반응보다는 원인을 분석하고 적절한 개입을 고민하기
③ 아이의 강점과 관심사를 활용하여 자연스럽게 발달 유도하기

조기 발견과 조기 중재는 아이의 성장 가능성을 극대화하는 열쇠입니다. 따라서 다음과 같은 ADHD의 초기 징후가 나타나지는 않는지 주의 깊게 살펴야 합니다.

조기 발견을 위한 징후들

정서, 행동 발달 지연 관련 징후	
감정 조절 어려움	• 사소한 일에도 과도하게 울거나 소리 지름 • 화가 나면 물건을 던지거나, 친구·가족을 공격하는 행동. 진정하는 데 시간이 오래 걸림
또래와의 어려움	• 친구와 어울리지 않거나, 특정 친구에게만 과도하게 의존 • 순서, 규칙, 타협을 받아들이기 힘들어함 • 친구를 밀치거나, 물거나, 관계에서 충돌이 잦음
고집과 집착이 지나치게 강함	• 특정 장난감, 사람, 놀이에 집착적 행동 • 다른 선택지를 제시해도 고집을 꺾지 못함
즉각적인 반응에 집착	• 어른의 관심을 끌기 위해 일부러 미운 행동 반복 • '안 돼', '하지 마' 등의 말을 들으면 분노가 폭발하는 경향이 있음

언어 발달 지연	• 또래와 비교하여 말이 늦게 트이거나, 표현이 부족 • 자기 생각을 언어로 잘 전달하지 못함
인지 능력의 불균형	• 집중 시간이 매우 짧고, 쉽게 산만해짐 • 새로운 상황, 규칙, 과제를 이해하거나 따르는 데 어려움
자기 조절 기능 부족	• 배변 훈련이 또래와 비교하여 늦어지거나 어려움 • 스스로 과제를 끝내기 어려워하고 항상 어른의 도움 필요
행동 패턴의 반복	• 특정 행동이나 놀이를 반복적으로 수행(자기만의 세계에 빠짐)
기타 신체적 징후	• 수면 문제: 잠드는 데 어려움, 인형이나 특정 물건 없이는 잠을 못 잠 • 식사 문제: 식습관이 극단적으로 까다롭거나, 특정 음식만 고집
조기 개입을 위해 필요한 자세	• 관찰 기록: 반복되는 행동, 감정 폭발 상황, 날짜와 함께 기록 • 비교 기준: 또래 집단과 비교해 과도하거나 뒤처진 부분이 있는지 살펴보기 • 전문가 상담: 징후가 지속되거나 생활에 지장이 되면 아동 발달 센터, 심리상담소, 소아정신과 등의 전문가와 상담

5장

별난 게 아니라 특별한 거야!: ADHD 아이들의 이야기

1

고자질하는 아이 솔직한 마음, 어떻게 전할까?

교실에서나 한 번쯤은 꼭 보게 되는 아이가 있습니다.

"선생님, 친구가 수업 시간에 계속 떠들어요."

"선생님, 친구가 장난감 정리하지 않아요."

자꾸만 다른 친구들의 작은 잘못까지 꼬집어 선생님께 일러바치는 아이. 자기와 직접적인 관련이 없는 일까지도 하나하나 모아 이야기하는 모습을 보면 답답할 때가 많습니다. 때로는 수업의 흐름까지 방해가 되어 선생님도 난감할 수밖에 없습니다.

어쩌면 아이는 친구들이 규칙을 잘 지키길 바라는 마음에서 이야기하는 걸지도 모릅니다. 그러나 친구들은 선생님에게 모든 것을 고자질하는 아이를 싫어합니다.

아이의 고자질(일명 '고자질쟁이' 행동)이 나타나는 이유는 여러 가지가 있습니다. 아이가 규칙을 중요하게 여겨서 이를 어기는 친구들을 교사나 부모에게 알릴 수 있습니다. 한편 관심을 얻거나 인정받고 싶어서 고자질을 할 수도 있습니다. 또한 친구보다 우위를 차지하려 하거나, 친구를 혼내 주려고 하는 경우도 보입니다.

　결론적으로, 고자질이 심한 아이는 단순한 습관이 아니라 심리적인 원인이 있을 가능성이 큽니다. 아이가 안전하게 감정을 표현하고, 문제를 스스로 해결할 수 있도록 돕는 것이 핵심입니다. 고자질이 잦은 아이는 단순한 습관이 아니라 내면의 불안이나 주목받고 싶은 마음에서 나올 수 있습니다.

1) 자기 소외와 부정적 정서: 원인과 극복 방안

　친구들과 놀이 과정 중에 무리에서 자기 소외를 경험하는 아이들은 친구에게 쉽게 다가가 놀이에 어울리지 못하고, 잘 놀고 있는 아이들을 부러워하며 스스로 외톨이라고 느끼는 경우가 많습니다. 이와 같은 반복되는 경험 속에 감정이 깊어지면 친구들로부터 더 부정적인 영향을 받게 되고 자기 스스로 생각에 빠지게 됩니다.

　그래서 아이는 친구들 사이에서 인기가 없다고 생각하고 친구에게 "나와 같이 놀자"라고 말을 하지 못하고, 친구에게 가까이 가지 못하는 경우가 많습니다.

　그러다 보면 아이는 점점 더 친구에게 말을 하는 것이 두려워지고 자기 자신을 낮게 평가하게 하며 심한 경우 사람들을 피하려 하기도 합니다.

　특히, 마음속에 외로움을 많이 느끼는 아이는 우울감이 올 수 있고 겉으로 보기에는 편안해 보이지만 반대로 공격적이고 충동적인 행동을 보일 때도 있습니다.

이런 행동들이 계속되면 올바르지 못한 행동과 반항적인 태도로 이어질 수 있습니다. 아이는 어른들의 시선에 주목하게 되고 결국 더 큰 고립감으로 이어져 부정적인 생각이 충동적인 행동으로 나타나면서 점점 더 주변의 친구들과 멀어지게 됩니다. 이런 아이들에게는 따뜻한 사랑과 관심, 적극적이고 정서적인 지지를 통해 스스로 자신을 소중한 존재라고 느낄 수 있도록 주위에서 도와주고, 친구들과 함께 어울려 놀이의 즐거움을 경험할 수 있도록 부모가 이끌어 주는 것이 필요합니다.

2) 낯선 환경 속 어려움과 관심의 온기가 필요한 순간

고자질이 잦은 아이들의 성격 살펴보면 활발한 것 같으나 소심하게 혼자 생각하는 아이들이 많이 있는데 이런 아이들은 주변 환경에 쉽게 적응하지 못하는 경우가 있습니다. 새로운 환경에서 또래들과 어울리는 과정에 어려움을 겪다 보니, 자연스럽게 친구에게 가서 먼저 말을 건네는 것이 어려워 거리감이 생기고 혼자 있는 시간이 늘어납니다. 결국 친구들과 함께 놀이 활동이 이루어지지 못하는 것이 친구 관계 형성에 문제로 이어지고, 그 과정에서 다른 친구들의 행동을 고자질하게 되고 더 부모나 선생님을 의지하려는 모습을 보이게 됩니다.

고자질 잘하는 아이들은 부모나 선생님의 시선을 자기에게 향하게 하려는 마음이 커서, 다른 친구들의 행동과 놀이를 유심히 관찰하고 잘못된 부분이 보이면 이를 부모나 교사에게 일일이 보고하는 모습을 보일 수 있습니다. 규칙을 잘 따르는 좋은 아이로 인정받고 싶고, 어른들에게 나는 착한 아이로 가까운 존재라고 느끼고 싶기 때문입니다.

특히, 부모의 사랑과 관심을 받지 못하여 애착이 충분하지 않다고 느끼는 아이일수록 이런 행동을 더 자주 나타날 수 있습니다. 고자질을 통해 다른 친구들의 행동이 잘못된 것으로 보게 하고 반대로 자신을 더 도덕적이고 예의 바른 부분을 우위에 두려는 심리가 있습니다. 결국, 이런 행동들은 아이가 깊은 마음속에 느끼는 불안이 부모나 선생님으로부터 인정받고 싶은 욕구에서 나타나는 것이기에, 아이를 위한 따뜻한 시선과 사랑으로 정서적인 안정이 꼭 필요합니다.

3) 마음속 열등감과 시기심, 성장으로 바꾸는 길

고자질이 잦은 아이들은 사실 샘이 많고 다른 아이보다 가지고 싶은 욕심이 많이 있고, 마음속에 깊은 열등감을 가지고 있는 경우가 많이 있습니다.

자신은 친구들과 재미있게 놀고 싶어도 그렇게 하지 못하는데 자유로운 행동으로 어울려 노는 친구들의 모습을 보면 부럽기도 하고, 샘이 나고 속상해지는 겁니다. 이때 마음속에 시기심과 질투심이 생기면서 친구들의 행동을 문제 삼아 부모나 선생님에게 알리려는 모습을 보이게 됩니다. 이런 행동은 부모님의 보수적인 엄격한 교육을 받은 아이에게 많이 나타나는 것으로 보입니다.

특히, 부모님으로 교육받을 때 자신이 해서는 안 된다고 배운 행동을 친구들이 아무렇지 않게 자연스럽게 행동하는 걸 보면 '나는 왜 친구처럼 행동하면 안 되는 걸까?' 억울한 마음이 들 수 있습니다. 그러다 '나는 하고 싶어도 참고 있는데, 왜 저 친구는 하고 싶은 대로 마음대로 행동해도 괜찮을까?'라는 생각이 들면서, 결국 그 친구를 나쁜 아이로 만들고 싶은 마음이 생길 수도 있습니다.

부모나 선생님에게 이와 같은 일들을 고자질함으로써 자신은 참고 그와 같은 행동을 하지 않으므로 스스로가 더 좋은 아이로 인정받고 싶고, 관심받고 싶어 하는 아이의 감정 표현으로 보입니다.

이런 행동을 단순한 일시적인 습관으로 보고 지나치는 것이 아니라 아이의 내면은 어떠한 감정으로 느끼고 있는지 살펴보아야 합니다.

이 아이에게는 "너도 이 세상에서 가장 소중한 존재야"라는 따뜻한 말로 대화하며 마음을 인정하며 관심을 주면 고자질이 아니라도 충분히 사랑받고 있다는 걸 알게 될 것입니다. 결국 고자질하는 아이는 점점 더 안정적인 친구 관계를 맺고 친구들과의 거리 사이도 좁혀져 친구들이 좋아하는 아이로 성장할 것입니다.

4) 따뜻한 정서적 지원과 마음을 치유하는 길

고자질이 심한 아동이 올바른 방향으로 자라기 위해 부모의 정서적인 지원이 필요하며 긍정적인 생각을 가지고 세상을 살아가는 자아개념을 형성할 수 있도록 도움을 주어야 합니다. 아이가 스스로 자신의 강점을 발견하도록 유도하고 또래 친구들과의 원만한 사회적 관계 형성을 위해 사회적 기술 훈련이 필요합니다.

아이들 사이에서 갈등이 발생했을 때 친구들과 협력하는 경험을 쌓아 적절한 방법으로 문제 해결하는 능력을 길러야 합니다. 또한 아이가 부모로부터 끊임없는 사랑과 관심을 받고 있다는 것을 몸으로 느낄 수 있도록 정서적 지원을 해야 합니다.

또한, 아이가 불안, 슬픔, 친구와의 질투, 같은 감정을 조절하여 감정 이야기를 스스로 표현할 수 있도록 도와주고, 나쁜 감정이 행동으로 나타나지 않도록 지도하는 것이 필요합니다.

부모와 교사가 아동의 내면 감정을 세심하게 살피고 이해하며 공감하는 태도를 보일 때, 아이는 점차 고자질이 아닌 건강한 방식으로 관계를 형성할 수 있을 것입니다.

5) 고자질 뒤에 숨겨진 아이의 마음속 이야기

고자질을 자주 하는 아이들은 단순히 친구의 문제 행동을 고자질하여 마음이 시원하다는 것이 아니라, 아동의 마음 깊은 곳에서 이렇게 고자질하는 것은 옳지 않다는 다양한 감정의 생각을 하게 됩니다.

그 행동 뒤에는 부모나 선생님으로부터 관심을 받고 싶어 하는 마음이 크고 규칙을 잘 지켜야 한다는 강한 의지, 상황의 불안감, 그리고 어른으로부터 인정받고 싶은 욕구가 숨겨져 있는 것입니다.

(1) 관심받고 싶은 마음

아이들은 부모나 선생님의 사랑과 관심을 받고 싶어 합니다. "나는 착한 아이야"라고 말하고 자기를 나타내고 싶은데 그런데 때로는 자신이 친구들에 둘러싸여 있어 눈에 띄기 어려울 때, 친구들의 잘못된 행동을 알리는 방법으로 주목을 받으려는 행동으로 보입니다.

(2) 규칙을 꼭 지켜야 한다는 생각

5~7세 아이들은 "정해진 규칙은 무조건 지켜야 해!" 하며 배운 규칙을 중요하게 생각하고 친구가 규칙을 어기면 그것을 꼭 집어 "교실에서 뛰는 것은 위험해"라고 말하며 그냥 넘기기 어려워합니다. 마치 부모로부터 배운 것들이 세상의 모든 질서가 무너지는 것처럼 불안하게 느낄 수도 있습니다.

6) 마음으로 듣고, 지혜롭게 도와주세요

아이가 고자질하는 것은 다른 친구들의 행동을 보고 고자질하는 행동이 옳았다는 것을 바로 부모나 선생님으로부터 '인정받고 싶은 마음' 때문입니다. 즉, 이런 마음이 겉으로 친구를 표현하여 어른에게 '일러바치는' 행동으로 나타나곤 합니다.

특히 부모가 아이와 갈등 상황에서 심판하는 판사처럼 옳고 그름을 따질 때, 아이와 다툼이 생기고 아이는 아이의 주장을, 부모는 부모의 주장을 하게 됩니다. 이때 아이들은 더욱 자신이 옳다고 인정 욕구가 커지고 확인받고 싶어 합니다.

이럴 때 부모나 선생님이 심판관의 자리에 서서 서로의 잘못을 판단하여 옳고 그름을 명확하게 판단해 주는 방식은 아이의 문제 해결 능력을 길러 주지 못합니다.

7) 부모의 역할: '심판'이 아니라 '조력자' 되기

(1) 아이의 마음을 여는 따뜻한 귀 기울이기

① 아이가 "엄마, 친구가 오늘 어린이집에서 나에게 장난감을 던졌어!" 하고 달려오면, "그래서 너는 친구에게 무슨 말을 했어?" 하고 되물어보고 아이의 대답을 기다립니다.
② 아이의 이야기를 끝까지 듣고 느낀 감정을 공감해 주면서 엄마가 해결해 주는 것이 아닌 스스로 해결 방법을 생각할 수 있도록 도와줍니다.

(2) 함께 생각해요! 마음을 나누는 해결의 길

① 아이의 마음을 위로하고 "그랬구나, 속상했겠다. 그럴 때는 어떻게 하면 좋을까?" 하고 아이에게 질문을 던져 봅니다.
② 아이에게 "엄마가 어떻게 도와주면 좋겠어?" 물어보면 아이가 하고 싶은 말을 하고 아이가 스스로 원하는 해결 방법을 말하도록 유도합니다.

③ 만약 아이가 "괜찮아" 하면 "마음이 참 착하구나, 잘했다" 칭찬하고 또는 "혼내 줘!"라고 한다면, "그럴 수도 있겠지만, 엄마는 때리는 행동은 좋지 않다고 생각해. 다른 방법을 찾아보자" 하고 함께 생각하면 좋습니다.

(3) 스스로 해결한 용기, 따뜻한 칭찬으로 빛나게!

① 아이가 용기 내서 자기 힘으로 고자질을 멈추려고 노력할 때는 **폭풍 칭찬**을 해야 합니다.
② 아이는 장난을 치는 친구에게 "그렇게 장난치면 친구가 아파"라고 말하면 "와, 그랬어? 네가 친구에게 직접 이야기해 봤구나! 그게 정말 좋은 방법이었어!" 이와 같은 대화의 칭찬은 아이에게 긍정적인 영향을 줍니다.

(4) 도움 요청 vs. 일러바침, 현명하게 구별하기

아이들은 때때로 도움을 청하는 것과 고자질(일러바침)을 혼동합니다.

① 어떤 상황에서 도움이 요청해야 하는지 또는 도움을 요청하지 말아야 하는지 필요한 상황의 해결 방법을 가르쳐 줍니다.
② 아이가 일러바침이 단순한 사항이라면 "그럴 땐 네가 어떻게 방법을 찾아야 할까?" 하고 아이에게 질문을 던지고 직접 스스로 해결할 수 있는 방향을 제시하는 것이 중요합니다.

(5) 가장 소중한 것은, 아이의 마음을 이해하는 것

아이는 인정받고 관심을 받고 싶어 하지만 그 표현 방법이 아직 미숙하여 어른을 피곤하게 할 때가 있습니다. 이럴 때 어른들은 아이의 고자질에 과도한 반응을 보이기보다 차분하게 대응하는 것이 중요합니다.
아이의 작은 감정에 귀 기울여 보세요. 아이는 어른의 공감 속에서 한 뼘 더 성장할 것입니다.

8) 고자질 대신 스스로 해결하는 지혜 키우기

(1) 고자질에는 담담하게, 반응은 차분하게

아이의 이르는 이야기만 듣고 상황 파악하지 않고 현장에서 즉각적으로 친구나 형제를 꾸짖지 않도록 주의합니다.
고자질만으로 친구가 벌을 받게 되면, 아이는 자기가 잘한 것으로 인정하여 이를 반복적인 학습 방법이 될 수 있습니다.

(2) 직접 본 것만! 현명한 개입의 원칙

아이가 "친구가 때렸어", "친구가 놀렸어"라고 말했을 때, 목격한 것이 아니라면 이르는 아이의 이야기를 믿고 바로 친구를 혼내기보다는 상황을 먼저 파악하고 확인하는 것이 필요합니다.

(3) 서로 배려하며 공평하게

고자질을 당한 아이도 억울함이 있을 수 있고 상황의 오해가 될 수가 있으므로 자신 입장을 이야기할 기회를 줘야 합니다.

아이들의 문제를 부모가 직접 해결하는 것보다 고자질한 아이나 고자질을 당한 아이가 서로 대화하며 상황을 해결할 수 있도록 유도합니다. 아이의 고자질한 상황에서 아이가 느낀 정서적 감정을 존중하고 공감해 주면서도, 아이의 고자질로 인해 친구를 혼나게 하는 것이 친구들 사이의 갈등을 해결하는 최선의 방법이 아니라는 점을 알려 주는 것이 중요합니다.

2

분노 속에 갇힌 아이들

아이는 여섯 살입니다. 어린이집에서 매우 활발한 아이 중 하나였지만, 종종 화가 나면 장난감을 던지거나 의자를 넘어뜨리곤 했습니다. 선생님들은 걱정스러운 눈으로 바라보았고, 친구들은 공격하는 아이를 무서워하기도 했습니다.

어느 날, 이 아이는 블록을 쌓다가 마음대로 되지 않자 갑자기 블록을 바닥에 내던졌고 순간적으로 주변이 조용해져 선생님이 다가와 조용히 물었습니다.

"뭐가 그렇게 속상했어?"

블록을 던진 아이는 눈을 피하며 아무 말도 하지 않았습니다. 하지만 그의 얼굴은 울 것처럼 일그러져 있었고 선생님은 아이 등을 천천히 쓰다듬으며 말했습니다.

"네가 힘들 때, 화가 날 때 말로 하면 선생님이 더 잘 도와줄 수 있을 거야."

하지만 아이는 말이 없었습니다. 그날 저녁, 어린이집 선생님은 아이의 부모님과 상담을 요청했습니다. 부모님은 한숨을 쉬며 말하기를 "집에서도 그래요. 장난감이 마음대로 안 되면 집어던지고, 동생이 자기 물건을 건드리면 울면서 물건을 부숴요. 어떻게 해야 할지 모르겠어요."

선생님은 차분하게 이야기했습니다.

"아이는 자기감정을 조절하는 방법을 아직 잘 모르는 것 같아요. 특히 부모님의 반응이 아이에게 큰 영향을 줄 수 있어요. 혹시 아이가 화를 낼 때, 부모님께서는 어떻게 반응하시나요?"

어머니는 잠시 망설이더니 대답했습니다.

"처음에는 타이르지만, 계속 화를 내면 저도 모르게 큰소리를 내게 돼요. 그러면 더 화를 내면서 물건을 던지거나 부수려고 해요."

선생님은 고개를 끄덕이며 설명했습니다.

"아이가 물건을 부수는 건 단순히 장난이 아니라 감정을 표현하는 방법일 수도 있어요. 특히 불안이나 애정 결핍, 또는 부모님의 반응 방식에서 오는 스트레스가 영향을 줄 수 있죠. 중요한 건 아이가 감정을 표현할 다른 방법을 배울 수 있도록 도와주는 거예요."

그날 이후, 부모님은 아이가 화가 날 때 말을 하도록 유도하기 시작했습니다. 대신 물건을 던지는 대신 쿠션을 꼭 안거나, 종이에 자신의 감정을 그려 보게 했습니다. 또한, 화가 난 감정을 이해하고 다독여 주는 시간을 가졌습니다.

몇 주 후, 어린이집에서 아이는 또다시 블록을 쌓다가 무너뜨렸습니다. 순간 손을 번쩍 들었지만, 이번엔 던지지 않았고 대신 선생님을 바라보며 말했습니다.

"선생님, 나 속상해요."

그 말을 들은 선생님은 미소를 지으며 아이를 꼭 안아 주었습니다.
"그렇게 말해 줘서 고마워."

아이는 조금씩 자신의 감정을 다루는 법을 배우고 있었습니다.

아이의 분노와 불안은 그 자체로 중요한 신호입니다. 분노는 표현방식일 뿐, 그 안에는 **불안, 좌절, 두려움, 속상함** 같은 감정이 숨어 있습니다. 아이가 왜 분노하는지 이해하고, 건강한 방법으로 감정을 조절하도록 도와줄 수 있습니다.

1) 분노와 불안의 신호

- ✔ 작은 일에도 과하게 화를 냄(예: 장난감이 안 들어가자 던져 버림)
- ✔ 감정이 격해지면 손찌검, 물건 던지기, 소리 지르기
- ✔ 기분이 나쁘면 갑자기 눈물을 터뜨림
- ✔ 자기 탓을 하거나, "난 못 해!"라고 좌절함
- ✔ 낯선 환경이나 새로운 경험을 두려워함
- ✔ 잠들기 어려워하거나, 악몽을 자주 꿈

이런 모습이 자주 보인다면, 아이가 **분노 속에서 불안을 표현하고 있는 것**일 가능성이 큽니다.

2) 지도법&대처법

먼저 감정을 알아차려 주어야 합니다.

"왜 그렇게 화를 내?", "그만 좀 울어!" → 아이의 감정을 부정하면 더 격해짐.

"지금 속상하고 답답했구나. 무척 화났겠어." → 감정을 인정해 주면 아이가 안정됨.

✔ 예시
- "너무 화가 났구나. 어떤 게 제일 속상했어?"
- "이 일이 왜 그렇게 기분 나빴는지 말해 줄 수 있어?"
- "엄마도 네가 힘들어하는 거 알아. 천천히 이야기해 줄래?"

✔ TIP

감정을 '나쁜 것'이 아니라 **자연스러운 감정**으로 받아들이도록 도와줍니다.

(1) 분노가 폭발하기 전 '신호'를 알아차리게 하기

아이들은 감정 조절이 서투릅니다. 그래서 **분노가 폭발하기 전에 몸이 보내는 신호**를 스스로 알아차리는 연습이 필요합니다.

✔ 아이가 화가 날 때 어떤 반응을 보이는지 관찰해 보세요.
  예: 주먹을 꽉 쥠, 얼굴이 빨개짐, 숨이 가빠짐, 몸을 움츠림

- ✔ 아이가 신호를 알도록 도와주세요.
  - "화가 날 때 가슴이 답답해질 수도 있어."
  - "네가 화날 때 손을 꽉 쥐는 것 같아."
  - "이럴 때 어떻게 하면 좋을까?"
- ✔ 아이와 함께 '**감정 온도계**'를 만들어 보는 것도 좋습니다.
  - **1~2단계**: 살짝 답답함
  - **3~4단계**: 짜증 남
  - **5단계: 폭발 직전!**
    → "지금 몇 단계인 것 같아?"라고 물어보며 감정을 조절하는 법을 연습할 수 있습니다.

(2) 감정 조절 방법을 가르쳐 주기(대체 행동 제시)

아이들이 분노를 조절할 수 있도록 **대체 행동**을 알려 주세요.

- 10까지 천천히 세기
- 깊게 숨쉬기(풍선처럼 배를 부풀렸다 줄이기)
- 펀치백 대신 쿠션을 꽉 끌어안기
- 분노 일기 쓰기(그림으로 표현 가능)
- 감정 카드를 활용해 현재 감정 선택하기

- ✔ 예시
  - "화가 나면 손으로 바닥을 세 번 쳐 봐."

- "숨을 깊이 들이마시고, 천천히 내쉬어 봐."
- "종이에 네 감정을 색깔로 칠해 볼래?"

  → 분노의 감정을 말로 표현하는 연습을 자주 할수록, 폭발을 줄일 수 있습니다.

(3) 불안한 마음을 다독이는 방법

아이의 불안은 **안전하고 편안한 환경에서 스스로 조절할 수 있도록** 도와줍니다.

- ✔ **예측 가능한 루틴 만들기**: 불안한 아이들은 변화에 예민해요. "이제 뭐 하지?"라는 걱정을 줄일 수 있도록 일정한 루틴을 유지해 주세요.
- ✔ **이야기책으로 감정 이해하기**: 감정을 다룬 그림책을 함께 읽으며 **다른 사람의 감정과 해결 방법**을 배울 수 있습니다. (예: "화가 나서 펑!" 같은 감정 그림책)
- ✔ **칭찬과 보상보다 '안정감'을 먼저 주기**: "너 이거 잘하면 초콜릿 줄게!", "네가 노력하는 모습이 참 좋아. 실수해도 괜찮아."

  아이가 실패해도 **사랑받는다는 느낌**을 주는 것이 중요합니다.
- ✔ **밤에 차분한 대화 나누기**: 자기 전에 "오늘 어땠어?" 하고 아이의 감정을 묻고, "무섭거나 걱정되는 거 없어?" 하고 이야기할 시간을 주세요. 이때, **공감만 해 주고 해결하려 하지 않는 것이 포인트!**

〈요약〉

- **감정을 먼저 인정하기**("화났구나, 속상했겠어.")
- **분노가 폭발하기 전 신호를 인식하게 하기**("네 손이 꼭 쥐어지는구나.")
- **감정 조절 방법 가르치기**("화가 날 때는 숨을 크게 쉬어 볼까?")
- **불안을 줄이는 환경 조성하기**(루틴 만들기, 감정 책 읽기, 안정감 주기)
- **밤에 차분한 대화로 감정 나누기**("오늘 속상했던 일 있어?")

중요한 건, 아이가 **자신의 감정을 부정하지 않고 건강하게 표현할 수 있도록 도와주는 것입니다.**

3

분노를 배우는 아이들

어느 날, 5살 아이는 블록을 쌓다가 갑자기 화를 내며 블록을 바닥에 내던졌습니다. 교사가 깜짝 놀라며 "왜 그래, 무슨 일 있나요?"라고 물었지만, 아이는 대답 없이 크게 소리를 질렀습니다. 얼마 후 산책길에 놀이터에서 친구가 그네를 먼저 타자, 아이는 갑자기 친구를 밀어 그네를 타던 친구가 다치는 사고가 발생했습니다. 이러한 일들이 종종 일어나곤 했습니다.

아이의 행동은 어디서 온 걸까? 선생님은 고민 끝에 부모님에게 상담을 요청했고 부모님은 가정 상황을 이야기해 주셨습니다. 아이를 이해하기 시작했고 선생님은 아이 공격적인 감정을 해소하는 놀이와 프로그램을 실행했습니다. 그러자 아이가 자기 감정을 절제하는 모습이 보이기 시작했습니다.

아이들은 부모의 감정을 가장 가까이에서 보고 배우는 존재입니다. 부모가 자주 화를 내고 소리를 지르는 환경에서 자란 아이들은 자연스럽게 분노를 표출하는 방식을 마치 거울처럼 학습합니다. 모든 난폭한 행동이 같은 것은 아닙니다.

어떤 아이들은 넘치는 에너지로 장난을 치다 보니 친구를 세게 밀기도 합니다. 하지만 어떤 아이들은 마음속 깊이 쌓인 분노를 주체하지 못해 난폭한 행동으로 표출합니다. 이 두 가지는 완전히 다른 이야기입니다.

예를 들어, 6살 아이는 평소에는 조용한 아이였지만 화가 나면 의자를 발로 차고, 손에 잡히는 대로 물건을 던집니다. 친구가 실수로 장난감을 떨어뜨리자, 갑자기 친구의 머리카락을 잡아당기고 아무 이유 없이 난폭해 보이는 행동이었지만, 사실 아이는 속마음을 표현할 줄 몰라서 그런 행동으로 표현하는 경우가 많이 있습니다.

자신이 느끼는 감정이 뭔지 몰랐고, 어떻게 해결해야 하는지도 모릅니다. 이렇게 감정이 왜곡된 난폭성은 더 큰 문제를 일으킬 수 있습니다.

특히 사소한 일에도 얼굴이 붉어지고 손을 떨며 분노를 참지 못하는 경우, 단순한 성격 문제를 넘어서 우려되는 상황이 벌어지기도 합니다.

아이의 난폭한 행동과 감정 표현은 단순한 문제행동이 아니라, 감정 조절이 어렵거나 원하는 것을 표현하는 방식이 미숙해서 나타나는 신호일 수 있으며, 아이가 내보내는 신호를 잘 읽고 적절히 대응하면 점차 조절 능력을 키울 수 있습니다.

감정 조절은 단번에 되는 게 아니라 꾸준한 연습이 필요하므로, 일상에서 자연스럽게 적용할 수 있는 방법을 적용할 때 아이의 태도가 달라지고 있는 게 보입니다.

1) 아이의 난폭한 행동, 감정 표현 대체법

(1) 아이의 행동이 보내는 신호 파악하기

① 때리기, 물기, 던지기 → 강한 좌절감, 통제 욕구
   감정 조절이 어려울 때 나오는 행동으로 원하는 것을 얻기 위한 행동이기도 합니다.
② 소리 지르기, 울기 → 좌절, 강한 감정 표현
   감정을 조절할 방법을 모르거나, 감정을 인정받고 싶을 때 나오는 반응입니다.
③ 물건 던지기, 난폭한 행동 → 감정이 폭발한 상태
   이때는 훈육보다 감정을 먼저 안정시키는 게 중요합니다.

(2) 아이의 감정 신호에 대처하는 방법

감정 조절이 어려울 때(소리 지르기, 울기, 던지기)는 다음과 같은 방법을 써 봅시다.

✔ **즉각적인 제지보다는 감정 표현 기회 주기**
   "화가 났구나, 왜 화가 났는지 말해 줄래?"(감정을 말로 표현하도록 유도)
✔ **속상한 마음을 달래는 방법 제공**
   "이럴 땐 우리 깊게 숨 쉬고 손을 흔들어 볼까?"(이완할 방법 제시)

✔ **안전한 환경 만들기**

감정 폭발 시 물건을 던지지 않도록 위험한 물건을 미리 정리

① 공격적인 행동(때리기, 물기, 친구 밀치기)

✔ **즉각 중단시키기**

"친구를 때리는 건 안 돼. 손을 잡고 멈추자."(단호하게 하지만 차분한 어조)

✔ **원하는 걸 다른 방법으로 표현하도록 지도**

"친구한테 '나도 같이 놀고 싶어'라고 말해 볼까?"

✔ **대체 행동 가르치기**

스트레스를 주먹 쥐기, 발 구르기 등으로 표현하는 법 알려 주기

② 집착하거나 고집을 부릴 때

✔ **다른 선택지를 주기**

- "이 장난감이 너무 좋구나! 그런데 다른 것도 재미있을 것 같아."
- "이거 할까, 저거 할까? 너는 뭐가 좋아?"

✔ **질질 끌지 않고 마무리하기**

일정 시간이 지나면 "이제 놀이는 여기까지 하고, 다른 걸 해 볼까?"라고 미리 알려 주기

③ 분노 폭발할 때

금기어 '안 돼' 사용 시 반항하는 경우에 다음과 같은 방법을 사용합니다.

✔ **대안을 제시하며 긍정적인 언어 사용**
- "이건 안 되지만, 대신 이건 해도 좋아."
- "지금은 안 되지만, 나중에 할 수 있어."

✔ **일관된 규칙을 유지하되, 감정을 인정하기**
"지금 화가 나는구나. 하지만 물건을 던지면 안 돼."

④ **추가 팁: 감정 표현을 돕는 환경 만들기**

✔ **감정을 미리 연습해 보기**
"화났을 때는 어떻게 하면 좋을까?" 놀이처럼 역할극 하기

✔ **감정 단어를 가르쳐 주기**
"속상해, 답답해, 짜증 나" 등 다양한 감정 단어 알려 주기

✔ **긍정적인 행동에 즉각 칭찬하기**
"친구랑 차례 기다려 줘서 고마워!"

아이의 감정 표현은 시간이 걸리는 과정입니다. 꾸준한 지도와 긍정적인 피드백이 중요합니다.

2) 아이의 난폭한 행동, 감정 표현 지도하는 방법

아이에게 감정을 조절하고 표현하는 법을 가르치는 지도 방법을 일상에서 자연스럽게 적용할 수 있도록 알려 드리겠습니다.

✔ **감정 단어를 알려 주기**
- "지금 기분이 어때?", "화가 났어? 속상했어? 아니면 실망했어?"
- 아이가 말로 표현하면 "그렇구나, 속상했겠네." 하며 공감해 주기

✔ **감정 카드를 활용하기**
- 그림이나 표정을 보고 "이 사람은 어떤 감정을 느낄까?" 물어보기
- 감정 스티커나 간단한 그림을 이용해 감정 일기를 만들어 보기

✔ **부모가 먼저 감정을 표현하는 본보기 보이기**
- "엄마도 화날 때가 있어. 그런데 난 이렇게 깊게 숨을 쉬면서 화를 가라앉혀."
- "엄마는 지금 피곤해서 쉬고 싶어."

(1) 공격적 반응 조절 지도(대체 행동 가르치기)

① 즉각적인 제지와 올바른 행동 가르치기

- "때리면 안 돼!" → ○ "친구랑 놀고 싶으면 '같이 놀자'라고 말해 보자."
- "물면 안 돼!" → ○ "입이 아니라, 말로 이야기해야 해."

행동을 중단시키고, 올바른 방법을 알려 주는 게 중요합니다.

② 대체 행동 연습하기

- "화날 땐 주먹을 꽉 쥐었다 펴거나, 베개를 껴안고 힘을 줘 볼까?"
- "화가 나면 손을 꼭 잡고 말해 볼까?"(공격 행동을 다른 행동으로 전환)

③ 역할극 놀이하기

아이와 인형 놀이를 하면서 "이 인형이 장난감을 빼앗겼어! 어떻게 하면 좋을까?" 하고 해결 방법을 찾아보게 하기

(2) 고집부릴 때의 지도(융통성 키우기)

① 선택지를 주기

- "이걸 계속할래? 이제 그만할 시간인데, 5분만 더 하고 끝낼래?"
- "이거 아니면 저거 중에 골라 볼까?"(선택권을 줘서 통제력을 느끼게 하기)

② 사전 예고하기

- "10분 후에는 정리할 거야."
- "이거 끝나면 이제 밥 먹으러 가야 해."

갑작스럽게 멈추라고 하면 반발하므로 미리 알려 주는 것이 좋습니다.

③ 고집을 부려도 규칙은 유지하기

- "계속 울어도 바뀌지 않아. 하지만 네가 원하는 걸 말로 하면 도와줄 수 있어."
- 규칙을 바꿔 주면 아이는 더 고집을 부릴 수 있으니 일관성을 유지해야 합니다.

(3) 감정 조절 지도(화를 조절하는 방법 익히기)

① 심호흡 연습하기

- "코로 숨을 크게 들이마시고, 입으로 후- 내뱉어 봐."
- "손바닥 위에 촛불이 있다고 생각하고, 불어서 끄자."(아이 눈높이에 맞는 방법 사용)

② 몸으로 감정을 표현하는 방법 알려 주기

- "화를 주먹에 모아 볼까? 이제 손을 펴면서 화를 날려 버리자!"
- "발을 동동 구르는 대신, 땅을 세 번 구르자."

③ 감정 조절 놀이하기

"화가 난 인형이 있어. 어떻게 하면 기분이 좋아질까?" 하고 아이가 해결 방법을 찾도록 유도합니다.

(4) 좋은 행동 강화하기(긍정적인 행동 칭찬하기)

① 즉시 칭찬하기

"친구랑 차례 기다려 줘서 멋지다!", "울지 않고 말로 이야기해 줘서 고마워."

② 칭찬 스티커나 보상 표 활용하기

- "하루에 세 번 감정을 잘 표현하면 스티커 하나!"

- 하지만 보상이 주목표가 되지 않도록 조심해야 합니다.

③ 실패해도 괜찮다고 알려 주기

"이번엔 화를 참기 어려웠구나. 괜찮아! 다음엔 같이 연습해 보자."

지도는 단호하지만 따뜻하게, 일관되게!

아이의 감정 표현과 행동 조절은 시간이 필요합니다.

꾸준히 감정을 말로 표현하게 유도하고, 대체 행동을 가르치면서, 좋은 행동은 바로 칭찬하여 줍니다.

어떤 방법이든 **일관되게 반복하는 게 가장 중요합니다!**

4

"엄마, 난 참기 힘들어요"

    5살 아이는 오늘도 어린이집에서 작은 사고를 쳤습니다. 자유 놀이 시간, 친구가 먼저 자신이 원하는 장난감을 가져가자 아이는 참지 못하고 친구의 손에서 장난감을 빼앗아 갔습니다. 순간 당황한 친구가 울음을 터뜨렸고, 선생님이 다가와 아이를 조용히 불렀습니다.

"왜 친구 장난감을 빼앗았니?"

아이는 입술을 삐죽 내밀며 말했습니다.

"그냥… 나도 그거 하고 싶었어. 너무 하고 싶었어."

    선생님은 한숨을 쉬었습니다. 사실 이런 일이 처음이 아니었습니다. 아이는 자기 차례를 기다리는 것이 어려웠고, 감정을 조절하지 못해 친구들과 자주 다툼이 생겼습니다. 가위바위보에서 지면 억울해서 울고, 놀잇감을 빼앗기면 바로 손이 나가곤 했습니다. 화가 나면 소리를 지르며 물건을 던질 때도 있었습니다.

    그렇다고 아이가 나쁜 아이는 아니었습니다. 기분이 좋을 때는 친구들에게 장난감도 나눠 주고, 선생님이 아플 때 걱정해 주는 다정한 면도 있습니다. 하지만 한번 감정이 폭발하면 스스로 진정하는 것이 어려웠습니다.

"아이는 감정이 너무 커질 때가 있어요. 속상할 때 우리가 어떻게 하면 좋을까?"

선생님은 아이 눈높이에 맞춰 차분히 이야기했습니다. 하지만 아이는 고개를 푹 숙이고 대답하지 않았습니다.

사실 아이도 알고 있었습니다. 자신이 이렇게 행동하면 친구들이 싫어할 수도 있다는 걸. 하지만 순간 화가 나면 머릿속이 하얘지고, 그냥 하고 싶은 대로 행동하고 싶은 마음이 먼저 튀어나옵니다. 집으로 돌아온 아이는 엄마에게 물었습니다.

"엄마, 나는 왜 참기 어려워?"

엄마는 아이를 꼭 안아 주며 말했습니다.

"우리 아이가 화가 날 때 마음을 천천히 가라앉히는 방법을 하나씩 연습해 보면 어떨까? 엄마와 같이해 보자."

그날 밤, 엄마와 아이는 '화가 났을 때 숨을 크게 쉬고 손을 꼭 쥐었다가 펴 보기' 연습했습니다. 처음에는 장난처럼 하던 아이도 점점 진지해졌습니다.

다음 날 어린이집에서 또 한 번의 작은 갈등이 있었습니다. 하지만 이번에는 아이가 손을 꼭 쥐었다가 펴며 숨을 들이마셨습니다. 아직 서툴지만, 선생님은 그 모습을 보고 따뜻하게 미소 지었습니다.

"천천히 해도 괜찮아. 선생님이 옆에서 도와줄게."

아이는 조금씩, 아주 조금씩 변하고 있었습니다.

아이가 "엄마, 난 왜 참기 어려울까?"라고 묻는다면, 이는 자기 감정을 인식하고 조절하고 싶은 마음이 있다는 의미입니다. 아이가 감정을 조절하는 데 어려움을 겪을 때, 다음과 같은 대체 방법과 지도법을 활용해 보세요.

1) 감정을 이해하고 표현하는 법 가르치기

(1) 이야기해 보기

"네가 화가 나거나 속상할 때 어떤 기분이 드는지 말해 줄 수 있을까?"라고 물어보며 감정을 표현하도록 유도해 주세요.

(2) 감정 카드 활용

다양한 표정이 그려진 감정 카드를 보여 주며 "지금 이 중 어떤 기분이야?"라고 물어보는 것도 좋아요.

(3) 감정 이름 붙이기

"네 마음이 답답하고 속상하구나. 엄마가 네 기분을 이해해."
이렇게 아이의 감정을 인정해 주면 감정을 더 쉽게 표현할 수 있어요.

2) 참기 어려운 순간, 대체 행동 가르치기

(1) 손으로 감정 표현하기

두 주먹을 꼭 쥐었다 폈다 하기, 손을 천천히 비비기, 장난감 공을 꽉 쥐었다 놓기.

(2) 몸을 움직이며 감정 조절하기

- "숨을 깊이 들이마셨다가 천천히 내쉬어 보자!"(호흡 조절)
- "열 번 뛰어 볼까?"(에너지 해소)
- "천천히 손을 위로 올렸다 내리는 거 해 볼까?"(이완 운동)

(3) 대체 말 사용하기

"싫어!" 대신 → "나 이거 안 좋아해."
"내놔!" 대신 → "이거 같이 가지고 놀 수 있을까?"

(4) 감정을 그림이나 글로 표현하기

화가 나거나 속상할 때 그림을 그리거나 감정 일기를 쓰게 해 보는 것도 방법입니다.

3) 감정을 조절하는 습관 만들기

(1) 미리 연습하기

아이가 자주 화를 내는 상황을 떠올리고 "그럴 땐 이렇게 해 보자!" 하며 놀이처럼 연습해 보세요.

(2) 칭찬해 주기

참거나 조절한 모습을 보이면 "방금 참느라 정말 노력했구나! 대단해!"라고 구체적으로 칭찬하여 주세요.

(3) 하루에 한 번 감정 돌아보기

자기 전 "오늘 어떤 일이 제일 기뻤어?", "화가 났던 일은 뭐였어?"와 같이 감정을 정리하는 시간을 가져 보세요.

4) 부모의 반응도 중요해요!

(1) 감정을 부조건 억누르게 하지 않기
(2) "괜찮아, 참아야지!"보다는 "네가 화날 수도 있어. 하지만 이 방법으로 표현하면 더 좋아!"라고 알려 주며 아이가 화를 내거나 짜증

을 낼 때 차분한 목소리로 대응하기, 아이가 노력할 때 즉시 칭찬해 주기

아이가 감정을 조절하는 능력은 조금씩 성장하면서 발달합니다. 서두르지 말고 아이가 스스로 감정을 조절하는 법을 익힐 수 있도록 함께 연습해 보세요!

5

"선생님, 가만히 있기 너무 어려워요"

　어린이집 교실 안, 선생님이 동화책을 읽어 주는 시간이었습니다. 아이들은 하나둘씩 자리에 앉아 이야기를 들으며 조용히 집중하고 있었습니다. 하지만 한 아이는 달랐습니다.

　그 아이는 가만히 앉아 있는 게 너무 힘들었습니다. 다리가 저절로 꿈틀거렸고, 손은 뭔가를 계속 만지고 싶었으며, 가슴은 금방이라도 터질 듯이 답답해 보였습니다. 결국 아이는 벌떡 일어나 비행기를 날리며 책상 위로 올라갔다 내려갔다 계속 반복합니다.

　"아이야, 앉아서 들어야 해."

　선생님이 조용히 타이르자, 아이는 싱긋 웃더니 이번엔 책상 밑으로 쏙 들어가 버렸습니다. 친구들은 웅성거리기 시작했고, 선생님의 눈빛이 점점 걱정스러워졌습니다.

　"아이야, 책상 아래로 들어가면 위험해."

　하지만 아이는 마치 모르는 척하며 웃으며 이리저리 기어 다녔습니다. 선생님이 다가가 손을 내밀자 그제야 슬쩍 눈치를 보며 나왔습니다.

하지만 잠시뿐이었습니다. 이내 다른 친구의 의자를 흔들고, 장난감을 만지며 또 다른 놀이를 찾고 있었습니다.

'아이는 왜 이렇게 가만히 못 있지?'

선생님은 속으로 한숨을 쉬었습니다. 수업을 진행하고 있는 부분도 쉽지 않았고, 다른 아이들도 집중하기 어려워하고 있었습니다.

그날 오후, 아이의 엄마가 어린이집을 방문했습니다. 선생님은 조심스럽게 이야기를 꺼냈습니다.

"아이가 에너지가 정말 많은 아이예요. 가만히 앉아 있는 것이 힘들어하고, 자꾸 새로운 활동을 찾아 움직이려 해요."

엄마는 고개를 끄덕이며 말했습니다.

"집에서도 마찬가지예요. 조금만 지루해하면 의자 위를 뛰어다니거나, 밥을 먹다가도 갑자기 일어나서 방으로 뛰어가 버려요."

엄마의 말에 선생님은 아이를 이해하고 방법을 함께 고민해 보기로 했습니다.

다음 날부터 선생님은 아이가 집중할 수 있도록 짧고 재미있는 활동을 섞어 진행했습니다. 동화책을 읽기 전에 먼저 몸을 움직이는 놀이를 하고, 이야기 시간에도 가만히 앉는 대신 작은 장난감을 손으로 만지며 들을 수 있도록 배려했습니다.

물론 여전히 아이는 가끔 책상 위로 올라가기도 하고, 장난이 심할 때도 있었습니다. 하지만 선생님은 이제 알고 있었습니다.

"아이가 일부러 그러는 게 아니야. 단지 몸을 움직여야 마음이 편해지는 거야."

조금씩, 아주 조금씩. 아이도 변하고 있었습니다.

아이의 행동을 보면 감정 조절과 자기통제가 아직 미숙한 상태라서, 원하는 것이 안 될 때 감정이 폭발하거나 불안해하는 경향이 강한 것 같습니다. 아이가 가만히 있지 못하고 끊임없이 움직이려 하거나 주의가 쉽게 분산되는 것도 이와 관련이 있을 수 있습니다.

1) 아이의 움직임을 허용하면서도 규칙을 정하기

"가만히 있어!"보다는 "여기까지는 걸어갈 수 있어", "이 자리에서 기다리자"처럼 구체적인 규칙을 제시해 주세요.

아이가 뛰거나 돌아다니려 할 때 "너무 신나서 몸이 움직이고 싶구나! 그러면 여기에서 뛰어 볼까?" 같은 대안을 제시하면 도움이 됩니다.

2) 조금씩 참는 연습을 시도하기

처음부터 오랜 시간 가만히 있게 하는 것이 아니라, 10초, 30초, 1분처럼 점차 시간을 늘려 가며 기다리는 연습을 해 보세요.

타이머를 사용해 "타이머가 울릴 때까지 기다려 볼까?" 하고 게임처럼 접근하는 것도 좋습니다.

3) 아이의 감각 욕구 채워 주기

가만히 있지 못하는 아이들은 몸을 움직여야 안정되는 경우가 많습니다. 실내에서도 매트 위에서 뛰기, 스쿠터 타기, 균형 잡기 게임, 감각 놀이(클레이, 모래놀이, 물놀이) 등으로 감각적 욕구를 채워 주면 도움이 됩니다.

4) 흥미를 끄는 활동을 제공하기

아이가 집중하기 어려운 이유 중 하나는 흥미를 못 느끼기 때문일 수 있습니다.

스토리텔링이 있는 활동(역할 놀이, 미션 수행), 몸을 움직이는 학습(점프하면서 숫자 외우기) 등으로 아이가 즐겁게 참여할 수 있도록 해 보세요.

5) 충분한 신체 활동 시간 주기

가만히 있어야 하는 상황이 있기 전(예: 식사 전, 학습 전)에는 아이가 몸을 마음껏 움직일 시간을 줘야 합니다.

매일 30분~1시간 정도는 밖에서 뛰어놀거나 신체 활동을 하게 해 주세요.

6

분노 뒤에 숨은 마음

　아이는 사랑받고 싶은 마음이 숨어 있는지도 모릅니다. 그래서 이 아이에게는 혼내는 말보다 따뜻한 손길과 부드러운 목소리가 필요합니다. 햇살이 포근하게 감싸는 놀이터, 아이들의 웃음소리가 퍼집니다.

　하지만 한쪽에서 작은 얼굴을 잔뜩 찌푸린 아이가 있었습니다. 눈길이 자꾸 친구들을 향하지만, 가까이 다가가지 못한 채 주먹을 꼭 쥐고 서 있었습니다. 그러다 친구의 사소한 행동에 갑자기 큰 소리로 화를 냅니다.

　"그만해! 왜 자꾸 그래?"

　친구들은 당황한 얼굴로 멈춰 섰습니다. 한참을 그렇게 서 있던 아이는 결국 혼자 돌아서 버립니다.

　아무도 자신을 이해하지 않는 것만 같고, 가슴속에서 뜨거운 것이 끓어오르는 것처럼 보였습니다. 이 아이는 사실 친구들과 함께 놀고 싶었습니다.

　함께 웃고 뛰어놀며 재미있는 시간을 보내고 싶었지만, 자신도 모르게 불쑥불쑥 올라오는 분노는 그 마음을 가로막았습니다. 화를 내고 나면 마음이 더 답답해지지만, 아이는 어떻게 해야 할지 알 수가 없었습니다. 어른들은 가끔 이렇게 묻습니다.

"왜 그렇게 화를 내니?"

하지만 아이도 대답을 모릅니다. 그저 가슴속이 불편하고, 모든 것이 짜증 나고, 나도 모르게 화가 치밀어 오릅니다. 사실 이 아이는 마음 깊은 곳에서 외로움을 느끼고 있었고 작은 실수도 혼나기 일쑤였고, 원하는 것을 참아야만 했고, 속상한 일이 있어도 누군가에게 쉽게 털어놓을 수 없었습니다. 그러다 보니 화가 날 때마다 크게 폭발해 버린 것입니다.

하지만 분노는 아이가 보내는 도와달라는 신호일지도 모른다고 생각했습니다.

"내 마음을 알아줘."

"내가 왜 이렇게 힘든지 들어 줘."

아이의 분노 뒤에는 어쩌면 이해를 바라며 자신을 바라봐 주는 누군가를 찾고 있는 듯했습니다.

"괜찮아, 네가 왜 화가 났는지 말해 줄래?"

"네가 어떤 기분인지 알고 싶어."

그렇게 마음을 열어 줄 누군가가 곁에 있기를 바라는 것처럼 보였습니다, 선생님은 아이의 마음을 이해하고 어루만져 주며 아이를 서서히 분노에서 벗어나 진짜 감정을 표현하는 법을 배워 가도록 노력할 것입니다. 그리고 언젠가, 친구들 틈에서 환하게 웃으며 뛰어노는 날이 올 것입니다.

아이의 분노 뒤에는 종종 불안, 좌절, 상실감, 무력감 같은 복합적인 감정이 숨겨져 있어, 감정을 조절하는 능력이 아직 발달하는 중이라, 원하는 것이 좌절될 때 강한 반응을 보일 수 있습니다.

1) 아이의 분노에 대처하는 방법

(1) 감정 인정하기

① "지금 속상하고 화났구나."
② "엄마(아빠)가 네 마음을 알아."

(2) 진정할 시간 주기

아이가 폭발했을 때는 바로 훈육하기보다 먼저 감정을 가라앉히게 도와줘야 합니다.

① "엄마(아빠)랑 숨쉬기 한번 해 볼까?" 하고 천천히 숨 쉬는 걸 보여주기
② 아이가 혼자 있고 싶어 하면 잠시 기다려 주기

(3) 안전 확보하기

① 물건을 던지거나 폭력적인 행동을 할 땐 "물건을 던지면 다칠 수 있

어 안전한 곳에서 이야기하자." 하고 차분히 제지하기
② 강하게 제압하기보다는 부드럽지만 단호한 태도로 다가가기

(4) 감정 표현 연습하기

① "화가 날 땐 이렇게 말할 수 있어. '나 지금 너무 속상해.'"
② 감정을 그림으로 표현하게 하거나, 공을 세게 던지며 감정을 풀게 해도 좋습니다.

2) 아이가 분노를 조절할 수 있도록 지도하는 방법

(1) 미리 감정 조절 방법 알려 주기

평소에 감정이 차오르기 전에 쓸 수 있도록 함께 연습해 보세요.

① "화가 나면 깊게 숨 쉬고 10초 세어 볼까?"
② "우리 쿠션을 꼭 안고 이야기할까?"

(2) 대체 행동 가르치기

① "화가 나면 손을 꽉 쥐었다 폈다 해 볼까?"
② "발을 동동 구르는 대신 손바닥으로 무릎을 탁탁 쳐 보자."

(3) 일관된 규칙 세우기

① "소리를 지르거나 물건을 던지는 건 안 돼. 하지만 엄마한테 표현하는 건 좋아."
② 분노 표현 지나칠 땐 "이건 안 돼. 하지만 네가 속상한 건 이해해."라고 알려 주기

(4) 분노의 원인을 찾아보기

아이가 자주 분노를 표출하는 상황을 살펴보고, 감정이 폭발하기 전에 대처할 방법을 고민해 봅니다. "네가 많이 힘들어하는 시간이 언제인지 한번 같이 생각해 볼까?"

(5) 분노 후 위로와 회복의 시간 갖기

① 감정이 가라앉은 후에는 꼭 아이를 안아 주거나 "괜찮아, 엄마(아빠)는 네 편이야." 같은 말로 다독여 주기
② 아이가 화를 잘 참아냈다면 "방금 네가 말로 표현해서 너무 멋졌어!"라고 긍정적인 피드백 주기

7

마음속 작은 외침, 분노로 표현되는 감정

　아이들이 쉽게 화를 내고 감정을 조절하지 못할 때, 우리는 종종 그 모습을 단순한 행동 문제로 바라봅니다. 하지만 그들의 분노는 마음 깊은 곳에서 전해지는 작은 외침일지도 모릅니다.

　불안, 좌절, 외로움, 그리고 상처가 말이 되지 못하고, 대신 분노로 표현되는 것입니다. 분노가 심한 아이들은 마치 마음속에 자리한 커다란 감정을 안고 살아갑니다.

　사소한 일에도 쉽게 화를 내고, 마음이 늘 불안정한 상태에 머무르며, 친구들과 자연스럽게 어울리지 못하는 모습을 보이기도 합니다. 놀이 속에서도 자기주장을 굽히지 못하고 갈등을 겪으며, 감정을 다스리지 못한 채 결국 분노로 마음을 표현하게 됩니다.

　이 아이들은 마치 혼자만의 세상에 갇혀 있는 듯 보이지만, 사실은 누군가에게 이해받고 싶은 마음, 다가가고 싶은 마음이 자리하고 있습니다. 하지만 그 방법을 몰라서, 스스로 보호하려는 마음에 더 강한 행동으로 표출될 뿐입니다.

그러므로 이 아이들에게 필요한 것은 따뜻한 관심과 인내심 있는 지도입니다. "화를 내지 마!"라고 다그치는 것이 아니라, "네 마음속에 어떤 감정이 있니?"라고 물어봐 주는 것이 필요합니다.

그들의 분노가 단순한 문제 행동이 아닌, **마음의 신호**임을 이해하고, 그들이 정서적으로 안정감을 찾을 수 있도록 다정한 시선으로 바라봐 주세요. 그러면 어느 순간, 차분히 마음을 표현할 수 있는 아이로 자라날 것입니다.

1) 공격성을 다루는 방법

(1) 자신의 감정을 솔직하게 부모에게 표현하는 방법을 가르칩니다

"화가 많이 났구나. 화가 난 이유 말해 줄 수 있겠니? 지금 너의 기분을 말로 표현해 볼까? 엄마가 도와줄래?" 아이가 감정을 말로 표현하여 대화로 문제를 해결할 수 있도록 도와주는 것이 중요합니다.

(2) 부모의 감정 표현을 돌아보세요

아이는 세상을 배워 가는 존재입니다. 아이는 부모의 말과 행동을 보는 모습을 습득하여 따라 합니다. 아이는 주변에서 일어나는 행동과 소리를 따라 하는 모방학습을 빠르게 따라 합니다.

만약 일상생활에서 부모가 화가 날 때 아이 보는 앞에서 소리를 지르

거나 물건을 던지거나 물건을 부수는 행동을 보았다면 아이는 화가 나면 '이렇게 행동해도 되는구나'라고 생각하고, 본인이 화가 나면 그대로 똑같이 자연스럽게 그런 행동을 하게 됩니다. 그러므로 먼저 부모가 감정을 조절하는 모습을 아이에게 보여 주어야 합니다.

(3) 에너지를 발산할 기회를 주세요

ADHD 아동은 활기차며 활동량이 많고 에너지가 넘쳐서 공격적인 난폭한 행동을 실내에서 보인다면, 밖으로 나가 공원이나 운동장에서 신나게 뛰어놀 수 있는 시간을 충분히 만들어 주는 것이 좋습니다.

(4) 심각한 경우 전문가의 도움이 필요합니다

아이가 사소한 일에도 분노할 때마다 얼굴이 붉어지고 화를 참지 못하고 손을 떨거나, 몸을 흔들거나 폭력성이 점점 심해진다면 전문가와 상담하는 것이 필요합니다.

아이의 공격적인 난폭한 행동을 보이는 것은 지금의 어려운 문제 상황을 아이가 보내는 신호일 수 있습니다. 부모는 아이가 무엇을 원하는지 아이가 왜 이렇게 화를 내는지, 왜 물건을 자주 부수는지, 무엇이 이렇게 속상한지, 아이를 잘 이해하고 파악하여 도와준다면, 아이는 더 유익하고 건강한 방법으로 자신의 감정을 솔직히 표현할 수 있습니다.

어른도 속상하면 마음이 아프고 우울하여 감정을 다스리기 어렵듯이, 아이도 아직 자신의 감정을 어떻게 해야 마음이 편안한지 조절하는 방법을 모를 뿐입니다.

그러니 아이가 별일 아닌 일로 물건을 던지고 부수는 공격적인 행동의 모습을 보인다면, 먼저 부모의 화나는 감정을 참고 그 행동을 훈육하여 바로잡기에 앞서 '이 아이가 지금 얼마나 힘들까?' 하고 아이를 이해하려고 노력하며 아이의 마음을 들여다보아야 합니다. 아이의 화난 감정을 따지지 말고 그대로 인정하고 믿어 주는 것, 그리고 부모가 화가 난 모습을 보여 주는 것이 아니라 감정을 절제하고 조절하는 모습을 보여 준다면 아이는 부모 마음을 알게 되고 가장 큰 교훈과 가르침이 됩니다.

"기분이 나빠져서 화가 날 수도 있어. 하지만 부모에게 도움을 요청할 수도 있어. 물건을 던지거나 부수지 않고 대화로 너의 감정을 말로 표현하여 문제를 해결할 수 있어."

이런 메시지를 반복해서 전하다 보면, 아이도 차츰 더 건강한 방식으로 자신이 만족하지 않은 감정을 표현하는 법을 배우게 됩니다.

부모도 공격성 있는 아이를 양육하는 데 힘들고 완벽할 수 없습니다. 중요한 건 아이와 함께 조금씩 인내하며 서로 이해하고 나아가려는 마음입니다.

지금부터라도 부모가 차분히 감정을 조절하고, 아이의 감정을 따뜻하게 받아들여 준다면 아이도 변할 수 있습니다. 아이는 부모님의 사랑을 한없이 기다립니다. 지금 이 시점부터 아이를 더 깊이 이해하고 사랑할 기회일지도 모릅니다.

그렇다고 해서 '내가 다 잘못했구나' 하고 자신을 자책할 필요는 없습니다.

중요한 건 지금부터입니다.

2) 아이의 분노, 마음이 보내는 작은 신호

(1) 불안한 마음, 분노로 말해요

아이는 새로운 환경이나 새로운 변화에 대한 불안한 마음의 두려움의 표현이 분노로 나타날 수 있습니다.

(2) 말 대신 감정으로 그리는 아이들

부모님의 관심과 애정을 필요로 할 때 감정을 말로 표현하는 능력이 부족하여 아이들이 분노로 표현방식으로 신호를 보낼 수 있습니다.

3) "나를 봐 줘!" 관심을 원하는 아이들

(1) 마음의 파도, 좌절과 스트레스가 될 때

학업의 부족, 친구와 갈등 관계 등에서 문제 해결하지 못하고 좌절감을 느끼면 그것이 분노로 이어질 수 있습니다.

(2) 다정한 이해, 따뜻한 해결의 시작

① 스스로 자기 감정을 말로 표현하도록 돕기("지금 어떤 기분이야?")

② 안정적인 정서적인 환경을 제공하기(일관된 규칙과 예측 가능한 일상)
③ 공감과 이해, 경청하기("그럴 수 있겠다"라고 인정해 주기)
④ 감정 조절하는 능력, 방법 가르치기(심호흡, 그림 그리기, 운동 등)

4) 아이들의 분노, 마음속 이야기 들어 보기

아이들의 분노는 다양한 원인에서 비롯될 수 있습니다.

(1) 불안한 마음, 분노로 말하는 아이들

아이는 아직 어려 자신의 두려움이 클 때 불안한 감정을 설명하는 능력이 부족하여 '화'로 표현합니다.
- ✔ 예시: 새로운 학교생활이 불안한 아이가 집에서 사소한 일에 쉽게 짜증 냄.

(2) 작은 좌절, 커지는 마음의 울림

자기 뜻대로 무언가를 하고 싶은데 마음대로 원하는 것이 잘되지 않거나 얻지 못하면 아이들은 갑자기 참지 못하고 소리를 치며 분노를 느낍니다.
- ✔ 예시: 친구가 놀이에서 자기 의견을 듣지 않을 때 갑자기 소리 지르고 화냄.

(3) "내 마음을 알아줘!" 관심과 애정이 필요한 신호

아이들은 혼자 놀이에서나 부모의 사랑과 관심을 받고 싶지만, 부모는 아이의 놀이상황에 관심이 없어 보이면 이를 표현하는 방법으로 부정적인 행동으로 관심 끌기도 합니다.

✔ **예시**: 부모가 바쁠 때 아이가 갑자기 떼를 쓰며 소리를 지름.

(4) 아이들의 분노, 그 속마음은?

① **좌절감**: 원하는 것이 잘 안 되거나, 자기 마음대로 되지 않을 때
② **불안감**: 새로운 환경, 낯선 사람들, 예상치 못한 변화에 대한 두려움
③ **주의 끌기**: "엄마, 아빠, 나를 좀 더 봐 줘!" 하는 마음
④ **자기표현 방법 부족**: 말로 설명하기 어려운 감정을 행동으로 표출

(5) 아이의 감정을 이해하는 방법

① 감정을 언어로 표현해 주기

"마음속에서 화가 많이 나서 답답했구나. ~하고 싶었는데 잘 안 돼서 속상해서 울고 싶어 눈물이 났어?"

② 공감 먼저, 훈육은 나중에

"괜찮아, 화가 날 수도 있지. 엄마도 가끔 그럴 때가 있어."

③ 대안 제시하기

"화내지 않고, 소리 지르지 않고, 도와주세요! 말로 하면 엄마가 더 잘 도와줄 수 있어."

④ 감정 조절하는 방법 가르치기

깊고 크게 한숨 쉬기, 스트레칭 하기, 산책하기, 자전거 타기, 손으로 꼭 쥐었다 펴기, 조용한 공간에서 혼자 생각하기 등의 방법이 있습니다.

아이가 자기 감정 조절하는 힘은 짧은 시간 안에 해결되지는 않습니다. 꾸준히 지치지 않고 부모가 아이의 감정을 인정해 주면 표현 방법을 알게 되고 아이는 더 건강하게 감정을 다룰 수 있게 됩니다.

아이의 분노는 단순한 공격적인 행동에서 오는 문제가 아니라, 아이의 속마음에 자리 잡은 불안과 좌절이 부모에게 보내는 도움을 요청하는 신호일 수 있습니다.

아이의 감정을 **공감하고, 이해하고 따뜻한 마음으로, 지도하는 것과** 스스로 감정을 표현하고, 조절하는 것 또한 중요합니다.

5) 따뜻한 이해로 이끄는 마음 성장 지도

아이가 보이는 분노를 단순히 표출하지 못하게 훈계하는 것이 아니라 그 감정을 건강하게 표현하고 아이 스스로 조절할 수 있도록 돕는 것이 무엇보다 중요합니다.

(1) 마음을 말할 수 있는 따뜻한 공간 만들기

아이가 스스로 느끼고 있는 여러 가지 감정을 말로 자유롭게 표현하도록 유도해야 합니다.

① 방법

- ✔ "너 지금 무엇 때문에 기분이 나빠 화가 났니? 왜 그런 기분이 들었을까?"
- ✔ "그렇게 속상했어? 어떤 점이 무엇 때문에, 왜, 어떻게 힘들었는지 말해 줄 수 있어?"

② Tip

아이가 어렵게 감정을 말할 때 즉시 해결하려고 하지 말고 천천히 서두르지 말고 자신이 하고 싶은 이야기를 다 하도록 끝까지 우선 충분히 들어 줍니다.

(2) "네 마음을 알아줄게" 공감과 인정의 힘

아이의 잘못을 지적하여 야단치지 말고 불안한 감정을 인정하고 감정을 이해하고 공감해 주는 것이 중요합니다.

① 방법

- ✔ "그럴 수도 있겠다. 네 마음이 이해돼. 그러나 해야 하는 것과 하지

않아야 하는 것은 분명히 있어."라고 구분되는 것을 알려 줍니다.
- ✔ "화가 날 때도 있고 속상할 때도 있어. 괜찮아.", "그래도 조금 참아 보는 것 좋지 않을까? 어떻게 생각해?"

② **Tip**

부모님이 아이의 잘못을 보고 참고 인내하며 아이에게 침착하기는 어렵겠지만 그래도 부모님이 먼저 화나는 것을 꾹 참고 "화내지 마"라고 말하는 대신, 아이의 감정을 있는 그대로 인정하며 아이와 지속적인 이야기를 풀어 간다면 아이는 건강한 아이로 성장할 것입니다.

(3) 감정을 다독이는 법, 차분한 마음 배우기

아이들은 무절제한 감정을 주어진 환경 속에서 다루는 방법을 성장 과정에서 배웁니다. 부모는 다양한 방법의 대안을 제시하여 아이가 건강한 방식으로 감정을 표현할 수 있도록 도와야 합니다.

① **방법**
- ✔ "화가 날 땐 천천히 숫자 세 번 세 보자."
- ✔ "기분이 나쁠 땐 그림으로 너의 마음을 표현하는 것 좋을 것 같다."
- ✔ "글로 써 보는 것도 좋아."
- ✔ "화가 날 땐 10초 동안 조용히 있다가 네가 마음이 풀리면 말하고 싶을 때 다시 이야기해 볼까?"

② Tip

아이가 감정을 스스로 조절하는 연습을 반복적으로 할 수 있도록 지지와 격려로 도와주세요.

6) 분노 속 숨은 감정, 따뜻하게 풀어 가는 방법

(1) 따뜻한 마음이 머무는 안정된 환경 만들기

분노 속의 쌓여 있는 감정들을 풀어 갈 수 있는 따뜻한 분위기 만들어 주면 아이가 편안하게 감정을 표현할 수 있습니다.

(2) 적은 노력에도 반짝이는 칭찬과 격려

공격적인 분노를 잘 참고, 조절하고 느끼는 감정을 건강하게 표현할 때 적은 노력에도 폭풍 칭찬해 줍니다.
"네가 폭발하고 싶은 감정을 잘 표현해 주어서 정말 기뻐!", "잘했다" 같은 긍정적인 피드백을 바로 주어 아이의 자존감을 높여 줍니다.

(3) 몸을 움직여 마음을 가볍게! 감정의 건강한 표현

아이가 스트레스를 건강하게 풀 수 있도록 부모와 함께하는 **놀이 활동, 부모 손잡고 산책하기**, 부모와 함께하는 취미활동, 텃밭 가꾸기, 등

을 함께 아이와 함께할 수 있는 것을 찾아 즐거운 시간을 함께 보냅니다.

(4) 함께 생각하고 찾는 마음의 해결책

어떠한 문제가 생겼을 때 부모가 먼저 해결해 주는 것이 아니라 문제 방법을 알려 주어 아이가 스스로 문제를 해결할 수 있도록 질문해 봅니다.
"어떻게 해야 이런 일이 발생하지 않으려면 다음엔 기분이 나아질까?"라 물어보며 대안을 제안하고 아이가 스스로 해결 대안을 찾게 도와줍니다.

(5) 아이의 마음을 보듬는 부모와 보호자의 역할

① 아이의 감정을 해석하려고 하지 말고 있는 그대로 인정하고 받아 주세요.
② 공격적인 행동을 강압적으로 통제하고 훈계하기보다, 침착하고 지도해 주세요.
③ 부모도 화가 날 수 있지만, 아이 앞에서 감정을 적절히 조절하여 부모가 먼저 감정을 건강하게 표현하는 모습을 보여 주는 것이 아이 마음을 안정시킬 수 있습니다.

8

교사 약 올리는 아이

　오늘도 교실은 아이들의 웃음과 소리로 가득했습니다. 교사의 지시대로 색연필을 들고 그림을 그리는 아이들 사이에서, 하나의 아이는 조금 달랐습니다.
　선생님의 지시를 무시하고, 장난을 치며 웃고, 친구들에게 장난감을 던졌습니다. 아이의 눈빛이 교사의 반응을 살피는 것처럼 보였습니다. 그 눈빛은 마치 '교사가 어떤 반응을 할까?'라는 질문을 던지는 듯했으며 교사는 깊이 고민했습니다.
　'이 아이가 나를 시험하고 있나?'라는 생각이 떠올랐지만, 그 생각을 뒤로 하고 교사는 아이에게 다가갔습니다. 아이는 교사가 자신을 다가오는 걸 보며 미소를 지었습니다. 그 미소는 어딘가 불안정했지만 동시에 교사의 반응을 기대하는 듯했습니다. 그 순간, 아이의 마음속 깊은 곳에서 울리고 있는 소리가 들렸습니다. '나는 관심을 원해.'라고 말하는 듯했습니다.
　교사는 그제야 이해했습니다. 아이는 단순히 장난을 치는 것이 아니라, 교사의 반응을 통해 자신을 인정받고 싶었던 것입니다. 그 미소 뒤에는, 말로 표현할 수 없는 외로움과 불안함이 숨겨져 있었을지도 모른다고 생각했습니다. 교사는 천천히 아이에게 다가갔습니다.

"네가 하고 싶은 걸 알겠어. 하지만 친구들이 다치면 안 돼. 우리 함께 놀자." 하고 말하자 아이의 눈이 흔들렸습니다.

그 눈빛은 이제 장난이 아니었습니다. 그 속에 교사를 향한 의지와 기대가 담겨 있었습니다.

그날, 교실에서 가장 중요한 수업은 교사와 아이와 마음의 교감이었습니다. 교사는 단순히 규칙을 가르치는 것이 아니라, 아이의 감정을 헤아려 주고, 그 아이가 진정으로 원하는 것이 무엇인지를 알아 가고자 했습니다. 그 과정에서 교사는 아이를 이해하며, 아이도 자신을 조금씩 열어 가게 되었습니다. 그 아이는 장난이 아닌, 사랑과 관심을 원했던 것입니다. 교사는 그 마음을 깨닫고, 오늘도 아이와 함께 성장하는 기쁨을 느껴 봅니다.

교사를 약 올리는 행동을 보이는 아이는 보통 **교사의 관심을 끌려 하거나, 권위에 도전하려 하거나, 감정을 표현하는 방법을 잘 모르는 경우**가 많아. 아이의 행동이 반복되면 교사뿐만 아니라 또래 관계에서도 문제가 생길 수 있어 적절한 대처와 지도가 필요합니다.

1) 아이가 교사를 약 올리는 이유 파악하기

아이가 이런 행동을 하는 이유에 따라 접근 방법이 달라집니다.

(1) **교사의 관심을 끌려는 경우** → 긍정적인 관심을 먼저 제공

(2) **권위에 도전하려는 경우** → 단호한 태도로 일관성 있게 지도

(3) **감정을 표현하는 방법을 모르는 경우** → 감정 조절 방법 가르치기

2) 교사의 대처 방법

즉각적으로 감정적으로 반응하지 않아야 합니다.

(1) 무시하거나 차분하게 대하기
(2) 유머나 무덤덤한 태도로 넘기기
(3) 명확하고 짧게 경고하기

예를 들어, 아이가 교사를 약 올리려고 의도적으로 장난을 친다면,

- "지금 장난치는 거니? 나는 장난에 반응하지 않아."
- "너와 계속 대화하고 싶지만, 그렇게 하면 대화를 멈출 거야."

이렇게 차분하면서도 단호하게 반응하는 게 좋습니다.

3) 교사 약 올리는 아이 지도 방법

(1) 긍정적인 관심 제공하기

아이가 관심을 원해서 약 올리는 거라면, 장난이 아니라 **좋은 행동을 했을 때** 먼저 관심을 기울여야 합니다.

① "지금 조용히 잘 참여하고 있구나, 멋져!"
　　이렇게 하면 부정적인 행동이 줄어들 가능성이 큽니다.
② **행동의 결과를 명확히 하기**
　　아이에게 약 올리는 행동 결과를 명확히 설명해야 합니다.
- ✔ "화를 내거나 소리를 지르면 네 얘기를 듣지 않을 거야. 다시 말해 줄래?", "조금 다르게 이야기해 주면 더 잘 들어줄 수 있을 것 같아."
- ✔ "그렇게 하면 놀이 시간이 줄어들어."

이처럼 결과를 명확히 하면 아이가 행동을 조절에 도움이 됩니다.

(2) 감정 표현 방법 가르치기

아이에게 감정을 장난으로 표현하지 않고 말로 표현하는 방법을 가르치는 게 중요합니다.

① "지금 장난치는 것 같은데, 속으로 어떤 기분이야?"
② "그냥 장난이 아니라, 말로 네 기분을 이야기해 줄 수 있겠니?"

이렇게 감정을 말로 표현하도록 유도하면 점점 행동이 바뀔 것입니다.

(3) 일관된 태도 유지하기

한 번은 단호하게 대처하고, 또 한 번은 웃으며 넘어가면 아이는 혼란스러워합니다. 따라서 **항상 같은 원칙을 적용해야 합니다.**

4) 구체적인 상황별 예시

(1) 상황 1: 교사의 말을 반복해서 따라 하며 약 올림

① 대처법: "장난은 대화가 아니야. 나는 대화를 하고 싶어."
② 지도법: "네 생각을 직접 말로 표현해 줄래?"

(2) 상황 2: 일부러 엉뚱한 대답을 하며 놀리는 경우

① 대처법: "수업을 방해하면, 너한테 질문할 기회를 줄일 거야."
② 지도법: "장난이 아니라 네 진짜 생각을 듣고 싶어."

(3) 상황 3: 교사의 반응을 보려고 도발적인 말을 하는 경우

① 대처법: 감정적으로 반응하지 않고, 단호하게 **"그런 식으로 말하면 마음이 상해. 대화를 계속하기 어려워."**
② 지도법: 아이가 긍정적으로 말했을 때 관심 보여 주기.

아이가 교사를 약 올리는 행동은 **권위 도전보다는 관심과 감정 표현의 방법을 모르는 경우가 많습니다.**

감정적으로 반응하지 않고 차분하면서도 단호하게 대처하면 점점 행동이 개선될 것입니다.

5) 아이와 교사의 보이지 않는 줄다리기 해결방안

아이와 교사 사이에서 **보이지 않는 줄다리기**가 일어나는 이유는 주로 **통제권 싸움, 관심 유도, 감정 조절 미숙** 때문입니다. 줄다리기를 계속하면 교사는 지치고, 아이는 점점 더 도발적인 행동을 할 수도 있습니다. 그래서 줄다리기 자체를 없애거나 최소화하는 전략이 필요합니다.

(1) 약 올리는 아이와 줄다리기 자체를 피하는 방법

감정적으로 반응하지 않아야 합니다.

① 아이가 도발해도 **덤덤한 태도** 유지
② 감정적으로 반응하면 아이는 '내가 이길 수 있겠다' 생각하고 더 심해집니다.
   ✔ 예: 아이가 "나 이거 안 할 거야!"라고 하면, **"왜 안 해? 너 지금 장난하는 거야?"**(감정적 대응)
   "안 해도 괜찮아. 하지만 이 활동이 끝나면 다음 단계로 넘어가

야 해."(차분한 대응)

(2) 아이에게 줄다리기 대신 '선택권' 주기

아이가 통제권을 가지려고 하면, 교사가 "네가 선택할 수 있어"라고 하면 긴장이 풀릴 수 있습니다.

① **질문형으로 유도**
  ✔ "지금 바로 할래, 아니면 5분 후에 할래?"
  ✔ "네 방식대로 할래, 내가 알려 준 방법대로 할래?"
② **작은 선택권이라도 주기**
  ✔ "빨간색으로 할래? 파란색으로 할래?"(과제)
  ✔ "네 자리에서 할래, 여기 앉아서 할래?"(수업 참여)
  → 아이가 자기 결정권을 가졌다고 느끼면, 반항할 이유가 줄어들 수 있습니다.

(3) 권위적인 태도 대신 '유연한 태도' 유지하기

① **아이와 협상하는 법 배우기**
  "네가 이걸 하면, 난 이렇게 해 줄게."(적절한 보상 활용)
② **공감하고 인정하기**
  "지금 하기 싫을 수도 있지. 하지만 해야 할 일이야."
③ **일관성 유지하기**

오늘은 허용하고 내일은 안 된다고 하면, 아이는 더 선생님을 약 올리는 것이 심해집니다. **항상 같은 원칙을 유지해야 합니다.**

(4) 보상과 결과를 명확히 하기

아이에게 **행동의 결과**를 미리 알려 주면, 줄다리기가 줄어들 수 있습니다.

① **긍정적 보상시스템 활용**
 "과제를 다 끝내면 5분 동안 네가 좋아하는 활동을 할 수 있어!"
② **자연스러운 결과 경험하게 하기**
 "이걸 안 하면, 네가 원하는 다음 활동은 할 수 없어."(단, 협박처럼 들리지 않게 해야 함)

(5) 아이의 감정을 먼저 다루기

줄다리기는 보통 감정에서 시작됩니다. 감정을 먼저 인정하면 아이도 덜 반항합니다.

① "네가 지금 속상한 것 알지만 해야 할 일은 해야 해."
② "지금 네 마음은 이해하지만, 이건 해야 하는 일이야."
  → **감정을 받아 주면, 아이가 줄다리기를 덜 하려고 합니다.**

(6) 아이와 줄다리기가 예상될 때, 이렇게 해 보세요

① 아이: "이거 하기 싫어!"
  → **감정적 반응 ×.** "하기 싫을 수도 있지. 그런데 해야 할 일이야. 네가 선택할 수 있어. 지금 할래, 5분 뒤에 할래?"
② 아이: (계속 반항하며 질질 끌기)
  → **덤덤하게 대응.** "알겠어. 네가 결정할 시간을 줄게. 하지만 그 동안 이 활동을 할 수 없어."
  → **줄다리기를 피하면서도, 교사의 원칙을 유지하는 방법**

(7) 줄다리기를 해결하는 핵심

① 감정적으로 반응하지 않기
② 선택권을 주면서 통제권을 나누기
③ 일관된 원칙을 유지하기

이렇게 하면 **아이도 통제받는다는 느낌보다 '스스로 결정했다'는 느낌**을 받고, 불필요한 줄다리기를 줄일 수 있습니다.

9

놀이 속에서 자라는 아이들

　오늘도 아이들은 놀이 속에서 성장합니다. 작은 손으로 물감을 찍으며 형체를 만들어 가고, 색을 섞으며 새로운 변화를 경험합니다.

　오늘 수업에서는 '형 따라 그리기' 활동을 한 후, 물감을 이용한 찍기 놀이를 이어 갔다. 아이들은 촉감의 재미를 느끼며 몰입했고, 웃음소리가 교실을 가득 채웠습니다.

　하지만 한 아이는 놀이의 흐름을 따르지 않고 자기만의 방식으로 움직였습니다. 친구들이 함께 만드는 놀이의 규칙을 깨뜨리고, 교사의 반응을 살피며 장난을 치고 교사가 제지하면 오히려 헤헤 웃으며 반응을 즐겼고, 친구들에게 장난감을 던지기도 했습니다.

　친구가 맞아 울면 교사를 바라보며 어떤 반응을 보일지 지켜보았습니다. 그러다 예상치 못한 일이 벌어졌습니다. 아이가 뛰어가다가 어딘가에 부딪혀 고성이 났고. 순간, 교실은 정적에 휩싸였습니다.

　교사는 급히 달려가 응급처치를 했습니다. 아이는 아픈 와중에도 교사의 얼굴을 살피며 반응을 읽으려 했습니다. 교사는 천천히 아이의 눈높이에 맞춰 앉았습니다. 따뜻한 손길로 아이를 진정시키며 차분한 목소리로 말했습니다.

"많이 놀랐지? 괜찮아, 이제 괜찮아질 거야."

아이의 손을 살며시 잡아 주자, 장난스러웠던 표정이 차츰 사라졌습니다. 놀이의 흐름을 방해하던 아이도 사실은 관심과 교사의 따뜻한 손길이 필요로 했던 것입니다. 교사는 아이에게 놀이 속에서 함께하는 즐거움을 알려 주기로 마음먹었습니다.

놀이란, 혼자만의 세계가 아니라 함께 만들어 가는 과정이라는 것을, 친구들과 어울려 놀며 서로 배려하고, 작은 규칙을 지키는 것이 얼마나 신나는 일인지 아이가 깨닫길 바라며. 그렇게 오늘도 아이들은 놀이 속에서 한 뼘 더 자라났습니다.

교사를 약 올리거나 도발하는 행동을 보이는 아이들은 장난일 경우도 있지만, 주의를 끌기 위한 감정을 표현하는 방식일 수도 있습니다. 이럴 때는 감정적으로 반응하기보다 차분하고 일관성 있는 태도가 중요합니다.

선생님 약 올리는 아이가 장난인지 진심인지 파악하는 방법은 다음과 같습니다.

1) 아이의 의도를 파악하기

(1) **장난**: 단순히 재미로 친구들에게 과시하려고 하는 경우
(2) **진심(반항/도전)**: 감정을 표현하는 방식일 수 있음(예: 좌절, 관심 욕구)

2) 대처 방법

(1) 무관심 전략(강화 줄이기)

가벼운 장난이라면 크게 반응하지 않고 무심하게 넘기는 것도 방법입니다.
웃거나 화내면 아이가 "이 방법이 효과적이네!"라고 학습할 수 있습니다.

(2) 단호하지만 감정적이지 않게 말하기

"그렇게 말하면 선생님 기분이 좋지 않아", "선생님 놀리는 건 수업 방해하는 행동이야"처럼 짧고 명확한 문장으로 전달합니다.

(3) 긍정적인 주목 사용하기

아이가 교사를 약 올리지 않고 적절한 행동을 했을 때 칭찬해 줍니다.
"지금처럼 차분히 이야기해 주니 정말 좋다."
좋은 행동이 주목받는다는 걸 배우게 됩니다.

(4) 아이의 감정 읽어 주기

"지금 기분이 안 좋아서 그러는 거야?", "화가 나면 말로 표현하는 게 좋아."

감정을 이해받는다고 느끼면 반항이 줄어듭니다.

(5) 규칙 정하기

"교실에서는 서로 존중하며 이야기해야 해."
아이가 반복하면, 미리 정한 규칙에 따라 자연스럽게 행동을 조절합니다.

3) 지도 시 주의할 점

(1) 과하게 감정적으로 대응하지 않기
(2) 모든 행동을 장난으로만 여기지 않기
(3) 즉각적인 처벌보다는 지도 중심으로 가기

4) 교사 약 올리는 아이 교육법

교사는 아이들과 함께 생활하는 공간에서 일어나는 다양한 사건들은 교사를 힘들게 할 때도 종종 있습니다. 그래도 교사는 아이들을 위해 용기 내 봅니다.

교사를 웃으면서 약 올리는 아이를 지도할 때 먼저 중요한 점은 교사에게 일어날 수 있는 감정에 반응하기보다는 침착하고 차분하고 일관된 태도로 아이와 끊임없이 소통하는 것입니다.

(1) 아이의 행동 뒤에 숨은 이유 파악하기

아이들이 교사를 약 올리는 돌발행동은 주로 자유 활동 시간 또는 점심시간 이후에 일어납니다. 보통 그 뒤에는 교사의 관심을 끌고 싶거나, 교사와 아이가 심리전 하려는 욕구가 숨겨져 있을 수 있습니다.

아이가 왜 이런 행동을 하는지 아이가 보여 주는 특별한 사건이나 행동을 중심으로 주의 깊게 관찰하고, 그 감정을 풀어줄 수 있는 방법을 찾는 것이 중요합니다.

예를 들어, 자신감이 부족하거나, 친구들과의 사회적 어려움의 관계에서 어려움을 겪고 있을 수 있습니다.

(2) 차분한 태도로 일관하기

아이의 약 올림에 반응하여 교사는 감정적으로 반응하거나 "얘가 왜 저래" 하며 화를 내지 않도록 주의해야 합니다.

아이가 교사 반응을 유도하려고 계속해서 교사에게 와서 힘들게 할 때, 참고 교사는 침착하게 일관된 태도로 대처해야 합니다.

예를 들어, 아이가 장난으로 계속 약 올리려고 행동할 때 웃거나 미소를 지으며 더 친절하게 "이런 장난은 수업에 방해가 돼서 함께 잘할 수 없겠지?"라고 부드럽게 말할 수 있습니다.

(3) 경계 설정과 긍정적인 피드백

아이에게 분명하고 정확한 놀이 경계를 설정하고 아이에게 분명하게 이야기해야 하며 긍정적인 행동에 했을 때는 칭찬해 주어야 합니다.

예를 들어, "교실에서는 서로 존중하는 것이 중요해. 만약 잘 하지 않으면 우리 모두 재미있는 활동을 할 수 없어."라고 설명하며 규칙을 더 알려 줄 수 있습니다.

아이가 잘했을 때는 칭찬을 통해 그 행동을 강화하는 것이 좋습니다.

(4) 친구와의 관계 개선 유도

아이들이 교사를 약 올리거나 방해할 때, 다른 아이들이 교사 약 올리는 장면을 본다면 이런 경우 친구들과 관계에서 어려움을 겪고 있을 가능성 있고 친구들이 이 아이를 싫어할 수 있습니다.

그래서 친구와 함께 활동할 기회를 제공하고, 서로 협력하며 문제를 해결하도록 곁에서 유도하는 방법이 효과적입니다.

(5) 일관된 규칙과 후속 조치

수업 시간이나 자유 놀이 시간에 아이가 계속해서 교사를 약 올리거나 장난을 칠 경우, 행동을 그대로 방치하는 것이 아니라 일관된 규칙과 후속 조치를 적용하는 것이 중요합니다.

아이들과 함께 교실 규칙을 만들고 정하여 수업에 참여하지 못하는 결과나, 별도의 정리 시간 등 후속 조치를 부드럽게 알립니다.

그리고 그에 따라 규칙적인 행동을 할 수 있도록 합니다. 그러나 후속 조치는 처벌이 아닌 아이들이 지킬 수 있는 교육적인 기회를 제공하는 방식으로 해야 합니다.

(6) 감정을 조절하는 방법 가르치기

아이에게 사람을 괴롭히는 자기 감정을 조절하는 방법을 가르쳐 주는 것도 아이에게 도움이 됩니다. 친구 괴롭히는 장난이나 교사 약 올림이 단순한 교사의 관심 끌기가 아니라 어쩌면 불안감이나 스트레스에서 오는 것일 수 있기 때문입니다.

아이와 함께 "네가 느끼는 감정을 어떻게 표현할 수 있을까?"라는 질문을 던져 보며, 다양한 감정 표현 방법을 연습 기회를 제공하는 것도 아이의 감정 조절에 도움이 됩니다.

(7) 신뢰와 관계 형성

마지막으로, 아이와의 교사의 이해와 신뢰를 쌓는 것이 무엇보다 가장 중요한 부분입니다.

아이가 교사를 신뢰하고 따라갈 수 있도록 믿음을 주고 일관적인 교사의 보살핌과 아이의 좋은 행동을 볼 때 즉각 칭찬하고 장려하며, 아이의 감정과 생각을 존중하는 태도를 보여 주어야 합니다.

시간이 지나면서 아이는 교사를 따르고 좋아하게 되고 집에 가면 선생님이 자기에게 지도한 모습을 보고 그대로 놀이하게 됩니다.

아이는 이렇게 교사 관계에서 안정감을 느끼고, 더 이상 약 올리는 행동을 하지 않게 될 가능성이 큽니다.

이 모든 방법은 일관되게 적용되며, 아이가 점차 교사와의 관계에서 안전하고 긍정적인 느낌을 받을 수 있도록 도와준 교사의 노력 덕분입니다.

10

교실 속
작은 마음의 갈등

　교실 안, 아이들은 책상에 앉아 수업을 듣고 있었습니다. 하지만 한 아이는 자꾸만 다른 친구들을 괴롭히고, 교사를 약 올리며 수업에 집중하지 못했습니다.

　교사는 아이가 계속해서 장난을 치는 걸 보고, 처음엔 참고 더 자극적인 행동을 보이자 마음속으로 갈등이 시작되었습니다. 교사는 처음에 부드럽게 "아이야, 지금은 수업 시간이니까 친구들과 함께 집중해 볼까?"라며 아이에게 말을 건넸습니다.

　그러나 아이는 교사를 힐끔 보며 웃고, 고의로 책을 던지거나 친구를 밀치는 행동을 했습니다. 교사는 속으로 '어떻게 대처해야 할까?' 고민하면서도, 표정은 차분하게 유지하려 했습니다. 감정적으로 반응하는 것은 오히려 아이의 행동을 부추길 수 있다는 것을 알고 있었습니다. 교사는 다시 한번 조용히 다가가 아이의 눈을 맞추며 말했습니다.

　"지금 그 행동을 하면 우리가 다 함께 잘할 수 없어요. 너도 알고 있잖아, 우리가 좋은 시간 보내고 싶지 않니?"

아이는 잠시 멈칫하더니, 교사의 말에 아랑곳하지 않고 다른 아이를 놀리며 대답했습니다. 그때 교사는 순간적으로 강하게 다가가며 말했습니다.

"아이야, 나는 너의 행동이 다른 친구들에게 어떻게 느껴지는지 생각해 봐야 한다고 생각해. 너의 행동이 계속되면, 수업을 계속할 수 없게 될 거야. 그건 모두가 재미있는 시간을 보내지 못하는 거야."

이 말을 듣고 아이는 잠시 고개를 숙였고, 교사는 아이에게 신뢰를 주면서 말을 이어 갔습니다. "너는 정말 똑똑하고, 잘할 수 있는 아이야. 그걸 다 보여 줄 수 있도록 도와줄게. 하지만 서로를 존중하면서 함께해야 해."

그날 이후, 아이는 교사의 꾸준한 관심과 부드러운 지도를 받으면서 점차 수업에 집중하는 모습을 보였습니다. 물론 완벽하지는 않았지만, 교사는 아이에게 긍정적인 피드백을 계속 주었고, 아이는 서서히 변하기 시작했습니다.

교사의 대처법은 아이가 원하는 대로 따라가려 하지 않고, 아이에게 존중과 신뢰를 보이면서도 분명한 한계를 설정하는 것이었습니다. 아이가 자신감을 얻고, 교사와의 관계에서도 긍정적인 변화를 가져오는 중요한 요소였습니다.

교실에서 교사를 약 올리거나 도발하는 아이는 보통 **관심을 끌려는 의도, 권위에 도전하려는 성향**, 또는 **자신의 감정을 조절하는 방법을 모르는 경우**가 많습니다.

이런 아이들을 지도할 때는 감정적으로 대응하지 않고, 차분하면서도 일관성 있는 태도를 유지하는 것이 중요합니다.

1) 원인 파악하기

(1) **관심 부족**: 아이가 주목받고 싶어 일부러 교사를 도발하는 경우
(2) **규칙과 권위에 대한 저항**: 자기 의사를 강하게 표현하려는 성향
(3) **감정 조절 미숙**: 화가 나거나 속상한 감정을 말 대신 행동으로 표현
(4) **또래에게 과시**: 친구들에게 강한 모습을 보이려는 의도

2) 교사의 대처 방법

(1) **감정적으로 반응하지 않기**
→ "너 때문에 화가 난다" 같은 감정 표현을 자제하고, 차분하고 단호한 태도 유지

(2) **일관된 규칙 적용**
→ "이런 행동은 우리 반에서 허용되지 않아."(규칙을 명확히 제시)

(3) **강한 반응보다 무반응 또는 차분한 대응**
→ 약 올리는 행동을 했을 때 과하게 반응하면 아이가 더 흥미를 느낄 수 있음
→ 무시할 수 있는 것은 무시하고, 행동이 지속되면 간단한 경고 후 후속 조치

(4) **긍정적인 관심 보여 주기**
→ 올바른 행동을 할 때는 즉시 칭찬해 주어 긍정적인 방식으로 관심을 받을 수 있도록 유도

(5) 유머 활용하기
→ 심각하게 반응하기보다 가볍게 넘기면 아이도 지루함을 느끼고 행동을 멈출 가능성이 큼
→ 예: "오, 너 오늘 개그맨이네~ 하지만 수업할 땐 개그 금지야!"

(6) 또래 앞에서 망신 주지 않기
→ 공개적인 꾸지람은 반항심을 키울 수 있으므로 따로 불러 조용히 이야기

3) 지도 방법

(1) 감정 표현을 가르치기
→ "화가 나면 말로 표현하는 연습을 해 볼까?"

(2) 자기 조절 방법 가르치기
→ "장난을 치고 싶을 때 어떻게 하면 좋을까?" 대안적인 방법 제시

(3) 책임감 부여하기
→ 교사나 친구들에게 했던 행동이 어떤 영향을 미쳤는지 생각해 보도록 유도

교사를 약 올리는 행동이 반복된다면 단순한 장난이 아니라 더 깊은 원인이 있을 수 있습니다. 이럴 때 **아이의 심리적 욕구(관심, 인정 욕구)를 채워 줄 방법을 함께 고민하는 것도** 중요합니다.

11

아이의 작은 변화와 교사의 믿음

　교실 안은 햇살이 창문을 통해 따뜻하게 스며들며, 아이들의 웃음소리로 가득 차 있었습니다. 수업은 순조롭게 진행되고 있었지만, 그 속에서도 한 아이는 마치 교사와의 작은 싸움을 즐기는 듯한 모습이었습니다.

　아이는 수업 중간에 고의로 교구를 흩뿌리며 친구들에게 장난을 치기 시작했습니다. 그러다 조금씩 교사의 인내심을 시험하려는 듯, 눈을 마주치고는 웃으며 살짝 장난스레 말했습니다.

　"선생님, 이거 너무 어려워요. 못 하겠어요!"

　교사는 그 말에 조금 당황했지만, 차분한 미소로 "괜찮아, 아이야 한 번 더 해 보자. 어려워도 괜찮아"라고 말하며 아이를 격려했습니다.

　그럼에도 아이는 계속해서 자신이 선생님을 약 올리듯 조금씩 과한 행동을 하기 시작했습니다. 교구는 쏟아지고, 친구들은 피곤해 보였으며, 넛넛은 아이의 장난에 화가 나고 있었습니다.

　하지만 교사는 마음속으로 깊은 숨을 들이마시며, 조용히 생각을 정리했습니다. '아이에게 화를 내면, 그게 바로 원하는 것일 텐데…'라고 속으로 다짐했습니다. 화를 내면 아이는 더 신나서 계속해서 반응을 유도하고 있습니다. 대신 교사는 침착하게, 아이들이 돌아보지 못한 친구들을 챙기기로 했습니다.

그때, 교실의 한구석에서 친구가 괴로워하는 소리가 들려왔습니다. 아이의 장난에 피해당한 친구가 눈물을 흘리며 교사에게 다가왔습니다.

"선생님, 쟤가 블록을 던져서 머리에 맞았어요."

아이에게 눈길을 주지 않으면서도, 친구에게 다가가 조용히 말하였습니다.

"괜찮아, 너희는 잘하고 있어. 선생님이 도와줄게."

교사는 친구를 위로하며, 다른 아이들에게도 차례차례 다가갔습니다. 그리고 잠시 후, 교구를 하나씩 정리하며 수업을 다시 시작했습니다.

그때, 아이는 살짝 눈치 보듯, 조금 부끄러운 표정으로 교구를 정리하기 시작했습니다. 마치 자신이 만든 작은 혼란을 정리하는 것처럼.

"아이야, 이렇게 함께 정리하면 더 재미있는 시간을 만들 수 있어. 같이 해 볼래?"

교사는 부드럽게 아이에게 다가갔습니다. 아이는 잠시 망설였지만, 결국 교사의 따뜻한 손길에 마음이 풀려 조금씩 함께 정리하기 시작했습니다.

"다음엔, 친구들하고 함께 하는 걸 더 좋아하게 될 거야."

교사는 아이에게 작은 미소를 건넸습니다. 아이는 그 미소를 받은 후, 교사의 얼굴을 잠시 바라보다가 고개를 끄덕였습니다. 이제는 자신도 누군가를 괴롭히는 대신, 함께 협력하는 것이 더 나을 것 같다는 생각이 들었습니다.

교사는 그렇게 교실 안의 작은 갈등을 마음속에서 풀어내며, 아이들에게 신뢰와 사랑을 계속 보내기로 했습니다. 오늘의 수업은 그 어떤 화려한 교구보다 더 값진 깨달음을 준 하루였습니다.

'아이의 작은 변화와 교사의 믿음'은 유아교육에서 매우 중요한 부분입니다.

1) 아이의 작은 변화

아이는 하루아침에 극적으로 변하지 않습니다. 하지만 작은 행동 변화들이 쌓이면 결국 큰 발전으로 이어질 수 있습니다.

예를 들어, 평소 쉽게 짜증 내던 아이가 한 번 참고 표현하려고 노력하는 순간 놀이 중 친구와 처음으로 장난감을 양보하는 모습 새로운 환경에서 처음에는 힘들어합니다.

그러나 점차 적응해 가는 과정, 이처럼 사소해 보이는 변화들이 아이에게는 큰 성장의 신호가 될 수 있습니다.

2) 교사의 믿음

교사가 아이의 가능성을 믿어 수고, 변화의 순산을 포착해 긍정적인 피드백을 주면 아이는 더 자신감을 갖게 됩니다.

"네가 친구에게 양보하는 모습이 정말 멋졌어!"

"오늘은 어제보다 더 오랫동안 집중했구나!"

이런 말 한마디가 아이의 태도를 바꾸고, 더 나은 행동을 하도록 동기를 부여합니다.

작은 변화에 대한 교사의 믿음이 아이의 성장으로 이어진다는 것이 핵심입니다. 어떤 작은 변화라도 소중하게 여기고, 긍정적인 시선으로 바라보는 것이 중요합니다.

12

친구 약 올리기 좋아하는 아이

초록 반에 다니는 아이는 장난치는 걸 너무 좋아하는 아이였습니다. 하지만 아이의 장난은 친구들을 웃게 하는 장난이 아니라, 친구들을 화나게 만드는 장난이었습니다.

어느 날, 미술 시간에 친구들은 각자 멋진 그림을 그리고 있었습니다. 아이는 알록달록한 무지개를, 아이는 커다란 로봇을 정성껏 색칠했습니다. 그런데 아이는 그림을 다 그리자마자 찢어 버리며 깔깔 웃었습니다.

"하하! 내 그림이 사라졌어!"

선생님이 다가와 물었습니다.

"아이야, 왜 그림을 찢었니?"

"그냥 재미있어요! 그리고 친구들 그림도 찢으면 어떻게 될까 궁금해요!"

그 말을 들은 친구들은 깜짝 놀랐습니다. 특히 다른 아이는 그림을 꼭 안고 멀리 도망쳤습니다. 하지만 아이는 그림 안고 달아난 다른 아이의 그림을 슬쩍 가위로 잘라 버렸습니다.

"이러면 로봇이 사라지겠지?"

당한 아이는 화가 나서 눈물을 뚝뚝 흘렸습니다. 그런데 아이는 그런 친구를 보며 더 신이 났습니다.

"우와! 진짜 화났네!"

그날 오후, 친구들은 블록 놀이를 하고 있었습니다.

아이는 친구들이 만든 블록 탑을 하나씩 살짝 밀었습니다. 블록이 와르르 무너지자 친구들은 놀라고 속상해했습니다. 하지만 아이는 또 깔깔 웃으며 뛰어다녔습니다.

"이거 재밌다! 또 해 볼까?"

그때, 선생님이 조용히 다가와 아이에게 말했습니다.

"아이야, 친구들이 기분이 어때 보이니?"

아이는 주위를 둘러보았습니다. 다른 아이는 입을 삐죽이며 삐딱하게 앉아 있었고, 또 다른 아이는 팔짱을 낀 채 화가 난 얼굴이었습니다. 또 다른 친구들도 다들 시무룩해 보였습니다.

그제야 아이는 자신이 한 장난이 친구들에게 즐겁지 않다는 걸 알게 되었습니다. 선생님이 부드럽게 말했습니다.

"장난은 모두가 즐거울 때 좋은 거야. 친구들이 속상하면 그건 장난이 아니라 친구를 힘들게 하는 행동이 되는 거란다."

그 말을 듣고 아이는 조용히 생각에 잠겼습니다. 그리고 다른 아이에게 다가가 말했습니다.

"미안해, 친구야. 네 그림을 망가뜨려서 속상했지?"

친구는 고개를 끄덕였습니다. 아이는 색종이를 꺼내 친구와 함께 새 그림을 만들었습니다. 이번에는 찢지 않았습니다.

그날 이후로 아이는 친구들이 기분이 나쁜 장난은 하지 않기로 결심했습니다. 친구들과 함께 웃을 수 있는 장난을 찾아보기로 한 것입니다.

1) 친구 약 올리기 좋아하는 아이의 속마음은?

친구를 약 올리는 행동은 여러 가지 이유에서 비롯될 수 있습니다.
아이의 속마음은 단순한 장난일 수도 있지만, 그 이면에는 여러 감정과 욕구가 숨겨져 있을 수 있습니다. 아이가 왜 그런 행동을 하는지 이해하면 더 효과적으로 지도할 수 있습니다.

(1) "나는 주목받고 싶어!"(관심을 끌기 위한 행동)

아이들은 부모님이나 선생님, 친구의 관심을 받고 싶어 합니다.

① 친구를 놀리면 **반응이 즉각적**으로 나오기 때문에 더 즐겁게 느낄 수 있습니다.
② 친구가 화를 내거나 속상해하면 '내가 영향을 줄 수 있구나!'라는 느낌을 받습니다.
③ 부모님이 **부정적인 반응이라도** 보이면 '나한테 신경 쓰네!'라고 생각할 수 있습니다.

✔ **속마음**: "내가 이렇게 하면 사람들이 나를 더 봐 주겠지?"

✔ **해결 방법**: 아이가 **긍정적인 방법으로 관심을 받을 수 있도록** 도와주기

(2) "내가 우위에 서고 싶어!"(힘의 균형을 조절하려는 행동)

① 친구를 약 올리면 **내가 더 우월한 위치**에 있다는 기분이 듭니다.
② 특히 또래 친구들과의 경쟁에서 **자신감을 얻기 위해** 이런 행동을 할 수 있습니다.
③ 약 올릴 때 친구가 반응하면 '내가 이겼다!'는 느낌이 들 수 있습니다.

✔ **속마음**: "내가 이렇게 하면 내가 더 강해 보일 거야!"
✔ **해결 방법**: 아이가 건강한 방식으로 **자기 효능감**을 느낄 수 있도록 도와주기(예시: "네가 친구를 도와주면 더 멋진 사람이야!")

(3) "나는 감정을 조절하는 게 어려워!"(자신의 감정을 표현하는 방법을 모름)

① 아이가 스트레스를 받거나 화가 날 때, 그 감정을 **장난으로 표현**할 수 있습니다.
② 말로 표현하기보다는 **행동으로 푸는 방식**이 익숙할 수 있습니다.
③ 친구를 놀리면서 "나도 힘들어!"라는 신호를 보내는 것일 수도 있습니다.

- ✔ **속마음**: "내 마음이 답답한데 어떻게 해야 할지 모르겠어!"
- ✔ **해결 방법**: 아이가 감정을 말로 표현할 수 있도록 도와주기(예: "화가 나면 이렇게 말해 보자!")

(4) "나는 재미있게 논다고 생각했어!"(사회적 기술이 부족함)

① 친구가 웃거나 반응하면 '이게 재밌는 거구나!'라고 착각할 수 있습니다.
② 하지만 친구는 속상한데, 아이는 그걸 인식하지 못하는 경우가 많습니다.
③ "내가 말하면 친구가 반응해!"라는 경험이 반복되면, 약 올리는 행동이 습관이 될 수도 있습니다.

- ✔ **속마음**: "이게 친구랑 재미있게 노는 방법 아닌가?"
- ✔ **해결 방법**: "장난과 약 올림의 차이"를 가르쳐 주고, **대체 행동**을 알려 주기(예: "친구랑 같이 웃을 수 있는 말을 해 볼까?")

(5) "내 기분이 안 좋아서 그래!"(스트레스 해소 목적)

① 힘든 일이 있거나 속상할 때, 다른 친구를 괴롭히면서 감정을 풀려는 경우도 있어요.
② 부모님과의 관계, 학습 스트레스, 동생과의 갈등 등 여러 이유로 속상한 감정을 가지고 있을 수 있어요.

③ 약 올릴 때 친구가 반응하면, 일시적으로 기분이 풀리는 것처럼 느껴질 수 있어요.

✔ **속마음**: "나 지금 짜증 나는데, 그냥 친구한테 장난칠래!"
✔ **해결 방법**: 아이가 기분이 나쁠 때 어떻게 해야 하는지 가르쳐 주기 (예: "기분이 나쁠 땐 숨을 깊게 쉬거나 엄마한테 말해 보자.")

(6) 결론: 약 올리는 행동 속에 숨은 욕구를 이해하자!

아이의 속마음을 이해하면, 그 행동을 멈추게 하는 것이 아니라 **더 건강한 방법으로 욕구를 해소할 수 있도록 도와줄 수 있습니다.**

① **관심받고 싶은 경우** → 아이가 좋은 행동을 할 때 관심 주기
② **자기 우위를 확인하려는 경우** → 건강한 경쟁을 할 수 있도록 도와주기
③ **감정을 표현하는 방법을 모르는 경우** → 감정을 말로 표현하는 법 가르치기
④ **장난이라고 생각하는 경우** → 친구의 감정을 살펴보는 연습시키기
⑤ **기분이 나쁠 때 푸는 방법을 모르는 경우** → 감정을 다스리는 법을 알려 주기

2) 아이의 속마음의 맞춤형 해결책

(1) 아이가 하는 행동을 정확하게 알려 주기

① "친구가 싫어하는 말을 하면 기분이 나빠질 수 있어."
② "네가 친구를 놀리면 친구도 속상하고 화날 거야."
③ 아이가 **장난이라고 생각하는 것과 친구가 기분 나쁜 것의 차이**를 이해하도록 도와주세요.
④ "네가 놀린다고 생각하는 말이 상대방에겐 상처가 될 수도 있어." 라고 설명해 주세요.

(2) 감정을 표현하는 방법 알려 주기

① 감정을 말로 표현하는 연습을 해요.
② 예를 들어, 친구가 먼저 장난을 걸었을 때 기분이 나빴다면,
 "너 바보야! 너 못해!" (×)
 "나 지금 기분이 안 좋아. 그렇게 말하면 속상해." (○)
③ 부모님이 감정을 표현하는 방법을 직접 시범 보이면 아이가 더 쉽게 배워요.
④ "엄마는 네가 그 말을 하니까 속상했어" 같은 식으로 감정을 설명해 주세요.

(3) 친구의 반응을 관찰하도록 유도하기

① "친구가 네가 장난쳤을 때 어떤 표정을 지었어?"
② "만약 네가 그런 말을 들으면 기분이 어땠을까?"

친구의 감정을 이해하는 능력을 길러 주면 약 올리는 행동이 줄어들 수 있어요.

(4) 긍정적인 상호작용을 칭찬하기

① 친구를 배려하거나 친절한 말을 했을 때 **즉시 칭찬하여** 주세요.
② "방금 친구에게 예쁜 말 했네! 멋졌어!"

좋은 관계를 유지하는 방법을 몸으로 익힐 수 있도록 도와주세요.

(5) 약 올리는 행동이 반복될 때는 확실한 피드백 주기

① "친구를 놀리면 같이 놀기 싫어질 수도 있어."
② "이런 말은 친구가 속상해하니까 하지 않도록 하자."

반복되는 행동에 대해선 **일관된 반응**을 보여야 합니다.

(6) 대체 행동 가르치기

① 친구를 놀리고 싶을 때 할 수 있는 다른 방법을 알려 주세요.
② 예를 들어, 친구에게 장난을 치고 싶다면,
    "너 진짜 못한다!" (×)
    "이거 같이 해 볼까?" (○)

장난을 건네는 방법을 바꾸면 친구 관계가 더 좋아질 수 있습니다.

13

놀이에
집중 못 하는 아이

어린이집에 산만한 아이가 있었습니다.

아이는 항상 아주 바빴습니다. 한 가지 일에 오래 집중하는 걸 정말 힘들어했죠. 블록 놀이를 하다가도, 금방 다른 장난감이 눈에 들어와서 그걸 가지고 놀고, 또다시 다른 것에 관심이 가면 또 그걸 가지고 놀이하곤 합니다.

그래서 교사는 아이에게 말했죠. "아이야, 오늘은 종이접기 한 가지 일에 집중해 볼래요?" 하지만 아이는 그런 말이 너무 어려웠습니다. 앉아서 한 가지 일을 하는 게 너무 지루했거든요.

어느 날, 선생님과 산책 놀이를 나가 아이는 바람을 맞으며 뛰어놀고 있었습니다. 그때, 놀이공원에 작은 바람개비 하나가 돌고 있는 걸 보았습니다. 아이는 바람개비가 너무 재미있어 보여서 멈춰 서서 바람개비가 돌 때마다 "슝~" 소리가 나는 걸 듣고 좋아했습니다.

그런데 바람개비가 멈추었습니다. 아이는 바람개비를 다시 돌려 보려고 손을 뻗었죠. 그런데 그 순간, 아이의 머릿속에 하나의 생각이 떠올랐습니다.

'바람개비는 바람이 있을 때만 돌아가는데, 내가 바람을 계속 불어야

겠어!' 아이는 신이 나서 입을 모아 바람개비를 계속 불었습니다.

처음에는 바람이 잘 불어지지 않아서 바람개비가 조금만 돌았습니다. 하지만 아이는 조금 더 열심히 바람을 불었습니다. 그리고 결국, 바람개비는 빠르게 돌기 시작했어요.

아이는 계속해서 바람개비가 멈추지 않도록, 바람을 계속 불었습니다. 처음에는 짧은 시간밖에 집중하지 못했지만, 점점 시간을 늘려 가며 바람개비에만 집중할 수 있었습니다.

교사는 그 모습을 보고 깜짝 놀랐습니다.

"아이야, 정말 대단하구나! 바람개비를 그렇게 오래 집중해서 돌릴 수 있다니!"

아이는 그날 이후로 조금씩 한 가지 일에 집중하는 법을 배웠습니다. 하나의 일에 집중할 때마다 작은 기쁨을 느낄 수 있다는 걸 깨닫게 된 것입니다. 그리고 어느새, 아이는 장난감 블록 놀이에도 집중해서 오랫동안 즐길 수 있게 되었습니다.

이 이야기를 통해 아이가 집중하는 것의 중요성과 작은 성공의 기쁨을 배울 수 있습니다. 아이처럼, 한 가지에 집중하며 즐거운 순간을 만들어 가는 과정을 보여 주면 좋을 것 같습니다.

1) 놀이환경 조성하기

(1) **주의를 분산시키는 요소 줄이기**: TV, 소음, 지나치게 많은 장난감이 있으면 집중하기 어렵습니다.

(2) **정리된 공간 만들기**: 한 번에 한 가지 놀이만 할 수 있도록 환경을 정리해 주세요.

(3) **편안한 분위기 조성**: 아이가 불안하거나 긴장하면 집중하기 어려우니, 따뜻한 분위기를 만들어 주세요.

2) 놀이 시간 조절하기

(1) **짧고 자주**: 처음부터 오래 집중하는 것은 어렵습니다. 5~10분씩 짧게 놀이 시간을 가져 보세요.

(2) **타이머 활용하기**: "이 장난감으로 5분 동안 놀고 나면 다른 걸 할 수 있어"처럼 시각적인 도구를 사용하면 좋아요.

(3) **놀이 후 휴식**: 너무 오랫동안 놀이하면 피곤해져서 집중력이 더 떨어질 수 있어요.

3) 아이가 흥미 있는 놀이 선택하기

(1) **아이가 좋아하는 활동 활용**: 관심 있는 주제를 중심으로 놀이하면 집중 시간이 늘어날 수 있습니다.

(2) **다양한 감각 자극 제공**: 촉감 놀이, 역할 놀이, 블록 쌓기 등 다양한 방식의 놀이를 시도해 보세요.

(3) **선택권 주기**: "퍼즐 할래? 블록 놀이 할래?"처럼 아이가 직접 선택

할 기회를 주면 몰입도가 높아질 수 있습니다.

4) 규칙과 구조 제공하기

(1) **놀이 시작 전에 목표 설정**: "이 블록으로 탑을 세 개 쌓아 보자" 같은 작은 목표를 주면 집중하기 쉽습니다.
(2) **단계별로 진행**: "먼저 동그란 블록을 쌓고, 그다음 네모난 블록을 쌓아 보자"처럼 순서를 알려 주면 도움이 됩니다.
(3) **놀이 전후 루틴 만들기**: '놀이 전에 손 씻기 → 놀이하기 → 정리하기' 같은 루틴을 정하면 집중하기 쉬워집니다.

5) 부모의 반응과 칭찬

(1) **작은 성취도 인정하기**: "이만큼 오래 집중했구나! 멋지다!" 같은 긍정적인 피드백을 주세요.
(2) **강요하지 않기**: "끝까지 해!"보다는 "조금 더 해 볼까?"라고 부드럽게 유도하세요.
(3) **함께 놀이하기**: 부모가 함께 놀이에 참여하면 집중 시간이 늘어날 수 있습니다.

혹시 아이가 어떤 놀이에서 특히 집중하기 어려워하는지, 특정한 패턴이 있는지 알려 주면 더 맞춤형으로 도와줄 수 있습니다.

14

아이가 찾은
작은 변화

 한 아이가 수업 도중 책상에 앉아 있지 않고 계속해서 돌아다니며 친구들을 방해하고 있었습니다. 선생님은 차분히 아이에게 다가갔지만, 아이는 자꾸만 "놀고 싶어요, 뛰고 싶어요!"라고 반복하며 짜증을 냈습니다. 학습은 지루하고, 과제는 언제 다 끝날지 걱정하는 모습이 계속해서 이어졌습니다.

 "이거 언제 다 하지?" 아이는 언제나 선생님에게 물어보며, 혼자서는 결정을 내리기 힘든 모습을 보였습니다. 하지만 선생님은 화를 내거나 급하게 반응하지 않았습니다. 대신 아이에게 작은 기회를 주기로 했습니다.

 "이번에는 조금만 더 앉아서 해 보자. 그 후에 잠깐 놀아도 돼."

 아이가 계속해서 흔들리며 돌아다닐 때마다, 선생님은 "우리가 이걸 끝내고 나면 더 재미있는 시간을 보낼 수 있을 거야"라고 다독여 주었습니다. 아이는 처음에는 집중할 수 없었지만, 선생님의 꾸준한 응원 덕분에 점차 조금씩 더 집중할 수 있었습니다.

어느 날, 아이가 스스로 "이거 조금만 더 해 볼래요"라고 말하며 과제를 끝낸 모습을 보였을 때, 선생님은 그 작은 변화에 고마움을 느꼈습니다. 아이는 여전히 끊임없이 에너지를 발산하고 있지만, 그 안에서 조금씩 더 나아가려는 모습이 보였기 때문에 기뻤습니다.

선생님은 아이가 아직은 어렵겠지만, 한 걸음 한 걸음 나아가는 것을 지켜보며 계속해서 신뢰를 주기로 했습니다. 그렇게 아이는 조금씩 더 자신감을 얻고, 규칙을 지키는 데에도 조금 더 관심을 보이기 시작했습니다.

이 이야기는, 아이가 겪고 있는 어려움 속에서 점차 변화와 성장을 이루어 가고 있다는 따뜻한 메시지를 담고 있습니다.

1) 주도성과 자발성 부족

3세에서 5세 사이에 자아가 형성되면서, 아이는 주위의 도움 없이 극복해 보려는 모습이 보이고 스스로 무언가를 해 보려는 의욕이 커집니다.

이때 부모가 아이가 스스로 하려는 행동에 칭찬하고 아이의 뜻을 따라 존중하고 기다려 주며 기회를 제공하는 것이 중요합니다. 아이가 하려고 하는 것이 틀려도 괜찮습니다. 만약 부모가 너무 많이 개입하거나 대신해 주면, 아이는 하고자 하는 의욕을 잃고 항상 옆에서 누군가 도와주기 때문에 자발성이 줄어들어 집중력이 떨어질 수 있습니다. 아이가 자기중심적으로 놀이를 이끌어 갈 수 있도록 기회를 제공하고 옆에서 지켜보시는 것도 중요합니다.

2) 발달에 따른 집중력 차이

아이들의 집중력은 나이와 기질에 따라 조금씩 달라집니다. 영유아기는 집중 시간이 짧은데, 나이별로 차이가 있습니다.

- 1세: 20초에서 1분 정도
- 2세: 1분에서 2분 정도
- 3세: 2분에서 3분 정도
- 4세 이상: 5분 이상

따라서, 1세에서 3세 사이 아이들은 오랜 시간 동안 한 가지 놀이 활동에 집중하기 어렵습니다. 이 시기는 활동량이 많아 신체의 성장으로 산만함은 발달 과정의 자연스러운 부분일 수 있습니다.

3) 놀이 난이도와 흥미 부족

너무 어려운 놀이거나 너무 간단하고 쉬운 놀이일 경우, 아이는 지루해합니다. 어려운 과제는 아이를 지치게 하고, 너무 쉬운 과제는 흥미를 잃게 만듭니다.

따라서 나이와 수준에 맞는 과제, 난이도가 적절한 과제를 주는 것이 아이의 집중력을 높이는 데 도움이 됩니다.

4) 과도한 감정적 요구와 기대

부모의 지나친 기대감과 칭찬이나 비판이 아이에게 과도한 감정적 요구로 작용하여 불안감으로 느낄 수 있고, 그로 인해 놀이를 즐기기보다는 부모의 기대를 만족시키기 위한 놀이에만 집중하게 됩니다.

이럴 때 아이는 즐기는 놀이가 아닌 재미없는 놀이로 스스로 놀이나 학습에 몰입하기 어려운 상황에 놓일 수 있습니다.

5) 불안한 상황에서의 의존성

아이들이 불안감을 느끼면 부모나 주변 사람에게 의존하는 행동을 보일 수 있습니다. 이때, 놀이에 집중하기보다는 부모의 응답이나 보호를 원하게 되어, 자주 산만해지고 주의가 분산될 수 있습니다. 불안감을 해소할 수 있도록 감정 표현과 감정적 지지를 해 주면 집중력 발달에 도움을 줄 수 있습니다.

6) 체력적 피로

아이가 놀이를 통해 피곤하거나 아이들이 신체적인 활동으로 피로가 쌓이게 되어 잠이 부족할 때 집중력이 급격히 떨어지고 어려워질 수 있습니다. 아이에게는 신체의 회복과 두뇌의 충분한 수면과 휴식이 중요합니다. 아이의 나이와 발달 상태를 고려해서 아이가 놀이에 집중하지 못하는 이유를 알아야 합니다. 아이가 무엇에 흥미를 느끼고, 무엇이 집중을 방해하는지 파악하는 것이 중요합니다.

15

말이 끝나기도 전에
먼저 대답하는 아이

어느 날 선생님은 말이 끝나기 전에 행동하는 5세 아이에게 자료실에 가서 색연필과 색종이를 가져오는 심부름을 시켰습니다.

아이는 선생님 지시가 끝나기도 전에 "네!" 하고 바로 달려 나갔습니다. 선생님은 아이가 '색연필과 색종이'를 가져오라는 말을 끝까지 듣지 못했다는 걸 깨달았고, 잠시 뒤 아이는 색종이 대신 풀과 연필 가지고 돌아왔습니다.

선생님은 아이의 집중력이 부족하고 충동적인 행동이 문제가 될 수 있다는 걸 알았습니다. 그때 선생님은 아이가 자료실 가서 해야 할 일들을 조금 더 쉽게 이해할 수 있도록 돕기로 결심했습니다.

"아이야, 내가 말하는 걸 끝까지 들어야 자료실 가서 잘 가져올 수 있어. 먼저, 색연필을 하나 집어야 해. 그리고 색종이 집고 교실로 가지고 오면 된다. 네가 어떻게 해야 할지 알겠지?"

선생님은 아이에게 차근차근 설명하면서, 한 번에 하나씩만 알려 주었습니다. 이렇게 해서 아이는 선생님 이야기를 더 잘 듣고, 한 가지 일에 집중할 수 있게 되었습니다.

또, 자료실에 가기 전에 "색연필 먼저, 그다음 색종이!"라고 다섯 번 반복해서 말해 주면서, 시각적인 도움을 주기 위해 작은 그림을 그려서 아이에게 보여 주었습니다. 그렇게 하니 아이는 심부름을 잘 끝마쳤고, 점차 집중력이 조금씩 향상되었습니다.

이처럼 아이에게 명확하고 간단한 지시를 주고, 충동적인 행동을 막을 수 있도록 규칙을 설정하는 것이 중요합니다. 특히, 시각적 도움을 제공하거나 말로 반복하며, 집중을 도울 수 있는 환경을 만들면 아이가 더 잘 이해하고 집중할 수 있습니다.

말 끝나기도 전에 대답하는 아이는 자기 생각을 빨리 표현하려는 성향이 강하거나, 부모의 반응을 빠르게 얻고 싶어 하는 경우가 많습니다. 이런 행동에 대해 다음과 같은 대처 방법과 지도 방법을 제공할 수 있습니다.

1) 대처 방법

(1) 반응을 늦추기

아이가 말을 다 듣기 전에 대답할 때, 말을 끝까지 듣고 나서 대답하는 연습을 유도합니다. "엄마가 다 말할 때까지 기다려 줄래?"와 같이 차분히 말해 보세요.

(2) 기다리는 시간을 연습하기

아이에게 '기다리기' 연습을 시켜 주는 것도 좋은 방법입니다. 간단한 게임이나 놀이를 통해 "지금은 내가 말할 때까지 기다려야 해"라는 규칙을 알려 주고, 일정 시간 동안 기다리게 유도합니다.

(3) 긍정적 강화

아이가 말을 끝까지 듣고 차분히 기다리면 칭찬을 해 주고, 즉각적인 보상을 통해 긍정적인 행동을 강화합니다. 예를 들어, "너는 오늘 잘 기다려 줬구나!"라고 칭찬하며 긍정적인 피드백을 줍니다.

2) 지도 방법

(1) 말을 천천히 하도록 유도하기

아이에게 말하는 속도를 조금 더 천천히 하도록 유도해 주세요. "엄마도 천천히 말할게. 너도 한 번 천천히 말해 볼래?"라고 말하면서 아이가 말하는 속도와 리듬을 조절할 수 있도록 돕습니다.

(2) 정서적 이해 돕기

아이가 급하게 대답하는 이유가 불안감이나 서두름에서 비롯된 것이라면, 그 이유를 이해하고 아이의 마음을 다독여 주는 것이 중요합니다. "너무 말하고 싶은 마음은 알겠어. 그런데 내가 다 말할 때까지 기다리면 더 잘 들어 줄게"와 같이 아이의 감정을 공감해 줍니다.

(3) 타이밍 훈련

3초나 5초 등 간단한 타이머를 설정하고, 그 시간 동안 기다리기 연습을 하게 합니다. 아이가 기다리는 데 성공했을 때 작은 보상을 통해 더 나은 타이밍을 맞출 수 있도록 도와줍니다.

16

항상 모든 말을
소리 지르며 말하는 아이

어느 날, 어린이집에서 일어난 일이었습니다. 선생님은 오늘도 아이들과 함께 놀이 시간을 준비하고 있었죠. 그러나 그날은 뭔가 달랐습니다. 선생님이 아이들에게 한 가지 숙제를 주고 나자, 한 아이가 갑자기 목소리를 높이며 말하기 시작했습니다.

"선생님, 이거 너무 어려워요! 못 해요!"

그 아이는 눈을 크게 뜨고, 목소리가 점점 크게 소리를 지르고 갔습니다. 선생님은 조용히 말했습니다.

"소리를 낮추고 말해 보자. 네가 말하는 것만큼 목소리를 높이지 않아도 충분히 다 들을 수 있어." 하지만 아이는 "네!"라고 대답하면서도 목소리는 그대로였습니다. 계속해서 소리 지르며, "이거 다 못 하겠어요!" 하고 다시 소리를 쳤습니다.

선생님은 조금 더 침착하게 아이에게 다가갔습니다.

"이렇게 크게 말하면 친구들이 놀라서 집중할 수 없단다. 우리 다 같이 조용히 말해 볼까?"

그러나 아이는 여전히 큰 목소리로 대답했고, 그 소리에 다른 아이들도 하나둘 따라 하게 되었습니다. 어느새 모두의 목소리가 커졌고, 작은 교실 안은 마치 떠들썩한 시장처럼 시끌벅적해졌습니다.

선생님은 다시 한 번 침착하게 말했습니다.

"친구들, 우리가 이만큼 큰 소리로 이야기하면, 다른 친구들이 더 집중하기 어려워져. 차분한 목소리로 이야기해 볼래?"

하지만 그 아이는 여전히 소리를 지르며 말을 이어 갔고, 다른 친구들 또한 목소리가 높아졌습니다.

선생님은 고민에 빠졌습니다.

'왜 아이가 목소리를 낮추는 것이 어려울까? 그 아이는 왜 이렇게 소리 지르며 말하려 할까?'

선생님은 아이가 자신의 목소리로 주목을 받기를 원하고, 그 행동을 통해 관심을 끌려는 건 아닐까 하는 생각을 했습니다. 아이가 잘 듣지 않는 이유는 단순히 의도적인 것이 아니라, 목소리를 높이는 것이 자신에게 더 효과적이고 재미있게 느껴지기 때문일 수도 있겠다고 생각했습니다.

그날 이후, 선생님은 아이가 소리 없이도 관심 받을 수 있는 방법을 더 많이 알려 주기로 결심했습니다. 그리고 친구들이 서로 배려할 수 있도록, 조금씩 놀이와 활동을 통해 차분하게 이야기하는 습관을 들여 보려고 했습니다.

이 이야기는 교사의 고민과 함께 아이의 행동에 대한 이해와 해결책을 찾으려는 노력을 담고 있습니다. 아이의 과도한 소리 지름은 여러 가지 이유에서 비롯될 수 있습니다.

먼저, 아이가 소리를 지르며 말하는 이유는 주의나 관심을 끌기 위한 행동일 수 있습니다. 아이가 말할 때 목소리를 낮추라는 말을 반복해도 변화가 없다는 점은, 그 아이에게 목소리 높이는 것이 더 효과적이라고 생각되기 때문일 수도 있습니다.

또, 아이가 말을 하는 방식이 주변 사람들의 반응에 영향을 미치기 때문에, 다른 아이들도 그 행동을 따라 할 수 있는 상황이 됩니다.

교사는 아이가 소리 지르는 것이 학습에 방해가 된다는 점에서 어려움을 느끼고 있으며, 이를 해결하기 위해 다양한 방법을 고민할 수 있습니다. 예를 들어, 아이에게 소리의 높낮이에 대해 자연스럽게 교육하거나, 소리 지르는 행동이 아닌 다른 긍정적인 방법으로 주의를 끄는 방법을 제시할 수 있습니다.

또한, 그룹 활동이나 놀이를 통해 아이에게 목소리를 낮추는 것의 중요성을 자연스럽게 알려 주는 것도 좋은 방법이 될 수 있습니다.

다음은 아이의 소리 지르는 행동에 대한 대처법과 지도법입니다.

1) 아이의 감정 이해하기

아이가 소리 지르는 이유가 감정의 폭발에서 오는 것이라면, 먼저 아이의 감정을 이해해 주고 공감해 주세요. 예를 들어, "지금 속상했구나", "왜 그렇게 크게 말했는지 말해 볼래?" 등으로 아이의 감정을 인정해 주세요.

감정을 표현할 수 있도록 돕고, 그 감정을 표현하는 방법을 알려 주는 것이 중요합니다. "화를 내지 말고, 천천히 말해 볼까?"처럼 차분한 대화로 이끌어 주세요.

2) 소리 지르지 않도록 차근차근 가르치기

소리 지르는 것이 잘못된 행동임을 점진적으로 알려 주세요. "소리 지르면 다른 사람들이 아프게 느낄 수 있어"라며 다른 사람의 감정을 배려하도록 지도할 수 있습니다.

반대로, 차분히 말하는 행동이 좋은 결과를 초래한다는 걸 보여 주세요. 예를 들어, "소리 지르지 않고 조용히 말하면 네가 원하는 것을 더 잘 들을 수 있을 거야"라고 설명해 주세요.

3) 좋은 모델이 되어 주기

부모나 주변 사람들이 소리 지르지 않고, 차분하고 명확하게 말하는 모습을 보여 주는 것이 중요합니다.

아이는 부모의 행동을 모방하려는 경향이 있으므로, 말할 때 낮은 목소리로 차분하게 대화하는 습관을 만들어 주세요.

부모가 화가 나거나 짜증을 느낄 때도 차분하게 대처하는 모습을 보여 주면, 아이도 점차 그런 방식으로 감정을 조절하는 법을 배울 수 있습니다.

4) 부드러운 제지와 규칙 설정

아이가 소리 지를 때마다 "소리 지르지 말고 차분하게 말해"라고 부드럽게 제지하고, 규칙을 설정해 주세요. 규칙을 일관성 있게 적용하는 것이 중요합니다.

만약 아이가 계속해서 소리 지른다면, '소리 지르면 잠시 쉬어야 한다'는 규칙을 설정하고, 잠깐의 휴식 시간을 주는 것도 방법입니다. 이때 중요한 것은 징벌이 아니라, 자연스러운 결과로 이해시키는 것입니다.

5) 긍정적인 피드백 제공

아이가 소리 지르지 않고 차분히 말했을 때 칭찬과 보상으로 아이의 성취를 느끼게 도움을 줍니다.

"오늘은 정말 차분하게 이야기했구나, 잘했어!"와 같은 긍정적인 피드백은 아이가 원하는 행동을 계속해서 할 수 있도록 돕습니다.

6) 상황에 맞는 대응

아이가 무엇을 원하는지 정확히 파악하고, 상황에 따라 그 요구를 어떻게 표현할 수 있을지 지도하여 줍니다. 아이가 소리 지르는 이유가 '관심을 끌기 위한 것'일 수 있으므로, 그럴 때마다 차분히 대처하는 모습을 보여 줍니다.

예를 들어, 아이가 소리 지를 때 눈을 맞추고 "알았어. 이야기해 줄게"라며 반응을 주되, 소리 지르지 않도록 안내해 줍니다.

7) 감정 조절 방법 가르치기

아이가 자신의 감정을 조절할 수 있도록 돕는 것도 중요한 부분입니다. 예를 들어, 깊게 숨을 쉬거나, "마음이 너무 화나면 잠깐 멈추고 5초 동안 쉬어 볼까?"와 같이 감정 조절을 위한 방법을 가르쳐 줍니다.

17

공간만 있으면 시계방향으로 계속해서 도는 아이

　수업이 시작되었습니다. 선생님이 친구들에게 재미있는 이야기를 들려주고 있었지만, 아이는 자리에 앉아 있지 않았습니다. 아이는 책상 위에서 살짝 움직이기 시작하더니, 어느새 빙글빙글 돌고 있었습니다. 돌 때마다 아이는 마음속에서 '흔들흔들' 하는 기분이 들었습니다. 아이는 그 느낌을 정말 좋아했습니다. 왜냐하면 빙글빙글 돌 때마다 재미있고 선생님의 관심이 쏠리고 몸과 마음이 따뜻해지는 느낌이 들었나 봅니다.

　친구들은 아이가 도는 것을 보고 신기해했습니다. 하지만 어떤 친구들은 그가 너무 많이 돌아서 수업에 집중할 수 없다고 불편해했습니다. 아이는 그런 친구들의 말을 듣고 한참 고민했습니다. '왜 나는 계속 돌아야만 할까?' 하고 말이죠.

　그러던 중, 선생님이 아이에게 다가와서 말했습니다. "아이야, 네가 빙글빙글 도는 걸 좋아하는 걸 알겠어. 그런데, 우리가 조금만 조용히 앉아서 수업을 들으면 어떻게 될까? 네가 돌고 싶은 마음이 있을 때는 잠깐 쉬는 시간에 하면 좋을 것 같아."

　선생님은 아이가 빙글빙글 돌 때마다 반복해서 이야기했습니다. 그리고 때때로 몸을 조금씩 흔들거나 손을 움직이며, 다른 친구들과 함께 이야기를 나누는 법을 배우기로 했습니다.

　그 후, 아이는 수업 시간 동안 가만히 앉아 있을 수 있었고, 자주 책상 위에서 손을 탁탁 치는 행동을 했지만 다른 친구들의 말에 집중할 수 있었습니다.

　아이가 새로운 환경에서 빙글빙글 도는 행동을 보인다면, 이는 단순한 장난이 아니라 아이가 자신의 몸과 감각을 인식하고, 감정적인 불안을 해소하거나 마음을 안정시키기 위한 자연스러운 반응일 수 있습니다. 다시 말해, 움직임을 통해 자신이 주변 환경과 어떻게 연결되어 있는지를 느끼고, 감각적으로 안정을 찾으려는 시도일 가능성이 큽니다.

　이는 아이가 외부 자극을 조절하고 스스로 진정시키기 위한 본능적인 반응입니다. 아이가 이러한 행동을 보인다면 억지로 멈추게 하는 것보다는, 그 원인을 이해하고 아이에게 필요한 감각적 자극을 다른 방식으로 제공하는 것이 중요합니다. 예를 들어, 그네를 타거나 뛰어노는 놀이 활동은 아이가 자연스럽게 감각적 욕구를 충족시키는 데 도움을 줄 수 있습니다.

　다음은 몇 가지 예시입니다.

1) 과도한 에너지 발산

(1) 상황

5살 아이가 실내에서 계속해서 시계방향으로 돌면서 에너지를 발산하고 있습니다. 아이는 주로 흥분하거나 불안할 때 이 행동을 반복합니다.

(2) 대체 방법

① **실내 운동**: 아이가 흥분하거나 에너지를 발산할 필요가 있을 때, 실내에서 할 수 있는 활동을 제공합니다. 예를 들어, "우리 함께 공 던지기 게임을 해 볼까?" 또는 "이제 이 장난감 차를 타고, 장애물 코스를 만들어 볼까?"라는 식으로 구체적인 활동을 제안해 봅니다.
② **운동시간**: 하루 일과 중 일정한 시간에 운동을 포함시키고, 야외에서 공을 차거나 자전거를 타는 등의 활동을 통해 에너지를 발산하게 유도합니다.

2) 불안감 또는 환경 변화

(1) 상황

4살 아이가 새로운 환경에 가면 시계방향으로 돌며 불안감을 해소하려고 합니다. 이때는 평소처럼 움직이지 않고, 자주 빙글빙글 도는 행동이 나타나게 됩니다.

(2) 대체 방법

① **심호흡 연습**: 아이가 불안할 때, 아이에게 심호흡하게 유도하며, "천천히 큰 숨을 쉬면 마음이 차분해져"라며 차분한 목소리로 안내합니다.
② **친숙한 물건을 가지고 가기**: 아이가 불안할 때 자주 가지고 있는 장난감이나 인형을 가지고 가게 함으로써, 새로운 환경에서의 안정감을 느끼게 하여 줍니다.
③ **규칙적인 루틴 제공**: 새로운 환경에서 불안감을 줄이기 위해, 아이에게 일정한 시간에 식사나 활동하도록 루틴을 제공해 미리 알 수 있도록 일정을 만듭니다.

3) 감각 자극 필요

(1) 상황

6살 아이가 시계방향으로 돌면서 감각 자극을 추구하고 있습니다. 예를 들어, 특정 질감이나 움직임이 필요한 상황에서 이 행동을 보입니다.

(2) 대체 방법

① **다양한 감각적 자극 제공**: 아이에게 다양한 감각 자극을 제공해 보세요. 예를 들어, 촉감이 다른 장난감을 만지거나, 음악에 맞춰 춤을 추게 하거나, 물놀이를 통해 감각 자극을 느낄 수 있게 합니다.
② **대체 놀이 제시**: "돌기 대신에, 이 큰 풍선을 가지고 터뜨려 보자"라는 방식으로 감각적인 재미를 다른 활동으로 대체할 수 있습니다.

이와 같은 예시들은 아이가 왜 시계방향으로 도는지를 이해하고, 그 행동을 다른 방식으로 대체하는 데 도움이 될 수 있습니다.

18

한 가지 놀이에 집착하는 아이

어린이집에서 아이는 새 장난감을 선물 받았습니다. 그 장난감은 아이가 아주 좋아하는 동물 모양의 블록으로, 그동안 갖고 싶었던 물건이었습니다. 아이는 그 장난감을 손에 쥐자 기분이 좋아지며, 그만큼 더욱 집중하게 되었습니다. 블록을 쥐고 있으면 마음이 안정되고, 세상에서 가장 소중한 물건처럼 만지곤 했습니다.

하지만 그날, 아이가 놀이공원에서 친구들과 놀고 있었을 때, 또 다른 친구가 아이의 장난감 블록을 보고 관심을 보였습니다. 그 친구가 블록 장난감을 들고 놀자, 아이는 갑자기 불안해지며 그 장난감을 빼앗으려 했습니다.

"그건 내 거야! 그걸 가져가면 안 돼!"라고 소리쳤고, 친구는 놀라서 손을 놓았습니다. 아이는 친구에게 다른 장난감을 줄 수 있었지만, 자신이 가장 좋아하는 그 블록이 없으면 불안한 마음이 커졌습니다. 친구가 다른 장난감을 가져도 아이의 마음은 편안하지 않았습니다. 그래서 계속해서 고집을 부리며 장난감을 놓지 않았습니다.

사실, 아이는 그 장난감을 통해 안정감을 느끼고 있었습니다. 새 장난감은 그에게 새로운 세상과 감정을 보여 주었고, 그것이 아이에게는 '안전한 물건'처럼 느껴졌던 것입니다. 그래서 친구가 장난감을 빼앗을까 봐 불안한 마음이 커졌고, 그 물건을 지키려 했던 것입니다.

이처럼 아이가 한 가지 물건에 집착하는 것은 애착이나 안정감을 찾는 과정일 수 있습니다. 아이는 그 물건을 통해 스스로 위로받거나, 익숙한 환경에서 벗어나지 않으려는 마음이 생길 수 있습니다.

다만, 이 상황에서 조금씩 나아지려면 그 물건을 대신할 수 있는 다른 안정적인 요소나, 자신감을 느낄 수 있는 다른 방식의 훈련이 필요합니다.

아이의 집착은 여러 가지 이유에서 비롯될 수 있습니다. 애착 문제일 수도 있지만, 또 다른 요소들이 있을 수 있습니다. 구체적으로 예를 들어, 인형 놀이에 집착하는 아이가 인형과 함께 노는 것을 너무 좋아해서 하루 종일 그 놀이만 하고, 다른 놀이를 시도하기 힘들이합니다. 이 경우, 아이의 집착에 숨겨진 의미와 놀이 확장 방법은 다음과 같습니다.

1) 안정감을 찾으려는 시도

(1) 숨겨진 의미

아이는 인형을 통해 안정감을 얻고 있을 수 있습니다. 특히 혼자 있을 때 불안하거나 긴장이 될 때, 인형은 아이에게 위안을 주고 감정적으로 안정감을 느끼게 합니다.

(2) 놀이 확장 방법 예시

인형 놀이를 하되, 새로운 '역할 놀이'를 추가합니다. 예를 들어, 인형들에게 새로운 역할을 부여하여 이야기를 만들어 보게 합니다. "이 인형은 병원에 가야 해. 다른 인형은 간호사야!"라는 식으로 이야기를 만들어 나가며, 인형 놀이를 통해 감정을 표현하고 상상력을 키울 수 있습니다.

또한, 인형과 함께 떠나는 여행 같은 테마를 주어 인형 놀이를 다른 환경으로 확장할 수 있습니다. "인형들이 바닷속을 탐험할 거야!" 이런 방식으로 놀이의 범위를 넓혀 가면, 익숙한 놀이에서 벗어나 새로운 경험을 할 수 있습니다.

2) 자기 조절 능력 발달

(1) 숨겨진 의미

아이는 인형을 통해 자기 조절을 연습하고 있을 수 있습니다. 인형은 아이가 자신을 제어하고, 감정을 표현하는 데 도움을 줄 수 있는 도구입니다.

(2) 놀이 확장 방법 예시

인형이 감정을 느끼는 상황을 만들고, 아이가 인형에게 감정을 표현하게 해 봅니다.

예를 들어, "이 인형은 슬퍼하고 있어, 어떻게 하면 기분이 나아질까?"라는 질문을 던지며 아이가 인형을 통해 자신의 감정을 돌보는 법을 배울 수 있게 합니다. 또한, 감정 카드를 사용하여 인형의 감정을 표현하고 아이가 감정을 이해하고 조절할 수 있도록 돕습니다.

3) 창의성과 상상력 발달

(1) 숨겨진 의미

아이는 인형을 통해 상상력과 창의력을 발휘하며 세상을 탐험하고 있습니다. 인형은 아이가 자신만의 이야기를 만들어 갈 수 있는 도구입니다.

(2) 놀이 확장 방법 예시

아이가 인형 놀이를 할 때, 그 인형을 주인공으로 한 **이야기책**을 만들어 보도록 유도합니다. **"이번에는 인형이 모험을 떠나고, 중간에 어떤 어려움이 있을까?"** 라고 물어보며, 아이가 이야기를 만들게 도와주세요.

또한, **블록이나 장난감**을 사용해 인형이 사용할 장소를 만들어 주고, 그 장소에서 일어날 다양한 활동을 이야기하게 하여 창의력을 자극할 수 있습니다.

4) 사회적 상호작용의 필요

(1) 숨겨진 의미

아이가 인형 놀이를 통해 사회적 상호작용을 연습하려는 마음이 있을 수 있습니다. 아이는 혼자서도 인형과 상호작용을 하며 다른 사람과 어떻게 소통할지를 배우고 있을 수 있습니다.

(2) 놀이 확장 방법 예시

인형 놀이에 친구나 가족을 초대하여 **협력 놀이**로 확장해 보세요. 예를 들어, "우리 둘이 각각 다른 인형을 맡아서, 인형들끼리 친구가 되게 해 보자"라는 식으로, 여러 명이 함께 하는 역할 놀이로 사회적 상호작용을 증진할 수 있습니다.
아이는 이를 통해 타인과 협력하는 방법을 배우고, 놀이를 통해 친구들과의 관계도 확장할 수 있습니다.

5) 자기효능감 증진

(1) 숨겨진 의미

아이는 인형 놀이를 통해 자기효능감을 느끼고 있습니다. 아이는 인형을 통해 자신이 주도하는 상황을 만들고, 그 상황에서 성공적인 경험을 얻고 있을 것입니다.

(2) 놀이 확장 방법 예시

인형 놀이의 수준을 점차 높여 가는 방법을 사용해 보세요. 예를 들어, 인형의 옷을 바꿔 입히는 활동에서 시작하여, 인형의 집을 꾸미거나, 인형을 위한 **특별한 이벤트**(예: 생일 파티, 여행 등)를 준비하는 활동으로 확장할 수 있습니다.

아이는 복잡한 놀이를 통해 차츰 성취감을 얻고, 자신감을 키울 수 있습니다.

6) 감정적 연결의 필요성

(1) 숨겨진 의미

아이가 인형에 집착하는 것은 감정적으로 그 인형과 연결을 느끼기 때문일 수 있습니다. 인형은 아이에게 감정을 표현하고 유대감을 형성하는 안정 애착 도구로 사용됩니다.

(2) 놀이 확장 방법 예시

아이가 인형에 대해 감정을 표현할 수 있도록 도와주세요. 예를 들어, "이 인형은 오늘 기분이 어때? 어떤 일이 있었을까?"라고 질문하면서 아이가 인형을 통해 감정을 표현하도록 유도합니다.

또한, **감정 표현을 위한 놀이**(예: 감정 카드를 사용하여 인형의 기분을 표현하기)나, **가족과의 놀이 시간**을 통해 아이와의 정서적 유대감을 더욱 깊게 할 수 있습니다.

19

지치지 않고
종일 뛰는 아이

어느 날, 아이들이 활발하게 뛰어놀고 있는 어린이집의 교실 안. 선생님은 가만히 그들을 지켜보고 있었습니다.

아이는 종일 끊임없이 말을 하며, 놀이터에서처럼 뛰어다닙니다. 각자 지마다의 세계에 빠져, 아이는 공을 쫓아 뛰고, 또 친구를 선동하여 함께 책상 주위를 돌면서 웃고 있습니다.

그때, 선생님은 잠시 생각에 잠깁니다.

'저 아이들은 언제 이렇게 에너지를 다 쏟는 걸까?'

아이들의 발끝에서 솟구치는 에너지처럼, 자신도 한때는 저렇게 뛰어놀았을 시절이 있었음을 떠올립니다. 하지만 그때와 지금은 많이 달라졌습니다. 시간이 지나며 마음속 깊은 곳에 쌓인 걱정과 피로가 그 에너지를 덮어 버린 것 같습니다.

'정말 저렇게 무한한 에너지를 가질 수 있을까?'

아이들은 종일 "힘들지 않아요"라고 말하며 뛰어다닙니다. 선생님은 뛰어다니는 아이들 잡으러 다닙니다. 아이들이 그렇게 정신없이 뛰어다니는 모습을 보면서, 선생님은 결국 그들과 함께 뛰고 싶다는 생각이 들었습니다.

'어쩌면 내가 놓친 그 시절의 자유로움을 다시 한 번 느낄 수 있지 않을까?'

아이들의 웃음소리, 발밑에서 나는 작은 발자국 소리들. 그 소리 속에서 선생님은 잠시나마 자신도 그들의 세상에 잠깐 들어가 보고 싶다는 마음이 생깁니다.

하지만 결국, 시간이 지나면 그 순간은 돌아오지 않는다는 것을 알고 있습니다. 아이들은 뛰어놀고, 하루가 끝나면 잠시 쉬고 다시 에너지를 충전합니다. 하지만 어른은 그렇게 마음껏 뛰는 순간을 찾기 어렵습니다. 그들에게 돌아올 수 없는 시간, 그 순수한 마음은 어린아이들만이 가질 수 있는 것임을 다시 한번 깨닫습니다.

그렇게 선생님은 아이들의 모습을 보며, 비록 자신의 에너지는 줄어들었지만, 아이들의 즐거워하는 모습을 오늘은 아이들의 순수한 기운을 마음속에 담아 두기로 하였습니다. 아이들은 뛰고, 그들을 보며 잠시라도 그 시절의 자유를 느끼는 선생님 얼굴엔 웃음이 보였습니다.

언제나 지치지 않고 종일 뛰는 아이들은 매우 활동적이고 에너지 넘치는 아이들로, 이들의 행동은 종종 부모나 교사를 깜짝 놀라게 합니다. 이런 아이들은 과도하게 활동적이거나 신체적으로 활발한데, 그 에너지를 잘 관리하고 발산하는 방법을 찾는 것이 중요합니다.

다음의 내용은 언제나 지치지 않고 종일 뛰는 아이들의 특징과 그에 맞는 지도 방법입니다.

1) 정서적 에너지를 발산하려는 아이

(1) 예시

예를 들어, 어린이집이나 집에서 '뛰는 것'을 좋아하는 4~5세 정도의 아이라면, 끝없이 뛰고 놀며 계속해서 에너지를 발산하려 합니다.
부모나 선생님이 조금만 방심하면 뛰어다니거나 의자 위에 올라가거나, 물건을 쌓아 놓고 뛰어내리기를 반복합니다.

(2) 숨겨진 의미

이 아이들은 신체적 에너지를 통해 자기 감정을 표현하고 스트레스를 해소하려고 하는 경우가 많습니다. 신체 활동을 통해 감정적인 안정감을 찾거나, 불안하거나 지루한 감정을 해소하려는 경향이 있습니다.

(3) 지도 방법

이 아이들에게는 신체적인 활동을 많이 할 수 있는 기회를 제공하는 것이 좋습니다. 예를 들어, 점프 게임, 뛰어다니는 놀이(예: 숨바꼭질, 공 던지기), 자전거 타기 등 활동적인 놀이를 제시하면 아이는 에너지를 잘 발산할 수 있습니다.
체력 소모가 큰 활동을 정기적으로 제공하여 에너지를 효율적으로 발산하게 도와주고, 활동 후에는 차분한 시간을 주어 아이가 신체적인 안

정도 찾을 수 있도록 돕습니다.

2) 많은 호기심과 활동성을 가진 아이

(1) 예시

6세 아이가 마치 '끝없이 탐험하는 성격'인 경우, 주변 환경에 대한 호기심이 지나치게 많아 도전적인 놀이를 계속해서 합니다. 놀이 시간에 움직이지 않고 앉아 있는 것을 힘들어하며, 항상 뛰어다니거나 기어 다니면서 무언가를 찾아다닙니다.

(2) 숨겨진 의미

이 아이들은 호기심과 새로운 것에 대한 탐험 욕구가 강합니다. 신체 활동을 통해 주변을 탐색하고, 새로운 것을 경험하며 배우고 싶어 합니다. 이들은 과도한 에너지를 발산하며, 주어진 자극에 빠르게 반응하고 반짝이는 아이디어를 생각해 내는 성격일 수 있습니다.

(3) 지도 방법

탐험 활동을 제시하여 주세요. 예를 들어, 자연 탐험, 보물찾기(주어진 목표를 향해 찾기), 새로운 스포츠(예: 자전거 타기, 농구, 축구 등)를 통해 아이가 신체적 활동을 하면서도 호기심을 채울 수 있도록 도와줍니다.

활동 후에는 휴식 시간을 잘 주어 아이가 체력을 회복하고, 지나치게 피로하지 않도록 배려해야 합니다.

3) 사회적 상호작용을 즐기는 아이

(1) 예시

5세 아이가 또래 친구들과 함께 있을 때는 지칠 줄 모르고 계속해서 뛰어다니며 활동을 즐깁니다. 다른 아이들과의 경쟁이나 협력이 중요한 놀이(예: 공놀이, 달리기, 팀 활동)에 참여하면 더욱 활동적으로 변합니다. 다른 친구들이 조금 쉬고 있을 때도 여전히 에너지가 넘쳐 계속 뛰어다니는 모습이 보입니다.

(2) 숨겨진 의미

이 아이는 사회적 상호작용을 통해 에너지를 얻고, 사회적 관계를 강화하려는 성향이 있을 수 있습니다. 또래와의 놀이에서 자신감을 얻고, 친구들과의 활동을 통해 자신의 존재감을 확인하려고 합니다.

(3) 지도 방법

아이가 다른 친구들과 함께 참여할 수 있는 그룹 활동을 많이 제공해 주세요. 협동 놀이, 팀워크가 중요한 게임(예: 팀을 나누어 달리기 시합 하기, 공을 주고받는 놀이)을 통해 아이는 에너지를 발산하면서도 친구들과의 관계를 강화할 수 있습니다.

이와 같은 활동을 통해 협동과 경쟁의 균형을 맞추고, 아이가 친구들과의 관계를 통해 활력을 얻을 수 있도록 합니다.

4) 신체적 발달이 빠른 아이

(1) 예시

7세 아이가 신체적으로 매우 발달한 경우, 다른 아이들보다 빨리 뛰거나 구르는 활동을 즐깁니다. 이 아이는 한번 뛰기 시작하면 멈추지 않으며, 자주 땀을 흘리고 바닥에 눕거나 미끄럼틀을 반복해서 타는 모습이 보입니다.

(2) 숨겨진 의미

이 아이는 신체 능력에 대한 자신감이 높고, 에너지를 발산하는 데 자연스러운 능력을 가지고 있습니다. 또한, 신체적인 놀이를 통해 성취감을 느끼고, 체력과 운동 능력을 개발하는 데 흥미를 가질 수 있습니다.

(3) 지도 방법

신체적 도전을 제공하여 아이의 에너지를 적절히 소모할 수 있도록 도와주세요. 예를 들어, 미로 찾기, 장애물 코스, 트램펄린 놀이 같은 활동을 통해 아이는 에너지를 발산하면서도 신체적 능력을 키울 수 있습니다.

또한 **체력 단련**을 위한 운동을 즐겁게 할 수 있는 기회를 주고, 차츰차츰 활동의 강도를 높여 나가면서도 아이의 체력을 관리할 수 있도록 합니다.

5) 자기 주도적인 아이

(1) 예시

5세 아이가 혼자서도 계속 뛰어다니고, 무언가를 꾸준히 하는 성향이 강한 경우, 혼자서 '정해진 목표를 향해 도전'하는 놀이를 자주 합니다.

예를 들어, 10번 뛰고 10번 돌기, 5번 점프 후 다시 반복하는 식의 놀이를 계속해서 시도합니다.

(2) 숨겨진 의미

이 아이는 자기 주도적으로 목표를 설정하고, 그 목표를 달성하려는 강한 동기와 목표 지향적인 성향을 가질 수 있습니다.

신체 활동을 통해 성취감을 느끼며, 자신의 능력을 시험하는 데 큰 흥미를 가지고 있습니다.

(3) 지도 방법

아이에게 목표 지향적인 활동을 제시하세요. 예를 들어, "몇 번 점프할 수 있을까?"나 "몇 초 동안 달릴 수 있을까?" 같은 도전적인 목표를 설정하고 이를 달성하기 위한 놀이를 제공합니다.

이를 통해 아이는 자기 주도적으로 목표를 달성하면서도 에너지를 발산할 수 있습니다. 목표를 이룰 때마다 작은 보상을 주어 성취감을 느끼게 하며, 점차 도전 과제를 다양화할 수 있습니다.

언제나 지치지 않고 뛰는 아이들은 각기 다른 이유로 활발한 신체 활동을 즐깁니다. 이들을 지도할 때는 그들의 성향을 이해하고, 적절한 신체 활동과 함께 안전하고 유익한 방식으로 에너지를 발산할 수 있도록 도와주는 것이 중요합니다.

다양한 활동을 통해 아이들이 신체적으로 건강하게 성장하고, 사회적, 정서적 발달에도 긍정적인 영향을 미칠 수 있도록 돕는 것이 필요합니다.

20

위험한 행동을 즐기는 아이?

　처음에는 아이의 모험심이 대견하고 기특했습니다. 높은 곳도 겁 없이 올라가고, 미끄럼틀도 거꾸로 올라가며 신나게 노는 모습을 보면 "아이는 참 활동적이구나!" 하고 생각했습니다.
　하지만 점점 행동이 과격해지고, 다칠 위험이 커지면서 걱정이 앞서기 시작했습니다. 책상 위에서 뛰어내리기도 하고, 친구를 밀고 올라타며 장난을 치고, 손에 쥔 장난감은 던지는 용도로만 사용하곤 합니다. "왜 그렇게 하는 거야?" 하고 물어보면 아이는 천진난만한 얼굴로 말합니다.
　"소리가 나서 재미있어!", "그냥 하고 싶어서!"
　순간 마음이 복잡해졌습니다. 아이는 단순히 즐거움을 찾고 있을 뿐이지만, 그 행동이 위험하다는 걸 알지 못하는 것입니다. 다칠까 봐, 혹은 친구들이 다칠까 봐 조마조마한 마음에 단호하게 말해 봅니다.
　"그러면 안 돼!", "위험해! 그만해!" 하지만 그때뿐 한번 주의를 주면 살짝 멈추는 듯하다가도 어느새 다시 비슷한 행동을 반복합니다.

마치 놀이처럼, 멈추는 순간에도 몸이 들썩이는 듯합니다. 이 아이는 정말로 **몸으로 세상을 경험하는 아이**인가 봅니다. 그래서 다른 방법을 고민하기 시작했습니다.

'안 돼'보다 '이렇게 해 볼까?'를 말해 보기로 했습니다.

"책상에서 뛰어내리면 위험해. 대신 매트 위에서 점프해 볼까?"

"장난감을 던지는 건 위험해. 여기 목표 판에 공을 던져 볼래?"

그렇게 하면 아이도 거부감 없이 받아들이곤 했습니다.

다음에는 아이와 함께 **'안전 규칙'을 정하기**를 해 보았습니다.

"미끄럼틀은 올라가는 곳이 아니라 내려오는 곳이야."

"친구를 밀면 아프니까 손을 잡고 같이 뛰어 보자."

반복해서 알려 주니, 가끔 스스로 "아, 이렇게 하면 안 되지!" 하고 말하기도 했습니다.

그리고 **아이의 감각을 이해하고 적절한 놀이로 유도**해 보았습니다. 연필로 책상을 찍는 행동을 할 때는 "이걸 눌러 볼까?" 하면서 말랑한 점토를 줬습니다. 뛰고 싶어 할 때는 "바닥에서 몇 번 뛰어 볼까?" 하면서 트램펄린을 준비해 줬습니다.

그렇게 아이가 원하는 자극을 받을 수 있도록 다른 방법을 찾아보았습니다. 그리고 아이가 이런 행동을 하는 건 나쁜 게 아니라, 자신의 방식대로 세상을 탐험하고 있는 것이라는 걸 깨달았습니다.

위험한 행동을 막는 것만이 답이 아니라, 안전하게 놀이할 수 있는 방법을 찾아 주는 것이 필요했습니다. 이제는 그 호기심을 존중하면서, 안전한 방식으로 채워 줄 방법을 찾아가려고 합니다.

요컨대, 위험한 행동을 즐기는 아이는 자극을 좋아하고 한계를 탐색하는 성향이 강한 기질을 가지고 있습니다. 이런 아이는 안전을 지키면서도 탐색 욕구를 충족할 수 있도록 도와주어야 합니다. 아이가 위험한 행동을 즐기고 선생님의 시선을 끌려고 하거나, 자극을 많이 필요로 한다면 단순히 "안 돼!"라고만 하기보다는 위험한 행동에서 다른 대안을 제시하는 게 중요합니다.

1) 위험한 행동을 즐기는 아이, 대처 방안과 지도 방법

위험한 행동을 즐기는 아이는 자극을 선호하고 새로운 것을 탐색하는 욕구가 강한 경우가 많습니다. 이런 아이를 무조건 제지하기보다는 안전하게 탐색할 수 있도록 도와주는 것이 중요합니다.

(1) 위험한 행동의 원인 파악하기

① **감각 추구형**: 몸을 움직이는 걸 좋아하고 강한 자극을 즐김(예: 높은 곳에서 뛰어내리기, 벽을 타고 오르기)
② **주의 끌기형**: 관심을 받으려고 일부러 위험한 행동을 할 수 있음
③ **충동 조절 부족**: 행동하기 전에 결과를 예측하는 능력이 부족할 수 있음
④ **도전 욕구형**: 한계를 시험하고 스스로 성취감을 느끼려는 경우

아이의 행동을 관찰하면서 어떤 이유로 위험한 행동을 하는지 이해하

면 지도 방향을 정하기 쉽습니다.

(2) 위험한 행동에 대한 대처 방법

① 즉각적인 개입&감정 조절 지도

✔ 위험한 행동을 하면 **단호하지만 차분한 태도로 멈추기**
✔ "하지 마!" → "이렇게 하면 다칠 수 있어. 다른 방법으로 해 볼까?"
✔ 아이가 감정을 조절할 수 있도록 **느낌을 언어로 표현하게 유도**.
"지금 엄청 재미있어서 더 높이 올라가고 싶구나. 그런데 다칠 수도 있으니 안전한 방법을 찾아보자."

② 안전한 대안 제공하기

아이의 욕구를 존중하면서도 다치지 않도록 **비슷한 경험을 할 수 있는 방법**을 제시하여 줍니다.

✔ 높은 곳에서 뛰어내리기 → 에어매트, 트램펄린 활용
✔ 빠르게 달리기, 구르기 → 체육관, 트램펄린 시설 이용
✔ 물건 던지기 → 야구공, 소프트볼 던지기 놀이로 유도
✔ 위험한 도구 사용하기 → 종이칼, 아이용 공구 세트 제공

③ 자연스럽게 '원인과 결과' 경험하게 하기

아이가 이해할 수 있는 수준에서 결과를 보여 주면 효과적입니다.

예를 들어,

- ✔ 물을 쏟으면 바닥이 미끄러워져서 넘어질 수 있다는 걸 직접 닦아 보게 하기
- ✔ 높은 곳에서 뛰어내리려 하면, "이 높이에서 종이를 떨어뜨려 볼까? 바람 때문에 어디로 갈까?" 같은 실험을 해 보기

이런 식으로 스스로 행동의 결과를 깨닫도록 도와주면 더 효과적입니다.

④ 행동 조절 연습하기(사회적 규칙&약속 만들기)

아이와 함께 '안전 규칙'을 정해 주세요.

- ✔ "도로에서는 뛰지 않는다."
- ✔ "높은 곳에서는 보호자가 있을 때만 올라간다."
- ✔ "공은 사람을 향해 던지지 않는다."

간단한 그림이나 표식을 활용해서 아이가 쉽게 이해하도록 도와주세요.

2) 부모가 아이의 행동을 돕는 방법

(1) 감각 활동을 충분히 제공하기

위험한 행동을 줄이려면 아이가 충분히 움직이고 에너지를 발산할 기

회를 줍니다.

① **야외활동**: 공원에서 뛰어놀기, 자전거 타기, 트램펄린
② **실내 놀이**: 매트 위에서 구르기, 장애물 코스 만들기
③ **감각 놀이**: 모래놀이, 물놀이, 클라이밍

(2) 행동이 긍정적으로 변할 때 칭찬하기

위험한 행동을 줄이고 안전한 방법을 선택했을 때, 구체적으로 칭찬하여 줍니다.
"잘했어." → "네가 약속을 지켜서 안전하게 놀 수 있었어!"
칭찬을 통해 아이가 긍정적인 방향으로 행동하도록 유도할 수 있습니다.

3) 위험한 행동이 심할 때 추가적인 도움 고려하기

만약 아이가 위험한 행동을 자주 하고, 말로 설명해도 통하지 않거나 감정 조절이 어렵다면 추가적인 평가나 전문가 상담을 고려할 수도 있습니다.

(1) 충동 조절이 심하게 어렵거나
(2) 주변 사람에게 자주 위협적인 행동을 하거나

(3) **위험한 행동이 반복되면서 더 강해지는 경우**

이럴 땐 전문가와 상담하면서 아이의 발달 상태를 점검하는 것이 도움이 될 수 있습니다.

〈정리〉
- 위험한 행동을 무조건 막지 말고 안전한 대안 제공하기
- 아이의 감정을 이해하고, 행동의 원인을 파악하기
- 스스로 위험을 인식할 수 있도록 자연스럽게 경험하게 하기
- 충분한 신체 활동과 감각 놀이 제공하기
- 긍정적인 행동을 했을 때 칭찬하고 강화하기

21

친구의 마음을 알아 갈 수 있을까?

    아이는 혼자 놀기 좋아했습니다. 어느 날, 아이가 친구들과 함께 놀려고 했을 때, 친구들이 슬퍼 보였습니다. 아이는 친구들이 왜 그런지 알지 못해 조금 혼란스러웠습니다.
    선생님은 아이에게 물었습니다.
  "아이야, 친구들이 왜 슬퍼 보이지?"
    아이는 고개를 저으며 대답했어요.
  "저도 잘 모르겠어요. 그냥 슬퍼 보여요."
    선생님은 아이에게 친구들의 감정을 이해하는 방법을 알려 주었습니다.
  "우리는 친구가 슬플 때, 왜 그런지 물어보는 게 좋아. 그리고 그 친구의 감정을 존중해 주는 것도 중요해. 친구가 말을 하지 않아도 표정이나 몸짓을 통해 그 친구의 마음을 알 수 있을 거야."
    아이는 선생님이 말한 대로 친구에게 다가가서 물어봤습니다.
  "너 왜 슬퍼해? 나한테 이야기해 줄래?"
    친구는 잠시 머뭇거리다가 말했습니다.

"오늘 놀이시간에 내가 좋아하는 장난감을 친구가 빼앗아서 속상했어."

아이는 친구의 말을 듣고 나서 친구의 기분을 이해할 수 있었습니다.

"아, 친구에게 장난감을 빼앗겨서 속상했구나. 앞으로 내가 너의 장난감을 빼앗지 않도록 더 신경 써야겠어"라고 말하며 친구에게 미안하다고 사과했습니다.

선생님이 그 모습을 보고 웃으며 말했습니다.

"아이야, 정말 멋지게 친구의 마음을 이해했구나. 친구가 속상할 때, 우리가 어떻게 행동해야 하는지 알게 되었지? 우리가 서로의 마음을 알게 되면, 친구들과 더 좋은 관계를 만들 수 있어."

1) 아이가 친구들의 감정을 이해하는 과정

아이가 친구들의 감정을 이해하는 과정은 **사회적 인지(Social cognition)** 발달의 일부로, 일반적으로 다음과 같은 단계를 거쳐 점진적으로 발전합니다.

(1) 감정 인식(0~3세)

아기는 타인의 표정, 목소리 톤, 행동을 보고 기본적인 감정을 인식합니다. 예를 들어, 부모가 웃으면 따라 웃고, 부모가 화난 표정을 지으면 움츠러드는 모습을 보입니다.

2~3세쯤 되면 "기뻐", "화났어", "슬퍼" 같은 기본적인 감정 단어를 배우기 시작합니다.

(2) 감정 공감(3~4세)

친구가 울면 "왜 울지?" 하면서 신경 쓰거나, 슬픈 표정을 지을 수도 있습니다.
하지만 아직 감정을 완전히 이해하는 것은 아니어서, 친구가 슬퍼도 어떻게 도와줘야 할지 모릅니다. 자기중심적 사고가 강해 "내가 슬펐을 때 이렇게 했으니까 친구도 이걸 원할 거야"라고 단순하게 생각합니다.

(3) 감정 원인 이해(4~6세)

"친구가 블록을 부셔져서 속상해" 같은 인과관계를 점점 이해합니다. 하지만 여전히 친구의 마음을 깊이 공감하기는 어려워합니다. 예를 들어, 친구가 울면 "안 울어도 돼!"라고 하거나, "이거 줄게" 하면서 자신의 방식대로만 위로하려는 경우가 많습니다.

(4) 감정 조절과 배려(6~8세)

친구가 화가 났을 때 "그냥 화난 게 아니고, 아까 내가 장난감을 빼앗아서 그런 거구나"처럼 감정의 원인을 더 깊이 이해합니다. 또한, 감정을 조절하고 친구를 위로하거나 배려하는 행동을 시도합니다.

(5) 감정의 복합성 이해(8세 이후)

이 시기에는 감정이 단순한 원인 하나 때문만이 아니라 여러 요인 때문에 생길 수 있음을 깨닫기 시작합니다.

친구가 슬프면서도 화날 수 있고, 겉으로는 웃고 있어도 속으로 속상할 수 있음을 이해합니다. 감정을 표현하는 방법이 사람마다 다를 수 있음을 깨닫고, 친구의 감정에 맞춰 반응하는 능력이 생겨납니다.

2) 우리 아이는 어디쯤일까?

아이의 또래 친구에 대한 집착이나, 원하는 것이 안 될 때 감정을 조절하기 어려운 점을 보면 아직 감정 원인을 이해하고 조절하는 과정에서 어려움을 겪을 수도 있습니다.

"친구가 너하고만 놀지 않는다고 해서 너를 싫어하는 건 아니야."

"친구도 너처럼 다른 친구들과 놀고 싶을 때가 있을 거야."

이런 식으로 친구의 감정을 이해할 수 있도록 도와주면 좋습니다.

3) 감정을 이해하는 데 도움이 되는 활동

(1) 감정 표현 카드 만들기

다양한 감정을 표현하는 카드(행복, 슬픔, 화남, 두려움, 놀람 등)로 친구의 감정을 이해하고 표현하는 연습을 할 수 있습니다.

먼저 아이들에게 자신이 느낀 감정을 카드에 그리거나 적도록 합니다. 그 후에는 아이들이 서로 다른 친구들이 그린 그림 카드 보면서 "왜 그럴까?", "어떤 상황에서 그런 감정을 느꼈을까?"라고 질문을 던지도록 합니다.

이처럼 감정 표현 카드를 통해 자신의 감정을 표현하고, 다른 사람의 감정을 이해하려는 능력을 기를 수 있습니다.

(2) 감정 상황극

상황극을 통해 감정을 표현하고 친구의 마음을 이해하는 연습을 할 수 있습니다.

예를 들어, "친구가 내 장난감을 빼앗았을 때", "친구가 나에게 고맙다고 말할 때" 등의 상황을 설정합니다.

아이들은 두 명씩 짝을 이루어 주어진 상황을 연기합니다. 연기를 마친 후에는 서로의 감정을 어떻게 이해했는지, 어떻게 행동했는지 이야기를 나눕니다. 그 과정에서 아이들은 감정을 표현하는 능력을 기르고, 친구의 마음에 공감하는 법을 배웁니다.

22

내 장난,
친구는 좋아할까?

　작은 숲속 마을에 토끼와 사슴이 살고 있었습니다. 둘은 아주 좋은 친구였지만, 가끔 토끼가 너무 재밌는 장난을 치고 싶어서 사슴에게 장난을 치곤 했어요.

　하지만 토끼는 사슴이 장난을 좋아하는지 잘 몰랐습니다. 그래서 하루는 엄마 토끼가 말했습니다.

　"얘야, 네가 장난을 치기 전에 친구가 어떻게 느낄지 생각해 보는 것이 중요해. 친구가 재미있다고 할지, 아니면 기분이 상할지 말이야."

　그날, 토끼는 사슴과 함께 놀기로 했습니다. 그리고 장난을 치기 전에 엄마의 말을 떠올렸습니다. '사슴이 이 장난을 좋아할까?' 하고 생각하면서 장난을 칠 때 사슴의 얼굴을 봤습니다. 사슴은 웃고 있었고, 토끼는 그 모습을 보고 장난이 잘 맞았다고 생각했습니다.

　하지만 어느 날, 토끼가 너무 크게 놀려서 사슴이 놀라는 일이 생겼습니다. 사슴은 갑자기 슬퍼하며 말했습니다.

　"토끼야, 그런 장난은 조금 무서워."

그때 토끼는 자신의 장난이 친구를 아프게 할 수도 있다는 것을 깨달았습니다. 그래서 토끼는 앞으로는 친구가 좋아할 만한 장난만 치기로 마음을 먹었습니다. 그리고 그날 이후로 토끼와 사슴은 언제나 서로의 마음을 배려하면서 즐겁게 놀았답니다.

이 이야기를 통해 아이가 장난을 칠 때, 상대방이 기분이 좋을지 생각하는 것이 얼마나 중요한지 배울 수 있습니다. 아이가 '내 장난을 친구는 좋아할까?' 스스로 생각해 볼 수 있도록 친구의 감정을 고려하는 예시를 들어 보겠습니다.

1) 예시 1: 친구가 웃을까, 울까?

(1) 상황: 네가 친구의 의자 뒤에서 몰래 빼서 친구가 깜짝 놀라게 하면 재미있을 것 같지?

(2) 결과: 하지만 친구가 넘어져서 아프거나, 창피해서 울 수도 있어. 그러면 친구는 속상할 거야.

(3) 생각해 보기: "이 장난을 하면 친구가 웃을까? 아니면 울까?"

2) 예시 2: 친구도 재미있을까, 나만 재미있을까?

(1) 상황: 친구의 그림에 몰래 낙서하면 장난스럽고 재미있을 것 같아!

(2) 결과: 하지만 친구는 힘들게 그린 그림이 망가져서 속상할 수도 있어.

(3) 생각해 보기: "이 장난이 친구도 재미있을까? 아니면 나만 재미있을까?"

3) 예시 3: 친구가 다시 놀고 싶어 할까, 나랑 멀어질까?

(1) 상황: 네가 친구의 모자를 갑자기 뺏어서 도망가면 친구가 놀라는 모습이 웃길 수도 있어.

(2) 결과: 하지만 친구는 자기 물건을 빼앗겨서 속상하고 화날 수도 있어. 그러면 친구가 너랑 다시 놀고 싶지 않을 수도 있어.

(3) 생각해 보기: "이 장난 하면 친구가 나랑 더 놀고 싶을까? 아니면 나랑 멀어질까?"

〈장난을 칠 때 꼭 기억해야 할 것!〉
- **장난은 서로 재미있어야 해. 친구도 즐거울까 생각해 보자**
- **장난이 친구를 놀라게 하거나 다치게 하면 안 돼**
- **친구가 싫어하면 바로 멈추는 게 중요해**

이런 질문들을 아이가 스스로 해 보도록 유도하면, 친구의 감정을 고려하는 습관을 기르는 데 도움이 될 것입니다.

23

서로 배려하며 놀아요!

어린이집에는 여러 가지 놀이 기구와 재미있는 활동들이 가득합니다. 오늘도 단짝 친구 3명은 항상 그랬듯이 아침 일찍 어린이집에 등원했습니다. 세 친구는 정말 신나게 뛰어놀 준비를 했죠.

처음엔 미끄럼틀을 타기로 했습니다. 한 친구는 미끄럼틀을 좋아하지만, 다른 친구는 조금 무서워했습니다. 한 아이가 먼저 미끄럼틀을 타고 내려가면서 소리쳤습니다.

"와! 재밌어!"

그러자 다른 친구는 눈을 크게 뜨며 말했습니다.

"친구야, 나도 타고 싶은데 조금 무서워."

그러자 아이는 잠시 멈추고 생각했어요.

'친구가 너무 무서워하는데, 내가 신난다고 소리 지르면 친구는 더 무서울 거야.'

그래서 아이는 친구에게 다가가서 말했습니다.

"친구야, 내가 먼저 타고 내려올게! 천천히 타도 괜찮아. 걱정하지 마!"

친구는 아이의 말에 용기를 얻어 천천히 미끄럼틀을 타기 시작했습니다. 처음엔 조금 긴장했지만, 결국 미끄럼틀을 타고 내려오자 엄청 신나게 웃었습니다.

"와! 정말 재미있다!"

그 모습을 본 또 다른 친구도 미끄럼틀을 타기로 했습니다. 놀이하는 동안, 세 친구는 서로의 감정을 잘 생각하며 놀았습니다. 누군가 무서워하면 격려하고, 너무 신나게 뛰는 친구가 있으면 조심하라고 말해 주었죠. 그렇게 친구들은 서로를 배려하며 함께 신나게 놀았습니다.

이처럼 아이들이 서로 배려하며 노는 몇 가지 상황을 예시로 들어 보겠습니다.

1) 장난감 나누기

(1) 상황

A와 B가 블록을 가지고 놀고 있습니다. 그런데 A가 원하는 블록을 B가 가지고 있었습니다.

(2) 배려하는 행동

A: "나도 그 블록으로 집 만들고 싶어!"
B: "그래, 내가 조금 있다가 줄게! 대신 이거 먼저 써 볼래?" (다른 블

록을 건네줌)

A: "고마워! 네가 다 쓰면 말해 줘!"

✔ **포인트**: 서로 양보하고 기다리는 연습을 합니다.

2) 놀이 기구 양보하기

(1) 상황

놀이터에서 한 명씩만 탈 수 있는 그네가 있습니다. C가 타고 있는데 D가 기다리고 있습니다.

(2) 배려하는 행동

C: "나 조금 더 타고 바꿔 줄게!"

D: "응, 괜찮아! 기다릴게!"

(잠시 후)

C: "이제 네가 탈 차례야!" (그네에서 내려옴)

D: "고마워! 나도 조금 있다가 바꿔 줄게!"

✔ **포인트**: 차례를 지키고 서로 배려하는 모습을 배웁니다.

3) 친구가 넘어졌을 때 도와주기

(1) 상황

친구 E가 뛰어가다가 넘어졌습니다.

(2) 배려하는 행동

F: "괜찮아? 어디 아파?" (손을 내밀어 일으켜 줌)
E: "조금 아파…."
F: "내가 선생님 불러올까?"
E: "응, 고마워!"

✔ **포인트**: 친구가 어려움을 겪을 때 도와주려는 마음을 기릅니다.

4) 팀 놀이에서 배려하기

(1) 상황

축구 놀이를 하는데 G가 계속 공을 독차지하고 있습니다.

(2) 배려하는 행동

H: "G야, 나도 한번 차 보고 싶어!"
G: "알았어! 이번엔 네가 차 봐!" (공을 패스해 줌)
H: "고마워! 너도 다시 받을 수 있게 패스해 줄게!"
- ✔ **포인트**: 함께하는 놀이에서 협력하고 친구를 존중하는 태도를 배웁니다.

이런 작은 경험들이 쌓이면 아이가 자연스럽게 배려하는 법을 익히고 친구들과 좋은 관계를 맺을 수 있습니다.

24

장난꾸러기 아이,
친구의 마음을 알아 갈 수 있을까?

하늘이는 장난치는 걸 정말 좋아하는 아이였습니다.

친구들이 깜짝 놀라거나 화를 내면 너무 재미있었죠.

오늘은 미술 시간, 선생님이 "완성된 작품을 소중히 다뤄야 해요"라고 말씀하셨지만, 하늘이는 친구들이 만든 그림을 돌아다니며 슬쩍 만지고 있었어요.

"어? 친구야, 네 그림에 뭐가 묻었네?"

친구는 깜짝 놀라며 그림을 확인했어요. 하지만 하늘이는 살짝 웃으며 "장난이야!"라고 말했지요. 친구는 속상한 표정을 지었죠. 수업이 끝날 무렵, 하늘이는 자신의 그림을 찢으며 깔깔 웃었어요. 옆에서 보던 친구들이 깜짝 놀랐어요.

"친구야, 왜 그림을 찢어?"

친구가 묻자 하늘이는 어깨를 으쓱하며 대답했어요.

"그냥 재미있잖아!"

그날 오후, 놀이 시간이 되자 하늘이는 책상 위에 올라가 뛰기 시작했어요. 친구들이 "그러면 안 돼!"라고 말했지만, 하늘이는 더 신나게 웃으며 뛰었어요.

선생님이 오셔서 "하늘아, 내려와야 해. 친구들이 다칠 수도 있어"라고 했어요. 하지만 하늘이는 아쉬운 얼굴로 천천히 내려왔어요.

어느 날, 하늘이에게 변화가 생겼어요.

하늘이는 친구가 만들던 블록 탑을 살짝 건드려 쓰러뜨렸어요. 친구는 화가 나서 소리쳤어요. "왜 맨날 이렇게 장난쳐? 난 속상하다고!" 그 순간, 하늘이는 뭔가 이상한 기분이 들었어요.

친구가 정말 화가 난 모습이 처음으로 눈에 들어왔어요.

'내가 장난이라고 생각했지만, 친구는 정말 속상했구나…'

하늘이는 조용히 말했어요.

"미안해, 다시 같이 쌓아 볼까?"

그날 이후, 하늘이는 친구의 기분을 조금씩 생각하기 시작했어요. 장난을 치고 싶을 때 '이게 정말 재미있는 걸까, 아니면 친구가 속상해할까?' 한 번 더 생각해 보게 되었어요.

하늘이처럼 장난이 지나치면 친구들이 속상할 수도 있어요.

친구의 마음을 이해하고 장난도 적절히 하는 것이 중요합니다. 친구의 반응을 즐기며 약 올리는 행동은 타인의 감정을 읽고 조절하는 능력이 부족할 때 나타날 수 있습니다.

친구의 기분을 고려하기보다는 자신의 재미를 우선시하는 경향이 있습니다.

아이가 위험한 행동을 반복해서 하면 부모로서는 정말 걱정되고 조마조마할 수밖에 없죠.

특히 아이가 재미를 느끼며 반복한다면, 단순한 충동적인 행동인지, 감각 추구 성향이 강한 건지, 아니면 조절 능력이 아직 미숙한 건지 고민해 볼 필요가 있습니다.

장난꾸러기 아이가 친구의 마음을 알아 가는 과정을 예시로 설명해 보겠습니다.

1) 예시 1: 장난이 지나쳐 친구가 속상할 때

(1) 상황

준이는 장난치는 걸 좋아합니다. 오늘도 친구 민수가 그림을 그리고 있을 때 갑자기 연필을 쓱 가져가서 숨겼습니다.

민수는 "어? 내 연필 어디 갔어?" 하며 당황했습니다. 준이는 웃으며 "히히, 내가 숨겼지!" 했습니다. 그런데 민수의 얼굴이 점점 어두워지더니 울 것처럼 보였습니다.

(2) 엄마의 대화

엄마: "준아, 민수는 지금 어떤 기분일까?"
준이: "음… 놀란 것 같아요."
엄마: "맞아. 그리고 화가 났을 수도 있어. 민수가 그림을 그리고 있었는데 연필이 없어지면 어떤 기분이 들까?"

준이: "음… 슬프고 속상할 것 같아요."

엄마: "그래서 장난칠 때도 친구가 기분 좋을지 먼저 생각해 보면 좋겠지?"

준이: "네, 다음엔 장난치기 전에 친구한테 물어볼게요!"

2) 예시 2: 친구가 먼저 놀자고 안 할 때

(1) 상황

준이는 친구 지후와 매일 같이 놀고 싶습니다. 그런데 지후는 다른 친구들과 놀고 있을 때가 있습니다.

준이는 속상해서 지후에게 "너 나하고만 놀기로 했잖아!" 하고 소리쳤습니다.

지후는 당황하며 "아니야… 나도 다른 친구들이랑 놀고 싶어…"라고 말했습니다.

(2) 엄마의 대화

엄마: "준아, 지후는 지금 어떤 기분일까?"

준이: "음… 당황했을 것 같아요."

엄마: "맞아. 지후도 친구들과 놀고 싶은 마음이 있을 수도 있어. 준이는 지후가 안 놀아 주면 기분이 어때?"

준이: "속상해요…"

엄마: "그럼 지후도 친구들에게 속상하게 하면 어떤 기분이 들까?"

준이: "아… 지후도 속상할 수도 있겠어요."

엄마: "그럼 지후가 다른 친구들과 놀 때, 어떻게 하면 좋을까?"

준이: "저도 같이 놀자고 하거나, 혼자 놀 수 있는 걸 찾아볼래요!"

이렇게 아이가 상황 속에서 **"내가 이렇게 하면 친구는 어떤 기분일까?"** 생각해 볼 수 있도록 도와주면 감정을 이해하고 배려하는 방법을 배울 수 있습니다.

25

하지 말라고 하면
더 하는 아이

놀이시간에 아이들이 교실에서 신나게 놀이하고 있었습니다. 잠시 선생님이 다른 일을 하고 있을 때 블록을 이유 없이 던지는 아이를 보고 깜짝 놀라며 "던지지 마세요!"라고 소리쳤습니다.

그러자 아이는 순간 눈빛이 반짝이며 교사를 똑바로 바라보고, 또다시 블록을 던지기 시작했습니다. 선생님은 속으로 '아, 또 시작이구나' 하며 살짝 화가 나기 시작했습니다.

하지만 그때, 갑자기 생각이 바뀌었습니다.

'이건 내가 그만두라고 할 때마다 더 심하게 그와 같은 행동을 반복하게 하지.'

선생님은 마음을 가라앉히고, 아이에게 다가가서 부드럽게 말했습니다.

"장난감을 던지면 위험해. 대신 다른 장난감을 가지고 놀자."

그러면서 아이가 좋아하는 다른 장난감을 주었습니다. 아이는 잠시 고민하다가 장난감을 잡고 행복한 표정을 지었습니다. 그 순간, 선생님은 알았습니다.

아이는 "하지 마"라는 말보다 새로운 제안을 더 좋아한다는 걸. 그렇게 아이는 위험한 행동 대신, 안전한 놀이를 즐기게 되었습니다.

이후로 선생님은 아이가 잘못된 행동을 할 때마다, 금지어 대신 긍정적인 대체 행동을 제안했습니다. 그리고 아이는 점점 더 대체 행동을 받아들이며 "하지 마"를 반복할 일이 줄어들었습니다.

아이가 "하지 마"나 "안 돼"라는 말을 듣고 반응하는 것은 자신의 욕구나 감정을 타인에게 표현하려는 시도일 수 있습니다. 이럴 때 아이는 자기의 행동이 잘못된 것임을 알면서도, 그 순간에는 통제할 수 없을 정도로 불안정한 감정의 표현으로 선생님이 싫어하는 행동을 반복할 수 있습니다.

또한 선생님의 반응을 보려고 일부러 싫어하는 행동을 할 때가 많습니다. 특히 5세 아이는 자신의 감정을 표현하는 방법이 제한적이기 때문에, 잘못된 행동으로 관심을 끌려는 경우가 있습니다.

이럴 때 중요한 점은 일관된 태도를 유지하면서도, 아이가 왜 그런 행동을 하는지 이해하는 것입니다.

1) 효과적인 지도법

아이가 "하지 마!"라고 하면 오히려 더 하는 행동을 보일 때, 효과적인 지도법을 몇 가지 예시를 들어 설명해 드리겠습니다.

(1) 금지어 대신 긍정적인 표현 사용하기

"소리 지르지 마!" → "작은 목소리로 말해 줄래?"
- ✔ 금기어 대신 아이가 원하는 행동을 구체적으로 말해 주면 거부감이 줄어듭니다.

(2) 아이의 행동에 공감하며 설명하기

"왜 동생 장난감을 자꾸 뺏어? 뺏으면 안 돼!" → "너도 저 장난감이 갖고 싶구나? 그런데 동생이 놀고 있는 거라서 네 차례가 올 때까지 기다리자."
- ✔ 아이의 감정을 먼저 인정해 주면 반발이 줄어듭니다.

(3) 대체 행동을 제안하기

"벽에 낙서하지 마!" → "여기 종이에 그림을 그려 볼까?"
- ✔ 아이는 단순히 하지 말라고 하면 더 호기심이 생길 수 있습니다. 대체할 수 있는 활동을 제안하면 받아들이기 쉽습니다.

(4) 행동을 미리 알려 주기

(갑자기 TV를 끄면서) "그만 봐!" → "이제 5분만 더 보고 끌 거야. 5분 후에는 블록 놀이하자!"

✔ 아이가 준비할 시간을 주면 감정 폭발이 줄어듭니다.

(5) 관심을 다른 곳으로 돌리기(전환 기법)

(마트에서 과자 사 달라고 떼쓰기) "안 돼! 울지 마!" → "이 과자보다 더 맛있는 거 찾으러 가 볼까?"

✔ 아이의 관심을 다른 재미있는 것으로 돌리면 자연스럽게 행동이 바뀔 수 있습니다.

(6) 아이가 스스로 선택할 수 있도록 하기

"양치질 안 하면 혼난다!" → "칫솔 색을 파란색으로 할까, 빨간색으로 할까?"

✔ 선택권을 주면 아이가 억지로 하는 느낌을 덜 받습니다.

2) 하지 말라고 하면 더 하는 아이, 상황별 접근법

	하지 말라고 하면 더 하는 아이에게 접근하는 방법
규칙 세우기	"하지 마"라는 금지어는 아이에게 반감을 일으킬 수 있습니다. 대신 아이가 원하지 않는 행동에 대해 간단하고 구체적인 규칙을 세우고, 그 행동을 했을 때 일관되게 반응하는 것이 중요합니다. 예를 들어, "이건 위험해. 이렇게 해 보자"와 같이 행동을 교정하는 방법을 제시하면 아이가 이해하기 쉽습니다.

대체 행동 제시	아이가 불안하거나 주목받고 싶을 때 싫어하는 행동을 반복한다면, 그 행동을 멈추고 대신할 수 있는 다른 행동을 알려 주세요. 예를 들어, "물건을 던지면 안 돼. 대신 이 공을 던져 보자"와 같이 아이가 선택할 수 있는 다른 방법을 제공하는 것입니다.
감정 표현 방법 기르기	아이가 감정을 조절하기 어려운 경우가 많습니다. 그럴 때는 아이가 화가 나거나 짜증 날 때 감정을 어떻게 표현할 수 있는지 가르쳐 주세요. 예를 들어, "화나면 소리 내지 말고 숨을 크게 쉬어 보자" 또는 "화가 나면 '난 지금 기분이 나빠'라고 말해 보자"식으로 감정 표현을 도와줄 수 있습니다.
반응을 조금 지연시키기	아이가 부모의 즉각적인 반응을 원해서 행동을 반복하는 경우가 많습니다. 이럴 때는 반응을 조금 늦추고, 아이가 기대하는 반응을 예상하기 어렵게 만들어 주세요. 예를 들어, 아이가 장난감을 빼앗으려고 할 때, 즉시 반응하지 않고 잠시 기다린 후 그 장난감 대신 다른 장난감을 제시하는 방식으로 유도할 수 있습니다.
긍정적 강화	아이가 원하지 않는 행동을 하지 않고 다른 행동을 했을 때, 그것을 칭찬하고 보상하는 방식으로 긍정적인 행동을 강화해 주세요. 칭찬은 아이에게 더 좋은 행동을 반복할 동기를 제공합니다.

이 모든 과정에서 아이가 감정을 충분히 표현할 수 있도록 돕고, 부모는 가능한 한 침착하고 일관된 태도를 유지하는 것이 중요합니다.

(1) 장난감을 빼앗으려 할 때

① 상황

아이가 친구의 장난감을 빼앗으려 하며 "내 거야!"라고 소리칩니다. 부모는 "하지 마!"라고 금지하는 말을 하지만, 아이는 오히려 더 강하게 반응하고 장난감을 빼앗으려 계속합니다.

② 대응 방법

먼저, 아이의 감정을 이해하려는 모습을 보이셔야 합니다. **"네가 장난감 갖고 싶구나, 그 마음은 이해해"**라고 말합니다. 그 후, **대체 행동을 제시**합니다.

"그 장난감을 빼앗으면 친구가 아플 수 있어. 대신에 이 장난감은 어때?"라고 제안합니다.

장난감을 빼앗지 않고 다른 장난감을 받아들이면 칭찬합니다. **"친구와 사이좋게 놀아서 기분 좋다!"라고 행동을 강화**해 주세요.

(2) 식사 중에 장난칠 때

① 상황

- ✔ 밥이나 반찬을 손으로 만지작거리며 흘리고 던지기
- ✔ 숟가락으로 국을 튕기거나 젓가락으로 탁탁 두드리기
- ✔ 반복적으로 음식물을 입에 넣었다가 다시 뱉기
- ✔ 일부러 컵을 엎으며 물을 흘리기
- ✔ 식판을 뒤집고 식탁 밑으로 들어가 웃기려고 하기
- ✔ 옆 사람 접시에서 음식 빼앗기
- ✔ 식사 도중 한 입 먹고 다른 장난감 찾으러 가기

② 대응 방법

먼저 아이의 주의를 끌지 않게 조용히 말합니다.

"밥을 가지고 장난치거나 던지면 먹을 수 없어. 여기서 함께 식탁에서

먹는 시간이 중요한 거야."

아이가 장난을 치지 않고 제대로 먹기 시작하면, 즉시 칭찬합니다. "잘 먹고 있어! 참 잘했어!"라고 말하면서 긍정적인 피드백을 바로 주세요.

만약 장난을 계속 친다면, "밥을 던지면 더 이상 밥을 줄 수 없어"라는 규칙을 제시하고, **일정 시간 동안 식사를 중단**하고 **다른 활동으로 유도**할 수 있습니다.

"잠깐만, 밥을 던지면 끝난 거야. 밥 먹을 준비가 되면 다시 시작해 볼까?"라고 말하며 일관된 태도를 유지하세요.

3) 5세의 반항기가 이런데 사춘기 땐 정말 어떤 걸까요?

여아는 8세 이전, 남아가 9세 이전에 조기 사춘기가 나타나기도 합니다. 사춘기 징후(가슴 발달, 고환 발달 등)가 나타나면 조기 사춘기로 볼 수 있습니다. 만약 시기에 맞지 않게 너무 빠르거나 다른 또래 아이보다 너무 늦다고 느껴지시면 전문가 상담을 받아 보는 것도 좋습니다.

사춘기는 **일반적으로 2차 성장이 시작되는 시기부터** 시작된다고 봅니다. **여아는 대략적인 사춘기 시작 나이가 9~13세, 남아는 10~14세 사이에 시작**하는 경우가 많고 개인차가 꽤 크기 때문에 조금 빠르거나 늦게 시작해도 자연스러운 범주 안에 들어갑니다. 그리고 사춘기는 보통 **4~6년 정도** 지속되며, **여아는 15~17세, 남아는 16~18세**쯤 되면 대부분 마무리됩니다.

이때에는 아이가 반항적이고 공격적인 성향이 보일 수 있고 예민해질 수 있습니다. 보통 자아를 확립하고 혼자 하려고 하는 독립성을 추구하는 시기라서 부모와의 갈등이 심해지기도 합니다.

자기 자신의 생각이나 느끼는 감정을 쏟아 내고 표현하려는 모습이 자주 강하게 나타나며 규칙이나 부모의 요구에 반발하거나 도전하는 행동을 보이기도 합니다. 또래와의 관계가 더 중요해지면서 사춘기 초반에는 감정 변화가 심하고, 대체로 자기 세계관이 강하게 형성되기 때문에 부모의 권위적인 훈계나 가르침을 싫어하고 엇나가 반항하는 경향이 두드러지기도 합니다.

또한, 자기주장이 강해져 친구들과의 상호관계에서 갈등이 있을 수 있고, 혼자 있는 시간을 즐기기 시작하면서 부모와의 소통이 줄어들기도 합니다.

현재 상황에서도 아이의 반항적인 공격 행동이나 감정 조절이 어려움으로 갈등 관계가 일어나고 있다면 아이의 예민한 성장기에 있는 사춘기로 비슷한 문제가 있을 수 있습니다. 그때는 감정을 더 잘 다룰 수 있도록 미리 기초를 다져 주는 것이 중요합니다.

4) 5세의 반항기 어떻게 극복할까요?

5세의 반항기를 극복하는 데는 몇 가지 중요한 방법들이 있습니다. 아이는 이 시기는 자기의 주장이 강한 자율성과 스스로 결정하기 위한 독립성을 찾으려고 고집을 부리고 이를 위해 반항적이거나 저항적인 행동을 할 수 있습니다. 이럴 때 부모가 어떻게 반응하는지가 중요합니다.

(1) 정해진 규칙과 예측할 수 있는 반응

정해진 일반적인 규칙이 없으면 아이가 어떻게 해야 하는지 혼동할 수 있습니다. 규칙을 통일성 있게 일관되게 유지합니다.

일관성 있게 반복되고, 예측할 수 있는 패턴과 기준 규칙

상황	예측할 수 있는 규칙 예시
아이 교육	"장난감은 놀고 난 뒤 제자리에 두기", "밖에서 들어오면 손 씻기"
수업 시간	"뛰어다니지 않기", "활동 시간에는 질서 지키기"
가정에서	"잠자기 전에 책 2권 읽고 가기", "게임은 하루 30분만 하기"

(2) 아이의 감정을 이해해 주기

아이가 반항하는 이유 중 하나는 화가 나거나 힘들어할 때 감정의 폭발일 수 있습니다. "너무 화났구나"라든지, "그럴 때 힘들지"라고 감정을 이해하고 공감하며 인정해 주는 것이 큰 도움이 될 수 있습니다.

(3) 선택권 주기

"이 장난감 가지고 놀래, 아니면 저걸 가지고 놀래?"라고 두 가지 선택권에서 자율성을 주어 아이가 스스로 결정을 내릴 수 있도록 도와주시면 됩니다. 이때 아이는 자존감도 높아지고, 반항적인 태도가 줄어들 수 있습니다.

(4) 긍정적인 강화

아이가 주어진 일정하게 규칙을 잘 따를 때 긍정적으로 칭찬해 주세요. 잘한 행동에 대한 칭찬과 보상을 "너무 잘했어!"라며 격려하면, 아이는 스스로 잘한 일을 기억하고 칭찬받으려고 반복하려 합니다.

(5) 침착한 태도 유지

아이가 반항적인 흥분 상태일 때 부모가 먼저 화를 내거나 큰 목소리로 즉시 반응하면 아이가 부모에게 불신을 가질 수 있습니다. 부모가 침착한 태도로 반응하는 것이 중요합니다.

(6) 놀이를 통한 교육

이 시기에는 놀이를 통해 자연스럽게 모든 것을 배우면서 반항적인 행동을 줄일 수 있도록 돕는 놀이를 합니다. 역할극이나 협력 게임을 통해 규칙과 질서를 배우고 놀이게임을 통해 스트레스를 해소하고 자기감정을 조절하는 기회를 주는 것이 좋습니다.

(7) 일상적인 일에 역할 부여하기

아이에게 집안일을 '도와주는' 역할을 부탁합니다. 요리할 때 재료를 준비하거나, 빨래 정리하기, 거실 청소하기, 옷을 분류하는 일을 게임처럼 하면서 그들이 책임감을 느끼게 합니다.

(8) 문제 해결 놀이

일상적인 상황을 해결하는 문제를 아이와 함께 의논합니다. 식사 시간이 되면 "오늘은 무엇을 먹을까?"라는 질문을 던지고, 아이가 무엇을 먹고 싶다고 선택하면 함께 재료를 선택하고 조리 방법을 고민하는 과정을 놀이처럼 만들어 봅니다.

(9) 자유로운 놀이 시간 제공

일상생활의 일부를 놀이로 바꾸면, 아이는 즐겁게 배우고, 일상에서의 다양한 경험을 재미있게 느낄 수 있습니다. 아이의 반항적인 행동을 무시하거나 강압적으로 대처하는 것보다는, 아이가 자신감을 얻고 감정을 잘 다룰 수 있도록 지지해 주는 방향으로 접근하는 것이 더 효과적입니다.

일상생활 속에서의 자유 놀이는, 아이들의 창의력과 상상력을 자극하면서 자연스럽게 배우는 경험을 제공합니다. 또한 아이들에게 일상의 모든 순간이 새로운 발견의 기회가 될 수 있습니다.

26

친구에게
집착하는 아이

　유리는 6살이고, 참 사랑스러운 아이였습니다. 그런데 유리는 다른 친구들과 잘 놀지 못하고, 언제나 '미소'라는 친구와만 놀려고 했습니다. 미소는 다른 친구들과도 잘 놀고, 다양한 게임을 좋아했습니다. 그래서 유리는 미소가 다른 친구들과 놀 때 혼자 기다리고 있곤 했지요.

　유리는 미소가 없으면 마음이 불안하고, 혼자 놀 때는 무엇을 해야 할지 몰라서 점점 더 힘들어했습니다. 그래서 친구가 없으면 눈물이 나고, 미소가 다른 친구와 노는 모습을 보면 마음이 아팠습니다. 유리는 자신이 미소에게 소중한 친구라는 걸 느끼고 싶었고, 미소가 없으면 무언가가 부족한 것 같은 기분이 들었습니다.

　하루는 선생님이 유리에게 말했습니다.

　"유리야, 미소랑 놀지 않으면 어떤 기분이 들어?"

　유리는 눈을 반짝이며 대답했습니다.

　"미소가 없으면 기운이 없어요. 혼자 있을 때 너무 외로워요."

　선생님은 부드럽게 미소 지으며 말했어요.

"그래, 외로운 기분이 드는 건 알겠어. 그런데 다른 친구들과도 함께 놀 수 있으면, 미소가 없어도 재미있는 시간 보낼 수 있을 거야. 친구가 필요할 땐 다른 친구들에게 말해 볼까? 그리고 네가 좋아하는 일들을 혼자서도 할 수 있어. 혼자 놀아도 재미있는 게 많거든!"

유리는 처음엔 그 말이 잘 이해되지 않았습니다. 하지만 선생님이 유리에게 다른 친구들과 어떻게 놀면 좋은지 차근차근 가르쳐 주었어요. 유리는 점차 다른 친구들과도 놀기 시작했고, 조금씩 혼자서도 즐길 수 있는 시간을 만들었습니다.

그리고 어느 날, 유리는 미소 없이도 스스로 기운을 낼 수 있게 되었습니다. 유리는 이제 미소가 없으면 불안한 마음이 들지 않고, 다른 친구들과도 재미있는 시간을 보낼 수 있게 되었습니다.

아이에게 친구의 존재가 얼마나 중요한지 이해하지만, 동시에 자신감을 기르고, 혼자 있을 때도 긍정적인 활동을 찾는 방법을 함께 알려 주는 것이 좋습니다. 친구에게 집착하지 않도록 아이에게 차근차근 자존감을 키워 주는 방법을 제시해 주는 것이 중요합니다.

1) 특정 친구만 좋아하는 아이, 그 이유와 도와주는 방법

아이의 특정 친구에 대한 집착은 다음과 같이 다양한 정서적 원인에서 비롯될 수 있습니다.

(1) 사회적 관계 형성의 어려움

아이가 새로운 친구를 사귀는 것에 대한 두려움을 가질 경우, 이미 친해진 친구에게만 의존하게 됩니다. 이로 인해 친해진 친구하고만 놀려고 하는 성향이 나타날 수 있습니다.

(2) 불안정한 감정 상태

예민하고 변덕스러운 아이는 한 친구와 친해진 관계 속에서 감정이 불안정할 때 그 친구에게서만 안정감을 찾으려 할 수 있습니다. 그 친구와 함께 있을 때 마음의 안정을 느끼기 때문입니다.

(3) 동경하는 친구의 영향

어떤 아이는 친구가 똑똑하거나 또래들 사이에서 인기가 많을 경우, 그 친구와 같이 있으면 대리만족을 느끼고, 친구가 자신 있게 어려운 과제를 잘해 내는 모습을 보며 그 친구를 좋아할 수 있습니다.

이처럼 특정 친구에 대한 집착은 본질적으로 문제행동이나 병적인 상태는 아니지만, 아이가 더 넓은 사회적 경험을 쌓고 다양한 친구들과 관계를 형성하도록 돕는 것이 좋습니다.

2) 아이를 지원하는 방법

(1) 부모님과 함께하는 놀이 시간

아이와 부모가 함께 놀이하는 동안에 상호 작용을 배우는 동시에 부모의 신뢰감을 쌓아 갑니다. 이는 자연스럽게 관계 형성에 필요한 기술을 익힐 수 있도록 돕는 것은 새로운 환경에서의 안정감을 느낄 수 있습니다.

(2) 자기 전 비밀 이야기 나누기

잠자리 들기 전 은밀한 대화로 아이의 비밀을 들을 수 있습니다. 아이가 왜 특정 친구를 좋아하는지 물어보면 아이는 솔직하게 말할 기회가 생기게 됩니다.

이때 부모는 아이의 감정을 이해하려는 노력이 필요합니다. 아이의 마음을 진심으로 들여다보면 왜 다른 친구들과의 관계에 어려움을 느끼는지 알 수 있습니다.

(3) 자부심을 느낄 수 있도록 도와주기

아이가 특정 친구를 좋아하는 이유가 그 친구의 능력이나 특성에 부러움을 느끼기 때문이라면 아이가 자기 주도적으로 활동하는 기회를 제공하여 자존감을 높이는 경험을 하게 합니다.

(4) 다양성의 아름다움을 알려 주기

아이가 친한 친구에게서만 안정을 찾으려 한다면, 여러 사람의 장점과 특징을 알려 주는 것이 중요합니다. 다른 아이가 가진 개성과 다름을 존중하는 마음을 길러 주며, 아이만의 장점을 발견하여 자아상을 긍정적으로 형성하도록 돕습니다.

(5) 스킨십과 사랑 표현 늘리기

아이는 부모님의 애정 표현이 부족할 경우 정서적으로 불안정한 마음을 친구에게서 안정을 찾으려 할 수 있습니다. 부모는 아이를 자주 안아 주고, 사랑을 표현하며 아이가 사랑받고 있다는 사실을 확신시켜 주어야 합니다.

이러한 방법들을 통해 아이는 더 넓은 세상에서 다양한 친구들과 긍정적인 관계를 형성하며, 자기 자신을 더 잘 이해하고, 자신감을 얻을 수 있게 됩니다.

27

언어 발달이 느리고
소통이 어려운 아이의 성장 이야기

다문화 가정의 아이는 언어와 소통에 어려움을 겪곤 합니다. 어리기 때문에 자기의 의견을 표현하는 것이 잘 되지 않으며, 또래 아이들과의 놀이에서 어려움을 겪고, 친구들과 소통하기보다 혼자 중얼거리며 노는 경향이 있습니다.

아이는 알파벳과 숫자, 일부 한국어 단어를 잘 알고 있지만, 말이 잘 통하지 않아서 자주 고성을 지르거나, 공격적인 행동을 나타내기도 합니다.

교사와 친구들이 아이와의 놀이에 어려움을 느끼고, 아이가 언어 발달이 미숙하여 소통이 더욱 힘든 상황입니다. 그로 인해 아이가 장난감 블록을 던지거나 교사에게 손을 대는 행동을 보이며, 때로는 교사가 맞을 때도 있습니다. 교사가 개입할 때 아이의 반응이 더 격해지는 상황은 교사에게 딜레마를 안겨 주기도 합니다.

이 아이에게 필요한 것은 감정 표현을 위한 적절한 방법과 언어적 도움입니다. 부모님과 협의하여 아이를 위한 언어치료센터를 추천하여,

그 과정에서 아이의 불안감을 해소하고, 신뢰를 쌓아 갈 방법이 필요합니다.

언어치료를 통해 아이는 조금씩 더 나은 소통 방법을 배우고, 자신감을 얻을 수 있을 것입니다. 이 과정에서 교사와 부모님이 계속해서 협력하여 아이가 사회적으로 더 잘 적응할 수 있도록 돕는 것이 중요합니다. 아이에게는 따뜻한 관심과 인내가 필요하고, 그들의 특성과 불편함을 이해하며 지도할 수 있는 방법을 찾아가는 과정이 중요합니다.

아이의 언어 발달과 소통 문제를 해결하기 위해서는 다음과 같은 여러 가지 접근법을 조화롭게 사용할 필요가 있습니다.

1) 언어 치료의 적극적인 활용

다문화 가정은 부모님이 서로 다른 언어를 사용하는 경우가 많아 아이들은 이중언어의 혼란으로 언어적 표현에서 어려움을 겪고 있는 경우가 많이 있습니다. 그러므로 아이가 언어로 인해 불안감을 호소하는 경우 언어 치료를 받는 것이 매우 중요합니다.

언어 치료사는 아이의 언어 발달 수준을 평가하고, 아이에게 맞는 교육과 언어의 표현을 효과적으로 의사를 표현할 수 있도록 도와줍니다. 주기적인 치료를 통해 아이는 점차 타인과의 안정적인 소통의 방법을 배워 갈 것입니다.

2) 감정 표현 훈련

자신의 감정을 타인에게 알리고자 할 때 언어의 표현이 부족하면 아이는 공격적인 행동을 보일 수 있습니다. 이때 아이가 자신의 감정을 적절한 표현의 말로 표현할 수 있도록 도와주는 훈련이 필요합니다.

예를 들어, 아이가 불안하거나 **화가 날 때 "화났어?"** 또는 **"무서워?"**, 기분이 좋을 때 표현으로 **"행복해"**, **"좋아"**, **"즐거워"**와 같은 감정을 잘 표현하는 다양한 감정 단어를 사용하도록 유도할 수 있습니다.

3) 일관된 규칙과 예시 제공

아이는 언어 전달력이 부족하여 말보다 공격적인 행동을 할 때 자신 행동에 대한 규칙을 이해하도록 돕는 것이 중요합니다. 명확한 규칙을 정하고, 어떤 행동이 잘못된 것인지 알려 줍니다. 예를 들어, **"장난감을 던지면 친구들이 아파해"**, **"천천히 또박또박 말해도 돼"**라고 이야기해 줍니다.

4) 부모와 교사의 협력

부모는 아이가 가정에서 부모님을 힘들게 하는 것이 무엇인지 선생님과 긴밀히 협력하여 아이의 감정 상태와 언어 수준이 어느 정도에 이르

렸는지 상황을 파악하고 협력해야 합니다.

선생님은 아이가 기관에서 언어적인 행동을 살피고 어떻게 반응하는지, 어떤 상황에서 언어로 인한 문제가 발생하는지 기록하며 해결책을 제시할 수 있습니다.

이 과정에서 가장 중요한 것은 아이에게 꾸준히 관심을 기울이고, 인내심을 가지고 지도하는 것입니다. 변화를 이루기까지 시간이 걸릴 수 있지만, 아이의 특성에 맞춰서 세심하게 대응하면 점차 개선이 이루어질 수 있습니다.

28

종일
중얼거리는 아이

　지훈이는 6살 남자아이입니다. 평소에는 활발하고 호기심이 많지만, 때때로 자신이 원하는 대로 일이 풀리지 않으면, 감정을 표현하는 데 어려움을 겪습니다. 특히, 말로 감정을 표현하기보다는 반복적으로 특정 말을 중얼거리거나, 그가 자주 본 TV 프로그램의 대사를 반복하는 행동을 보입니다.

　하루는 지훈이가 엄마와 함께 공원에 가기로 했습니다. 하지만 지훈이는 밖에 나가는 것을 별로 좋아하지 않습니다. 사람들과 어울리기보다 혼자 놀고 싶은 성격이라, 공원에 가면 낯선 사람들과 눈이 마주치는 것만으로도 불안해집니다. 엄마는 지훈이에게 말했습니다.

　"지훈아, 오늘 공원에서 친구들이랑 놀자. 너무 재밌을 거야!"

　그런데, 지훈이는 엄마의 말에 반응하지 않고 혼자서 중얼거리기 시작합니다.

　"내가 좋아하는 인형, 내 거야, 내 거야…"

　계속해서 그 말을 반복하면서 걸음을 멈춰 버립니다. 엄마는 당황스럽고, 주변 사람들이 지훈이를 쳐다보는 것 같아서 조금 부끄럽기도 했습니다.

"지훈아, 그렇게 반복하지 말고, 엄마랑 같이 가자. 친구들이랑 놀고 싶지 않니?"

엄마가 달랬지만, 지훈이는 계속 같은 말을 반복합니다. 엄마는 순간적으로 짜증이 나서 "그만해, 지훈아! 왜 계속 그걸 반복하는 거야?" 하고 소리를 질렀습니다. 그때, 엄마는 잠시 생각을 멈추고, 지훈이가 반복하는 말을 자세히 들어 보았습니다.

"내가 좋아하는 인형, 내 거야…"

이 말은 사실 지훈이가 좋아하는 TV 프로그램에서 나오는 대사였습니다. 지훈이는 불안할 때 자신을 위로하는 방식으로 이 대사를 자주 반복하곤 했습니다.

엄마는 지훈이가 불안하거나 감정적으로 힘든 상황에서 반복적인 말을 통해 스스로 안정감을 찾으려 한다는 사실을 깨달았습니다. 그래서 이번에는 "지훈아, 괜찮아. 우리 공원에 가면 새로운 친구들이랑 재밌게 놀 수 있어. 인형도 네가 좋아하는 만큼 많아!"라고 말하면서 지훈이가 흥미를 가질 만한 이야기로 다가갔습니다.

지훈이는 엄마의 말에 조금씩 반응하기 시작했고, 공원에 도착할 때쯤에는 중얼거리던 말을 멈추고, 새로운 장난감을 보고 흥분하며 엄마에게 손을 내밀었습니다.

"엄마, 저기 가 보고 싶어요!"

지훈이가 마침내 스스로 감정을 표현하고, 엄마와 함께 나아갈 준비를 하는 순간이었습니다.

지훈이의 경우처럼 아이의 반향어와 상동행동은 발달 과정에서 자연스럽게 나타날 수 있지만, 부모님에게는 매우 힘든 상황이 될 수 있습니다. 이 두 가지 행동은 아이가 아직 자신의 감정을 표현하는 데 서투르기 때문에 발생하는 것입니다.

1) 반향어와 상동행동의 차이점

(1) 반향어(反響語, Echolalia)

아이가 이전에 어른들의 이야기를 들었던 말을 반복적으로 따라 하는 행동입니다. 다른 사람의 말을 그대로 흉내 내어 **같은 말을 반복하는 언어 행동으로 말을 배우는 방법으로** 나타납니다.

예를 들어, 어른이 "간식 먹을래?"라고 물었을 때, 아이가 "네" 또는 "아니요"라는 대답 대신 "간식 먹을래?"라고 그대로 따라 말하는 경우, 또는 TV, 유튜브에서 본 노래 가사 또는 동화 내용, 어른이 지나치면서 한 단어를 계속 혼자 중얼거리는 경우, 질문에 대답하지 않고 못 들은 척 반복해서 말하는 경우가 이에 해당합니다.

사실, 아이가 사람의 말을 따라 하는 것, 즉 반향어를 사용한다는 것은 **언어를 모방하고 학습하는 과정을 시작**했다는 긍정적인 신호일 수 있습니다. 아이가 다양한 소리를 내고, 그 소리로 기쁨과 슬픔, 의식 욕구, 요구 사항을 감정을 표현하려 한다는 점에서 언어 발달의 한 과정으로 볼 수 있습니다. 중요한 점은 아이가 내는 소리에 집중하고, 그 소리를 어떻게 더 발달시킬 수 있을지에 대한 자극을 주는 것입니다.

반향어는 즉각적 반향어와 지연성 반향어로 나누어 구분합니다. **즉각적 반향어는 바로 듣고 즉시 말을 따라 하는 것입니다.** 엄마가 "장난감 가지고 놀까?" 말하면 아이는 말이 끝나자마자 "장난감 가지고 놀까?" 하고 바로 따라 합니다.

반면, **지연성 반향어는** 예전에 어떠한 상황에서 주위 사람들이 무심히 했던 대화를 **기억하고 있다가 혼자 놀면서 들은 말을 중얼거리고 계속 말하는 것입니다.**

반향어는 특히 2~3세 아이들 사이에서는 언어 발달 과정의 자연스러운 과정으로 볼 수 있습니다. 반면 언어 발달 지연 아동을 관찰해 보면 자폐 스펙트럼 장애(ASD) 증상으로도 보일 수 있습니다. 지연성 반향어를 사용하는 아이들은 의사소통 능력이 부족할 때 불안하거나 긴장할 때 스스로 안정시키는 수단으로 사람들의 관심을 끌기 위해 사용하기도 합니다. 아이가 아직 언어 구조상 발달하지 못해 말을 배우는 시기라면 정상 발달의 과정일 수 있어 문제 되지는 않습니다.

그러나 지연성 **반향어가 장기간 지속되고, 일상생활에 문제가 발생하는 경우가 생기고 대화가 어렵거나 사회적 소통에 지장이 있다면** 언어 치료, 놀이 치료 등을 통해 도와줄 수 있습니다.

(2) 상동행동(常同行動, Stereotyped behavior)

특정 행동이나 말을 아무 의미 없이, 남을 의식하지 않고 혼자 중얼거리면서 무한 반복하는 행동을 말합니다. 상동행동은 주로 **아무 의미도,**

목적도 없이 계속 같은 행동과 말을 반복하는 특징이 있고, 자폐 스펙트럼 장애(ASD), 지적, 강박 장애 등에서 자주 나타나는 증상입니다.

예를 들어 보면,

- 손을 흔들기, 빙빙 돌기, 머리 흔들기, 같은 말을 반복하기
- 남의 말을 따라 하기, 자신의 말을 반복하기, 몸을 앞뒤로 흔들기
- 특정 물건을 계속 만지거나 돌리기, 같은 놀이를 똑같이 반복하기

이런 중얼거림이나 반복적인 행동은 일반적으로 **자극 추구, 불안 조절** 등의 내면세계를 표현하는 새로운 방법일 수 있습니다.

이를 무조건 못 하게 하거나 체벌하는 것보다 상호작용을 통해 눈을 맞추며 활동하거나, 감정을 표현하는 방식에 대한 연습을 하는 것이 좋습니다.

예를 들어, 놀이를 통해 "기쁘다", "슬프다", "화났다" 같은 단어를 자연스럽게 사용하게 하거나 그림을 통해 감정을 나타내게 하는 것도 좋은 방법입니다.

아이의 행동을 부정적으로만 보지 말고, 성장의 과정으로 이해하며 지지하는 부모님의 따뜻한 관심과 안정적인 환경이 아이의 발달에 큰 도움이 됩니다.

이렇게 **상동행동**과 **반향어** 모두 발달 지연, 자폐 스펙트럼 장애 등에서 자주 나타나는 특징이긴 하지만, 둘은 명확히 다른 개념으로 구분됩니다.

상동행동과 반향어의 차이점

구분	상동행동(Stereotyped behavior)	반향어(Echolalia)
정의	특별한 목적 없이 **같은 행동을 반복**하는 것	**남이 한 말 그대로 따라 말하는 것**
형태	몸으로 반복하는 행동, 특별한 목적 없이 감각적 자극 자기 조절	언어 모방, 때로는 의사 표현 수단, 귀로 들은 말을 입으로 따라 하는 것!
반복	내 몸짓, 물건 다루기	남이 한 말을 그대로 반복
예시	• 반복적으로 돌리거나 쌓기 • 몸을 빙글빙글 돌기 • 손가락 튕기지 • 남의 말 따라 하기, 자신의 말 반복하기 • 특정 물건을 계속 만지기 • 손을 흔들기, 머리 흔들기	**즉각적 반향어**: 누군가 한 말을 바로 따라 함 • 엄마: "밥 먹을래?" • 아이: "밥 먹을래?" (의미 없이 그대로 따라 함) **지연된 반향어**: 시간이 지난 후, 전에 들었던 말을 그대로 반복 • 예전에 본 TV 광고 문구나 노래 가사를 상황과 상관없이 읊조림
특징	• 자기 자극적(Self-stimulatory) 행동 • 긴장을 풀거나, 감각적 자극을 주기 위해 반복됨 • 상황과 상관없이 발생할 수 있음 • 사회적 맥락에서 부적절해 보여도 아이는 계속함	• 언어 발달의 초기 단계에서 자연스럽게 나타날 수도 있음 • 자폐 아동에게 의사소통 방식의 하나로 사용됨(의미가 없기도 하지만, 때로는 의사 표현 수단으로 사용되기도 함)

2) 아이들의 작은 세상 속 마법

아이들에게 놀이란?

세상을 배우고 마음을 표현하는 마법 같은 시간입니다.

놀이를 통해 아이들은 스스로 감정을 느끼고, 기쁨과 슬픔을 자연스럽게 나누며, 작은 세계 속에서 무한한 상상력을 펼칩니다.

소중한 친구와 함께 규칙을 정하고 역할을 나누며 사회성을 배우고, 때로는 혼자만의 세계에서 자신만의 이야기를 만들어 갑니다.

놀이는 아이들이 세상을 배우고 마음을 표현하는 따뜻한 시간입니다. 작은 손으로 상상의 날개를 펼치고, 기쁨과 호기심으로 가득 찬 세상을 만들어 갑니다.

놀이 속에서 아이들은 스스로 믿고, 도전하며, 실패 속에서도 다시 일어서는 법을 배웁니다.

사랑과 웃음이 넘치는 놀이의 순간들은 아이들의 마음을 단단하게 키우고, 세상을 향한 따뜻한 발걸음을 내딛게 합니다.

6장

함께 이해하는 ADHD

1

ADHD, 제대로 알고 이해하기: 꼭 읽어야 할 정보들

1) ADHD 전문 기관 및 정보 제공 웹사이트

(1) CHADD(Children and Adults with Attention-Deficit/Hyperactivity Disorder)

☐ https://chadd.org
- ADHD를 가진 아동과 성인을 지원하는 대표적인 비영리 단체
- ADHD 최신 연구, 교육 자료, 부모와 교사를 위한 가이드 제공
- ADHD 부모 교육 프로그램(P2P) 및 전문가 컨설팅 서비스 운영

(2) ADDitude Magazine

☐ https://www.additudemag.com
- ADHD 전문가들이 집필한 다양한 기사와 정보 제공

- ADHD 진단, 치료, 양육 방법, 학교 적응 등의 주제별 가이드
- ADHD를 가진 아이를 키우는 부모를 위한 실질적인 조언 포함

(3) Understood.org

☐ https://www.understood.org
- ADHD, 학습장애(LD) 등 다양한 발달적 어려움을 다루는 웹사이트
- 부모, 교사, 전문가들을 위한 무료 리소스 제공
- ADHD 아동이 학습 및 일상생활에서 성공할 수 있도록 돕는 정보 포함

(4) CDC(Centers for Disease Control and Prevention) - ADHD 정보

☐ https://www.cdc.gov/ncbddd/adhd
- ADHD의 원인, 증상, 진단 기준, 치료법에 대한 과학적 정보 제공
- 부모와 교사를 위한 가이드라인 및 행동 치료법 소개

2) ADHD 관련 포럼 및 커뮤니티

(1) ADHD Reddit 커뮤니티

☐ https://www.reddit.com/r/ADHD/

- ADHD를 가진 사람들과 부모들이 실생활 경험을 공유하는 공간
- ADHD 관리 팁, 약물 치료 경험, 생활 습관 개선 방법 등 다양한 주제 논의

(2) ADDitude ADHD Forum

□ https://www.additudemag.com/forums/
- ADHD 아동, 성인, 부모를 위한 온라인 포럼
- ADHD 치료법, 학습 전략, 감정 조절 방법 등에 대한 실질적인 조언 교류

(3) Inspire - ADHD Support Community

□ https://www.inspire.com/groups/adhd-support-community/
- ADHD를 가진 사람들과 가족들이 서로의 경험을 나누는 공간
- ADHD와 관련된 다양한 주제에 대한 질문과 답변 공유

3) ADHD 관련 교육 및 웨비나 제공 사이트

(1) ADD Coach Academy

□ https://addca.com

- ADHD 전문 코칭 및 교육 프로그램 제공
- ADHD를 가진 사람들과 가족들을 위한 코칭 및 상담 서비스 운영

(2) Attention Talk Radio

☐ https://www.attentiontalkradio.com
- ADHD 전문가들의 인터뷰와 팁을 제공하는 온라인 라디오 방송
- ADHD를 가진 사람들의 생활 개선을 위한 다양한 주제 다룸

(3) ADDA(Attention Deficit Disorder Association)

☐ https://add.org
- ADHD 성인을 위한 전문 자료 및 웨비나 제공
- ADHD에 대한 연구와 지원 활동을 진행하는 비영리 단체

(4) 활용 방법

- ADHD 가진 자녀를 키우는 부모라면 **CHADD, ADDitude Magazine, Understood.org** 같은 사이트에서 신뢰할 수 있는 정보를 얻을 수 있습니다.
- ADHD 당사자라면 **Reddit ADHD 커뮤니티, ADDitude Forum, Inspire ADHD Support Community**에서 다양한 경험을 공유하고 조언을 구할 수 있습니다.

- ADHD에 대한 최신연구 및 치료 정보를 원한다면 **CDC, ADDA, ADD Coach Academy** 등의 자료를 참고하세요.

온라인 자료를 통해 ADHD를 더 깊이 이해하고, 실질적인 도움을 받을 수 있기를 바랍니다.

4) ADHD 전문가와의 상담

ADHD가 의심되거나 아이의 감정 조절, 행동 문제로 고민이 있다면 **심리학자나 정신과 의사**와 상담하는 것이 도움이 될 수 있습니다.

(1) 심리학자와 상담

심리학자는 주로 **심리 평가 및 행동 치료**를 담당합니다.

- 아이의 발달 수준, 감정 조절 능력, 행동 문제 등을 평가
- 인지·행동 치료(CBT)나 놀이 치료 등을 통해 문제 행동 개선
- 부모 교육을 통해 양육 태도나 훈육 방법 조언

(2) 정신과 의사와 상담

정신과 의사는 ADHD, 불안장애, 정서 문제 등을 **의학적으로 진단**하

고 필요하면 **약물 치료**를 병행할 수도 있습니다.

- ADHD 여부를 객관적인 검사(주의력 검사 등)와 상담을 통해 평가
- 필요시 약물 치료(예: 메틸페니데이트, 아토목세틴 등) 진행
- 감정 조절이 어려운 경우 약물과 심리 치료를 병행할 수도 있음

(3) 어떤 전문가를 찾아야 할까?

- ADHD 여부가 궁금하다면 **정신과 의사**(소아정신과 전문의)에게 진단을 받는 것이 좋음
- 행동 치료나 양육 방법이 궁금하다면 **아동 심리학자**와 상담
- 가장 좋은 방법은 정신과 의사와 심리학자가 함께 있는 병원이나 센터에서 **통합적인 접근**을 받는 것

ADHD에 대한 이해를 높이기 위해 전문가와 상담하는 것도 큰 도움이 됩니다. 전문가들은 ADHD 진단과 치료에 대한 깊은 지식을 가지고 있으며, 개인적인 사례에 맞는 조언을 제공할 수 있습니다.

2

ADHD 지원 그룹이란?

ADHD 지원 그룹은 ADHD 가진 아동과 부모들이 서로의 경험을 나누고, 정보와 정서적 지지를 받을 수 있는 모임입니다. ADHD 자녀를 둔 부모들은 양육에 대한 고민이 많고, 같은 어려움을 겪는 사람들과 이야기하며 위로와 해결책을 찾을 수 있습니다.

1) ADHD 지원 그룹의 장점

- **정보 공유**: ADHD의 특성과 치료 방법, 효과적인 양육법 등에 대한 최신 정보 교류
- **정서적 지지**: 같은 고민을 가진 부모들과 소통하며 외로움을 덜고 공감 받기
- **전문가 조언**: ADHD 전문가(심리학자, 정신과 의사 등)가 참여해 조언을 주는 경우도 있음

- **자녀의 사회성 향상**: ADHD 아동끼리 모여 놀이 활동이나 그룹 치료를 진행하기도 함

2) ADHD 지원 그룹의 종류

(1) 부모 모임

- ADHD 자녀를 둔 부모들이 정기적으로 만나 경험과 정보를 나누는 모임
- 온라인 커뮤니티(카페, SNS)나 지역 내 센터에서 운영

(2) 아동 대상 그룹 치료

- ADHD 아동을 위한 사회성 훈련 프로그램(또래 관계, 감정 조절 연습 등)
- 심리센터, 병원, 복지관 등에서 운영

(3) 온·오프라인 ADHD 커뮤니티

- 온라인 카페(네이버, 나음 등)나 ADHD 관련 SNS 그룹
- ADHD 전문가가 운영하는 유튜브, 블로그, 포럼 등을 활용

3) 어디에서 찾을 수 있을까?

(1) 온라인 ADHD 부모 커뮤니티

- 네이버 카페, 맘카페, ADHD 관련 포럼 검색
- ADHD 관련 유튜브 채널, SNS(인스타, 페이스북 등)

(2) 병원·심리센터

- 소아정신과 병원, 발달 심리센터에서 ADHD 부모 교육 프로그램 운영

(3) 복지관·지역사회 지원

- 지역 복지관, 건강가정지원센터, 아이발달센터 등에서 ADHD 관련 모임 진행

4) 이런 부모에게 추천해요

- ADHD 자녀 양육이 힘들고 지지가 필요한 부모
- ADHD 치료 및 훈육 방법에 대한 정보가 부족한 부모
- ADHD 아이가 또래 관계에서 어려움을 겪고 있는 경우

부모 혼자 고민하기보다 ADHD 지원 그룹을 찾아보면 훨씬 도움이 될 수 있습니다.

5) ADHD 가진 사람들과의 소통

- **ADHD 가진 사람들과의 대화**: ADHD를 실제로 겪고 있는 사람들과 대화해 보세요. 그들의 경험을 듣고, ADHD가 일상생활에 미치는 영향을 이해하는 데 도움이 됩니다.
- **가족과 친구의 경험**: 가족이나 친구 중 ADHD를 가진 사람이 있다면 그들의 삶을 이해하고, 그들이 겪는 어려움과 필요한 지원을 알아보는 것도 좋은 방법입니다.

6) ADHD의 사회적 및 정서적 측면 이해하기

- **자신감과 자존감**: ADHD 아동은 종종 학업이나 사회적 상황에서 어려움을 겪기 때문에 자존감에 큰 영향을 받을 수 있습니다. 이들이 느끼는 감정적 고통을 이해하고, 그들을 지지하는 방법에 대해 배우는 것이 중요합니다.
- **사회적 관계**: ADHD는 종종 친구 관계나 가족 관계에 영향을 미칩니다. 이들이 겪는 사회적 어려움을 이해하고, 그들이 건강한 대인관계를 유지할 수 있도록 돕는 방법에 대해 고민해야 합니다.

7) ADHD에 대한 편견과 오해 없애기

- **편견을 없애기**: ADHD에 대한 많은 오해와 편견이 존재합니다. 예를 들어, ADHD를 단순히 '게으르다'거나 '훈육이 부족하다'고 보는 시각이 있을 수 있습니다. ADHD를 단순한 행동 문제로 치부하지 않고, 신경학적 특성을 가진 신경발달장애로 바라보는 시각을 갖는 것이 중요합니다.
- **긍정적 시각 유지**: ADHD 아동은 많은 강점을 가지고 있을 수 있습니다. 창의력, 에너지, 뛰어난 문제 해결 능력 등을 긍정적으로 바라보며 그들의 잠재력을 끌어낼 수 있는 방법을 찾는 것이 중요합니다.

참고문헌

1. 국내문헌

강경숙, 박혜영, 김남희, 2013, 『ADHD 진단 및 중재』, 학지사.
강예리, 안창일, 2004, 「우울한 아동에 대한 집단 놀이치료 프로그램의 효과」, 『Korean Journal of Clinical Psychology』 제23권 제3호, 한국심리학회.
강위영, 정대영, 1996, 『주의력결함 과잉행동 아동 지도』, 국립특수교육원.
곽금주, 2020, 『아동심리 평가와 검사』, 학지사.
권석만, 2014, 『이상심리학』, 학지사.
김동연, 공마리아, 최외선, 2002, 『HTP와 KHTP 심리진단법』, 동아문화사.
김동연, 최외선, 2002, 『아동미술 치료』, 중문.
김동일, 2006, 『가족치료』, 학지사.
김미경, 문장원, 서은정, 윤점룡, 윤치연, 이상훈, 2007, 『정서 및 행동 장애아 교육』, 학지사.
김미숙, 2016, 『ADHD의 이해와 치료, 교육』, 학지사.
김병오, 2013, 『자존감 일기』, 학지사.
김상아, 하은혜, 2016, 『ADHD 진단에서 K-CBCL 6-18의 임상적 유용성』, 아동복지학.
김선현, 2011, 『ADHD 아동을 위한 미술치료 프로그램』, 이담북스.
김수정 외 5인 2020, 『임상 미술치료 이론과 실제』, 공동체.
김유숙, 박진희, 최지원, 2010, 『ADHD 아동』, 학지사.
김진숙, 1993, 『예술 심리 치료의 이론과 실제』, 중앙적성출판사.
김정규, 1995, 『게슈탈트 심리 치료』, 학지사.
김청송, 2015, 『사례 중심의 이상심리학』, 싸이북스.
김춘경, 이수연, 이윤주, 정종진, 최웅용, 2016, 『상담학 사전』, 학지사.
김춘자, 정여주, 2002, 『상호작용 놀이를 통한 집단상담: 이론과 실제』, 학지사.
김희진, 2020, 『부모 교육과 지원』, 파란마음.
박경자, 2001, 「아동이 지각한 사회적 지지 및 귀인 성향과 아동의 자아 존중감의 관계」, 『아동학회지』 제22권 제2호, 한국아동학회.

박병량, 이영신, 조시화, 1980, 『학습부진아 - 유형분석에 관한 기초연구』, 한국교육개발원.
송인섭, 1989, 『인간 심리와 자아 개념』, 양서원.
안동현, 김세실, 한은선, 2004, 『주의력결핍장애 아동의 사회기술 훈련』, 학지사.
안동현, 2015, 『ADHD의 통합적 이해』, 학지사.
오가영, 이영환, 2005, 『소조 활동 미술치료가 ADHD 아동의 충동성과 공격성에 미치는 효과』, 영유아보육학.
이근매, 2003, 『정서·행동장애 아동을 위한 미술치료의 실제』, 교육과학사.
이근매, 최인혁, 2008, 『매체 경험을 통한 미술치료의 실제』, 시그마프레스.
이대식, 여태철, 공윤정, 2009, 『아동 발달과 교육심리의 이해』, 학지사.
이상복, 이상훈, 이효신, 1996, 『주의력 결핍·과잉행동 아동의 행동지도 방법』, 대구대학교 출판부.
이숙제, 이봉선, 1999, 『영유아의 발달과 교육』, 창지사.
이은화, 2000, 『유아 사회교육』, 창지사.
이철수, 2009, 『사회복지학사』, 블루피쉬.
유종남, 오인수, 2015, 「어머니의 양육 태도와 유아의 기질, 자아 존중감 및 자기 조절 능력의 관계」, 『교육과학 연구』 제46집 제2호, 이화여자대학교 교육과학연구소.
임용자, 2004, 『표현예술 치료와 실제』, 문음사.
정명숙, 박영신, 정현희, 2015, 『아동 청소년 이상심리학』, 시그마프레스.
전순영, 2011, 『미술치료의 치유 요인과 매체』, 하나의학사.
정여주, 2005, 『미술치료의 이해』, 학지사.
정옥분, 2001, 『아동 발달의 이해』, 학지사.
주리애, 2000, 『미술치료는 미술치료』, 학지사.
진혜경, 2004, 「청소년기와 성인기의 ADHD」 국립서울병원 홈페이지 자료실 소아청소년.
최병철, 2003, 『음악치료』, 학지사.
최외선, 김갑숙, 정은주, 정광석, 2013, 『미술치료 기법 Ⅱ』, 학지사.
최외선, 이근매, 김갑숙, 최선남, 이미옥, 2006, 『마음을 나는 미술치료』, 학지사.
최병철 외 5인, 2020, 『음악 치료학』, 학지사.
황은영 외 3인, 2021, 『음악치료 진단평가』, 학지사.

2. 국외문헌

Becker et al.(2013) "Creativity and ADHD: A Test of the 'Arousal Seeking' Hypothesis"
Barkley, R. A.(1997) "ADHD and the nature of self-control"
Barkley, R. A.(2006) "Attention-deficit hyperactivity disorder: A handbook for diagnosis and treatment."
Barkley, R. A.(2012) "The ADHD Report: Executive functions and self-regulation"
Barkley, R. A.(2009) "Deficient emotional self-regulation in children with ADHD"
Barkley, R. A., & Murphy, K. R.(2006) "Attention-deficit hyperactivity disorder: A handbook for diagnosis and treatment"
Friedman & Förster,(2001) "The Influence of Culture on Impulse Buying"
Harrison & Horne(2009) "Creativity and ADHD: A Critical Review of the Literature"
Thomas E. Brown(2009) "ADHD and the Nature of Self-Control"
Thomas E. Brown(2005) "Smart but Stuck: Emotions in Teens and Adults with ADHD"
Joseph Biederman(2005) "Attention-Deficit Hyperactivity Disorder: A Handbook for Diagnosis and Treatment"
Joseph Biederman(2009) "ADHD: The Essential Guide to Attention-Deficit Hyperactivity Disorder"
Joseph Biederman(2010) "Understanding ADHD in Children and Adolescents: An Integrative Approach"
Thomas E. Brown(2005) "Attention Deficit Disorder: The Unfocused Mind in Children and Adults"
Thomas E. Brown(2013) "Smart but Stuck: Emotions in Teens and Adults with ADHD"
White & Shah(2006) "Creativity and Psychopathology: A Study of the Relationships between Creativity and Symptoms of Attention Deficit Hyperactivity Disorder"
William Pelham(1996) "ADHD in Children and Adolescents: A Handbook for Practitioners"
William Pelham(1998) "ADHD in Children and Adolescents: A Handbook for Practitioners"

우리 아이, ADHD를
넘어 위대한 성장으로

ⓒ 김영란, 2025

초판 1쇄 발행 2025년 8월 29일

지은이	김영란
펴낸이	이기봉
편집	좋은땅 편집팀
펴낸곳	도서출판 좋은땅
주소	서울특별시 마포구 양화로12길 26 지월드빌딩 (서교동 395-7)
전화	02)374-8616~7
팩스	02)374-8614
이메일	gworldbook@naver.com
홈페이지	www.g-world.co.kr

ISBN 979-11-388-4639-4 (03370)

- 가격은 뒤표지에 있습니다.
- 이 책은 저작권법에 의하여 보호를 받는 저작물이므로 무단 전재와 복제를 금합니다.
- 파본은 구입하신 서점에서 교환해 드립니다.